U0630057

BLUE BOOK

智 库 成 果 出 版 与 传 播 平 台

制药工业蓝皮书

BLUE BOOK OF PHARMACEUTICAL INDUSTRY

中国制药工业发展报告（2022）

ANNUAL REPORT ON THE DEVELOPMENT OF CHINA'S
PHARMACEUTICAL INDUSTRY (2022)

中国化学制药工业协会

主　　编／刘敬桢　胡建伟　温再兴
执行主编／潘广成　曲继广

社会科学文献出版社
SOCIAL SCIENCES ACADEMIC PRESS（CHINA）

图书在版编目（CIP）数据

中国制药工业发展报告. 2022 / 刘敬桢，胡建伟，
温再兴主编；潘广成，曲继广执行主编. --北京：社
会科学文献出版社，2022.10
（制药工业蓝皮书）
ISBN 978-7-5228-0801-7

Ⅰ.①中…　Ⅱ.①刘…②胡…③温…④潘…⑤曲
…　Ⅲ.①制药工业-工业发展-研究报告-中国-2022
Ⅳ.①F426.7

中国版本图书馆 CIP 数据核字（2022）第 179284 号

制药工业蓝皮书
中国制药工业发展报告（2022）

主　　编 / 刘敬桢　胡建伟　温再兴
执行主编 / 潘广成　曲继广

出 版 人 / 王利民
组稿编辑 / 邓泳红
责任编辑 / 宋　静
责任印制 / 王京美

出　　版 / 社会科学文献出版社·皮书出版分社（010）59367127
　　　　　　地址：北京市北三环中路甲 29 号院华龙大厦　邮编：100029
　　　　　　网址：www. ssap. com. cn
发　　行 / 社会科学文献出版社（010）59367028
印　　装 / 天津千鹤文化传播有限公司

规　　格 / 开　本：787mm×1092mm　1/16
　　　　　　印　张：21.5　字　数：321 千字
版　　次 / 2022 年 10 月第 1 版　2022 年 10 月第 1 次印刷
书　　号 / ISBN 978-7-5228-0801-7
定　　价 / 198.00 元

读者服务电话：4008918866

制药工业蓝皮书编委会

主　　编　　刘敬桢　　胡建伟　　温再兴

执行主编　　潘广成　　曲继广

顾　　问　　邵明立　　张文周　　侯云德*　　陈芬儿*　　魏于全*
　　　　　　陈凯先*　　王广基*　　侯惠民*　　王军志*　　任南琪*
　　　　　　陈　勇*　　侯立安*　　周　健　　吴海东　　于明德
　　　　　　白慧良　　赖诗卿　　李大魁　　胡　欣　　游一中

编　　委　　（按姓氏笔画排列）

　　　　　　丁锦希　　王学恭　　王桂华　　左　敏　　龙本威
　　　　　　卢　韵　　史建会　　付明仲　　冯国安　　兰　奋
　　　　　　宁保明　　朱长军　　朱建伟　　任立人　　刘革新
　　　　　　刘骁悍　　孙会敏　　孙飘扬　　李三鸣　　李文明
　　　　　　杨　悦　　吴晓滨　　吴朝晖　　吴慧芳　　何光杰
　　　　　　汪　鳌　　沈云鹏　　沈松泉　　张文虎　　张玉祥
　　　　　　张代铭　　张自然　　张庆生　　张宝瑞　　张建平
　　　　　　张春波　　张晓乐　　张意龙　　张冀湘　　陈用博
　　　　　　邵　荣　　周　军　　周　凯　　周建平　　郑　鸿

---

* 为院士

主要编撰者简介

刘敬桢 管理学博士，教授级高级工程师，享受国务院政府特殊津贴。现任中国医药集团有限公司党委书记、董事长，中国医疗医药应急保障体系联盟理事长，中国国际经济技术合作促进会副理事长。历任中国汽车工业国际合作总公司党委书记、总经理，中国汽车工业咨询发展公司董事长、总经理，中国机械工业建设集团有限公司董事长、党委书记，中国海洋航空集团有限公司董事长、党委副书记，中国机械工业集团有限公司工程承包事业部总经理、中国机械工业集团有限公司党委委员、总经理助理、总经济师、副总经理、党委常委，中国兵器装备集团有限公司董事、党组副书记、直属党委书记等职务。曾获得"全国劳动模范""全国优秀企业家"等荣誉称号；国务院国资委国有资产改革发展十大典型之一；中共中央宣传部树立宣传的六名全国"国企带头人"楷模重大先进典型之一；其工作成果入选中共中央组织部《贯彻落实习近平新时代中国特色社会主义思想在改革发展稳定中攻坚克难案例》。

胡建伟 自 2017 年 12 月起，担任中国医药集团有限公司党委委员、副总经理；2019 年 1 月兼任集团总法律顾问，主要负责战略规划、品牌、运营、法务等工作；2020 年 1 月起，主持集团经营层工作。1994 年 7 月至 2017 年 11 月在政府机关工作，对宏观经济运行和管理有深入研究，熟悉医药卫生行业。

温再兴 1982年2月毕业于厦门大学中文系。之后在对外经济贸易部人事教育劳动司工作，历任副处长、处长。先后从事过干部调配、技术职称评定、外派干部管理等工作。1998年9月至2006年8月，任对外经济贸易部、商务部办公厅副主任。2006年8月至2008年6月，任全国整顿和规范市场经济秩序领导小组暨国家保护知识产权工作组办公室副秘书长（副司级）。2008年7月至2014年1月，任商务部市场秩序司副司长、巡视员（正司级），主管药品流通和商务信用等工作。自2014年2月起，在医药行业协会担任专家，参与行业发展研究。曾被聘为清华大学老科协医疗健康研究与培训中心特聘教授、对外经济贸易大学客座教授。现为"药品流通蓝皮书"和"制药工业蓝皮书"主编。

潘广成 高级工程师。现任天津力生制药股份有限公司独立董事、哈药集团股份有限公司独立董事、天津凯莱英医药集团股份有限公司独立董事、中国化学制药工业协会执行会长。历任卫生部医疗器械局干部、处长，国家医药管理局人事司处长、副司长和政策法规司司长，中国医疗器械工业公司副总经理，中国医药集团总公司董事会秘书，中国化学制药工业协会常务副会长。

曲继广 高级工程师。现任石家庄四药集团董事局主席、中国化学制药工业协会副会长。先后荣获河北省劳动模范、全国优秀企业家、全国工商联科技创新企业家、河北省优秀中国特色社会主义事业建设者、河北省优秀企业家、河北省有突出贡献企业家、中国医药十大新锐人物、中国医药经济年度人物等荣誉称号。

摘　要

2021 年是实施国家"十四五"发展规划的开局之年，也是深化"健康中国"战略的关键之年。在这一年里，监管科学促进化学药品的创新与发展、医保谈判药品政策落地，加速了医药工业变革步伐。其中，创新赋能促进医药工业迈向国际化，原料药工业国际化步伐加快，新冠肺炎疫情推动抗病毒新药开发，医药工业绿色循环发展加快，数字化转型促进了医药行业转型升级。

2022 年是实施"十四五"发展规划的重要一年。工信部等九部门发布了《"十四五"医药工业发展规划》，医药工业将进入加快创新驱动发展、推动产业链现代化、更高水平融入全球产业体系的高质量发展新阶段。本报告认为：面对新形势、新要求，医药工业要加快技术变革和跨界融合；要围绕新机制、新靶点药物进行基础研究和转化，生物技术与新一代信息技术深度融合；医药工业要加快供给侧结构性改革，更好满足人民群众美好生活需求；我国经济已转入高质量发展阶段，要求医药工业加快质量变革、效率变革、动力变革，为构建国内大循环为主体、国内国际双循环相互促进的新发展格局提供支撑。

关键词： 制药工业　化学药品　科技创新　绿色制药　数字经济

目 录 ↰

I　总报告

II　政策法规篇

III　行业企业篇

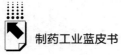
Ⅳ 药品产品篇

Ⅴ 借鉴篇

Ⅵ　案例篇

Ⅶ　附录

皮书数据库阅读**使用指南**

总 报 告

General Report

B.1

创新驱动·转型升级·高质量发展

——《"十四五"医药工业发展规划》解读

潘广成[*]

摘　要： 本报告对工信部等九部门发布的《"十四五"医药工业发展规划》进行了解读。"十四五"是我国开启全面建设社会主义现代化国家新征程、向第二个百年奋斗目标进军的第一个五年，也是医药工业向创新驱动转型、实现高质量发展的关键五年。《"十四五"医药工业发展规划》指出，"十四五"期间，医药工业发展环境和发展条件面临深刻变化，将进入加快创新驱动发展、推动产业链现代化、更高水平融入全球产业体系的高质量发展新阶段。

关键词： "十四五"　医药工业　创新驱动　高质量发展

---

[*] 潘广成，中国化学制药工业协会执行会长，高级工程师。

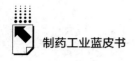
医药工业是关系国计民生、经济发展和国家安全的战略性产业，是健康中国建设的重要基础。

"十四五"是我国开启全面建设社会主义现代化国家新征程、向第二个百年奋斗目标进军的第一个五年，也是医药工业向创新驱动转型、实现高质量发展的关键五年。

2021年12月22日，工信部等九部门联合发布了《"十四五"医药工业发展规划》，为了便于理解规划内容，做好贯彻实施工作，本文重点从化学制药行业角度，将有关内容解读如下。

一 医药工业"十四五"期间面临的形势

《"十四五"医药工业发展规划》指出，"十四五"期间，医药工业发展环境和发展条件面临深刻变化，将进入加快创新驱动发展、推动产业链现代化、更高水平融入全球产业体系的高质量发展新阶段。

新一轮技术变革和跨界融合加快。围绕新机制、新靶点药物的基础研究和转化应用不断突破，生物医药与新一代信息技术深度融合，为医药工业抢抓新一轮科技革命和产业变革机遇提供了广阔空间。

全球医药产业格局面临调整。新冠肺炎疫情发生以来，各国愈发重视医药工业的战略地位，人才、技术等方面的国际竞争日趋激烈；同时，经济全球化遭遇逆流，产业链供应链加快重塑，对我国传统优势产品出口向更高价值链延伸带来了挑战。

新发展阶段对医药工业提出更高要求。随着人口老龄化加快，健康中国建设全面推进，居民健康消费升级，要求医药工业加快供给侧结构性改革，更好满足人民群众美好生活需求；我国经济已转向高质量发展阶段，要求医药工业加快质量变革、效率变革、动力变革，为构建以国内大循环为主体、国内国际双循环相互促进的新发展格局提供支撑。

总体来看，"十四五"时期我国医药工业发展机遇大于挑战，仍处于重要战略机遇期。但面对新形势新任务，需加快解决行业发展的一些突出问题。技术创新方面，前沿领域原始创新能力不足，产学研医协同创新体制机制仍需完善，行业增长亟须培育壮大创新动能。产业链供应链方面，大中小企业协同发展的产业生态尚未形成，产业集中度不高。供应保障方面，应对重大公共卫生事件的能力需增强，企业开发罕见病药、儿童药积极性低，小品种药仍存在供应风险。制造水平方面，仿制药、辅料、包材等领域的质量控制水平仍需提高，原料药绿色生产和布局问题仍需解决。国际化方面，出口结构升级慢，高附加值产品国际竞争优势不强。

"十四五"期间，创新驱动、转型升级、实现高质量发展是医药工业面临的主要任务。

二　医药工业"十四五"期间主要任务

（一）推动创新驱动发展

面向世界科技前沿、经济主战场、国家重大需求和人民生命健康，瞄准国际先进技术水平，持续健全创新体系，完善产业创新生态，大力推进创新产品的开发和产业化，促进医药工业发展向创新驱动转型。

大力推动创新产品研发。推动企业围绕尚未满足的临床需求，加大投入力度，开展创新产品的开发，支持企业立足本土资源和优势，面向全球市场，紧盯新靶点、新机制药物开展研发布局，积极引领创新。

加快医药创新成果产业化。医、产、学、研密切配合，以患者为中心，以临床价值为导向，使医药的创新成果尽快产业化，这将是中国药品开发快速、高质量发展的必由之路。

新药研发需要注意的几个问题。第一，要以临床价值为导向；第二，要避免重复开发；第三，激励政策要到位；第四，新药的市场开拓尤为重要。

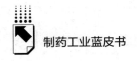

（二）促进产品结构调整

重点发展临床重大需求药物。主要开发针对肿瘤、自身免疫性疾病、心血管疾病、糖尿病、肝炎、呼吸系统疾病、耐药微生物感染等重大临床需求，具有新靶点、新机制的化学新药。

加大短缺药品的产能。提高基本药物、儿童药品、急抢救药品的生产能力，增强易短缺药品的供应保障能力。

加大生物类似药的开发。在这方面，欧盟走在世界前列，批准的数量较多。从我国生物药的发展阶段看，加大生物类似药的开发力度，比较符合国情。

加大二类新药的开发。按照国家药监局和 CDE 关于化学药的分类标准，化学药共分五类：一类二类为创新药，三类四类为仿制药，五类为进口药。二类新药作为境内外均未上市的改良型新药，具有投入少、时间短、成功率高、附加值高、竞争力强和可延长新药周期等优势，符合中国医药产业转型升级的国家战略和布局。

（三）提升产业链竞争力

补齐产业链短板。以化学药为例，经过多年的发展，化学药从医药中间体、药用辅料、原料药到制剂，形成了完整的产业链，在这个产业链条中，药用辅料仍是短板，"十四五"期间，要进一步发展药用辅料。

提升产业链优势。巩固原料药制造优势，加快发展一批市场潜力大、技术门槛高的特色原料药新品种及核酸、多肽等新产品类型，大力发展专利药原料药合同生产业务，促进原料药产业向更高价值链延伸。依据原料药基础，打造"原料药+制剂"一体化优势。

推动医药研发生产服务平台建设。"十四五"期间，要在行业中大力推动专业化合同研发服务模式（CRO）、专业化生产服务企业（CDMO）、专业化合同销售组织（CSO）等服务平台建设，完善产业生态，推动产业链供应链稳定畅通。

（四）提高质量安全水平

提升重点领域产品质量。持续开展仿制药一致性评价，稳步推进口服固体制剂和注射剂一致性评价，扩大过评品种的覆盖面。健全药用辅料、包装材料的标准体系和质量规范，促进产品有效满足仿制药一致性评价、制剂国际化等要求。

强化企业质量主体责任。推动企业加强上市许可持有人制度下的质量体系建设，落实产品全生命周期质量主体责任。严格执行研发、生产、经营质量管理规范。加快建立产品上市后研究、产品追溯、不良反应监测报告等制度，确保全过程质量可控。

推动产业数字化转型。后疫情时代，医药制造业数字化、智能化转型升级必将加快，医药工业要更加主动地应用工业互联网进行智能化、数字化变革，推动5G、大数据、云计算、人工智能技术在医药制造业中的应用，促进行业质量提升、转型升级。

（五）促进产业绿色发展

构建绿色产业体系。建立健全医药行业绿色工厂、绿色园区、绿色供应链等标准体系，培育发展一批优秀企业、优秀园区。在具备资源与环境承载能力的区域，建设一批高标准原料药集中生产基地。

提高绿色制造水平。开发和应用连续合成、生物转化等绿色化学技术，加强生产过程自动化、密闭化改造，推动企业贯彻绿色发展理念。

实施医药工业碳减排行动。落实国家碳达峰、碳中和战略部署，制定实施医药工业重点领域减排行动计划，提高全行业资源综合利用效率。

（六）创造国际竞争优势

吸引全球医药创新要素向国内集聚。立足国内医药大市场，吸引全球创新药品率先在我国注册；支持国内临床研究机构积极参与和组织国际多中心临床研究；鼓励跨国公司在华设立研发中心和新药生产基地。

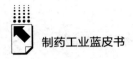

推动国内医药企业更高水平进入国际市场。支持企业开展创新药国内外同步注册，开展面向发达国家市场的全球多中心临床研究，在更广阔的空间实现创新药价值。增加在发达国家仿制药注册数量，提高首仿药、复杂制剂等高附加值产品比重。

加强与共建"一带一路"国家投资合作。加快产业链全球布局，鼓励企业提高国际市场运营能力，积极开拓新兴医药市场。

夯实国际医药合作基础。深入参与国际监管协调机制，在国际人用药品注册技术协调组织（ICH）相关指南的制定过程中发挥重要作用，促进国内外法规接轨、标准互认和质量互信。

三　医药工业"十四五"期间保障措施

（一）认真执行"三个重要制度"

上市许可持有人制度、药物警戒制度、药品追溯制度已在《药品管理法》中明确规定，为医药工业实现高质量发展提供了法律和制度保障，对于药品研发、全生产周期药品安全管理十分重要。行业企业要认真执行，并长期坚持下去。

（二）提升财政金融支持水平

落实研发费用加计扣除和抗癌药品、罕见病药品增值税简易征收等扶持政策。拓宽医药企业融资渠道，鼓励社会资本发展专业化的医药创业投资基金和股权投资基金，为企业创新发展提供融资支持。

（三）构建支持本土创新的生态系统

一是建立创新药绿色审批通道；二是建立在药物经济学基础上的药品价格形成机制；三是逐步形成本土创新优先采购机制；四是完善多层次的医保体系，包括扩大商业医疗保险范围。

（四）加强医药人才队伍建设

一是健全人才培养机制。重点培养行业紧缺的药物发现、临床试验设计、生物药制造等方面专业人才和跨专业复合型人才。二是贯通技术工人成长通道。通过鼓励校企合作办学、委托培养、共建实训基地，培养一批医药领域"大国工匠"。三是关心、爱护、支持海归创业发展。中国第五代海归，他们为中国新药开发做出了突出贡献，他们大多已成为各专业的领军人物。要关心、爱护、支持他们创业发展，为中国医药走向世界发挥其应有作用。

2021 年，医药制造业实现营业收入 3.3 万亿元，同比增长 19.14%；实现利润总额 7006 亿元，同比增长 68.68%；实现出口交货值 4566 亿元，同比增长 46.64%。

通过几十年的快速发展，中国原料药生产和出口居世界第一，中国已成为世界第二大药品市场，中国的医药创新已跻身世界第二梯队，中国已成为世界制药大国。

我们要持之以恒，通过"十四五""十五五""十六五"三个五年规划的发展，为实现到 2035 年中国从世界制药大国向制药强国转变的伟大目标而共同努力。

政策法规篇
Policies and Regulations

B.2
监管科学促进化学药品的创新与发展

毛振宾　廖聪慧*

摘　要： 监管科学是具有跨学科和多学科属性的一门新兴的前沿交叉科学学科和创新实践活动，整合了药学、医学、管理学、法学等，涉及政治、经济、社会等多学科知识体系和理论体系。美欧日等发达国家和地区均十分重视监管科学的发展，并以不同的方式在战略计划中强调了监管科学的重要性，监管科学能够促进化学药品的研究开发和质量提升，并支持监管决策和政策的制定。本文通过分析国内外药品监管科学的研究现状及发展态势，探讨了我国药品监管科学研究的核心引领、科技支撑、部门联动、社会共治和开放共享五个生态圈的建设思路及其相互关系，提出了建立监管科学研究新制度、创新发展新机制，整章建制、协同推进监管科学十大领域新工程。

---

* 毛振宾，博士、教授，国家药品监督管理局原科技和国际合作司一级巡视员；廖聪慧，中山大学国家药监局监管科学重点实验室，博士在读。

关键词： 监管科学　化学药品　药品监管

药品安全事关人民群众身体健康和生命安全。党的十八大以来，药品监管改革深入推进，创新质量、效率持续提升，医药产业快速健康发展，人民群众用药需求得到更好满足。随着改革不断向纵深推进，药品监管体系和监管能力存在的短板问题日益凸显，影响了人民群众对药品监管改革的获得感。

监管科学（Regulatory Science）是具有跨学科和多学科属性的一门新兴的前沿交叉科学学科和创新实践活动；整合了药学、医学、管理学、法学等，涉及政治、经济、社会等多学科知识体系和理论体系。监管科学作为一门研究开发新工具、新标准和新方法来评估药品的安全性、有效性、质量和性能的科学，有力地推动了药品监管机构在获益/风险评估及其决策背后科学理论的发展。美欧日等发达国家和地区均十分重视监管科学的发展，并以不同的方式在战略计划中强调了监管科学的重要性，能直接促进化学药品的研究开发和质量提升，并支持监管决策和政策的制定。

为全面加强药品监管能力建设，更好地保护人民群众身体健康，2021年5月，《国务院办公厅关于全面加强监管能力建设实施意见》发布，并提出18项重点任务，第一次从国家意志层面明确监管科学学科，并提出实施中国药品监管科学行动计划，紧跟世界药品监管科学前沿，加强监管政策研究，依托高等院校、科研机构等建立药品监管科学研究基地，加快推进监管新工具、新标准、新方法研究和应用。与此同时，需要将药品监管科学研究纳入国家相关科技计划，重点支持药品相关领域的监管科学研究，加快新产品研发上市。化学药品行业一直以来都是我国医药工业中的优势子行业，化学药品生产企业和化学药品在整个药品领域都非常重要。为促进化学药品行业高质量发展，我们需要用监管科学的理念和方法，打造接轨和引领世界的化学创新药物和仿制药监管科学体系，以引领、规范和推进化学药品产业的创新发展。

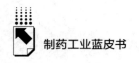
一　监管科学的概念、价值、作用和发展

监管科学是在实践、创新和应用中发展起来的科学，其关键是实践性，灵魂是创新性，核心是应用性。它是将监管科学的理论和方法应用到药品监管实践中形成的一门新兴学科，涵盖药品研究、开发和评价全过程，促进形成科学、高效、权威的药品监管治理体系，使产品的评审更加安全、有效，使医药产业的发展更加健康、稳定和可持续。

（一）监管科学的概念、内涵和外延

监管科学是一门前沿学科，是药品监管的基础学科。监管科学是交叉应用科学，是在药品注册、评价、检定和核查等全过程监管中，研发新标准、新工具和新方法，对药品的安全性和有效性进行评价的科学；监管科学是决策管理科学，是在药品全生命周期监管实践中，制定、实施和评价监管战略与策略的决策过程；监管科学是药品治理体系和能力现代化建设工程，是构建医药部门协同、社会共治的政策、制度和法规体系；监管科学是医药产业发展的世界观和方法论，是药品监管部门创新实践的正确理论原则和经验总结。

（二）监管科学的价值

1. 监管科学的学术价值

监管科学是多学科高度交叉融合的学科体系和理论体系，对药品监管和医药产业创新发展有显著的支撑和指导作用，具有很高的学术价值。监管科学除了需要传统药学和医学领域的科学知识作为基础，还需要流行病学、统计学、生物信息学、生物医学工程学、计算机科学、管理学、行为科学、法学、社会学、传播学等自然科学和社会科学领域的核心知识和研究方法，涉及政治、经济、文化等多个层面的观点、思路和方法。

2. 监管科学的经济价值

监管科学能推动医药产业快速高质量发展，是国家经济发展的重要支撑力量。因此，监管科学具有显著的经济价值。它是将监管科学的理论和方法应用到药品监管实践中形成的一门新兴学科，涵盖药品研究、开发和评价全过程。

3. 监管科学的文化价值

监管科学是开放、包容、共建、共治、共享的研究和创新体系，和中国传统文化灵魂及社会主义核心价值观高度一致，具有显著的文化价值。监管科学作为一门涉及多学科和多方利益的基础和应用学科，需要国内外监管部门、科研机构、高等院校、医药行业等各方面积极互动、共建共治、成果共享。

4. 监管科学的社会价值

监管科学是综合政治、经济、社会、科技、文化和法律法规的决策过程，因此具有显著的社会价值。监管科学能够利用现代信息技术、空间技术和生物工程技术等，建立起一套科学的评价工具和评价方法，构建科学、高效、权威的监管治理体系，使产品的评审更加安全、有效，体现在药品全产业链和全生命周期的监管活动和决策过程中。

5. 监管科学的思想价值

监管科学是超越科学，能不断促进监管人员的思想解放和理念创新，具有显著的思想价值。监管部门在制定公共政策时，越来越需要权衡新技术的好处和风险，需要用监管科学理念作出决策，解决痛点、堵点和难点问题。

（三）监管科学的作用

1. 从监管机构的维度看

监管科学可以满足监管者对知识的渴求，提高监管者的视野站位，提高监管产品安全性和有效性的评估效率，建立起一套科学的评价工具和评价方法，加快新产品上市速度。

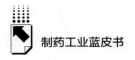

2. 从国家发展的战略维度看

国家在科技教育方面增加一门新的学科，为药品监管部门持续输送人才，支撑医药产业的发展。推进监管科学研究是发达国家药品监管治理体系完善和监管能力提升的重要途径和方略，也是我国由制药大国向制药强国跨越、实现健康中国战略的必由之路。

3. 从构建人类命运共同体的维度看

监管科学是构建人类卫生健康共同体的组成部分，是维护人类公共卫生和整体健康福祉的重要理论创新，为全球公共卫生治理提供中国智慧和共同方案。世界各国药品监管机构的协同合作能够促进世界药品监管机构的一体化水平提升。监管科学对我国跻身世界一流，在人类卫生健康共同体中扮演更加重要的角色发挥更大的作用。

4. 从提高人民美好生活水平的维度看

监管科学可大力推动医药领域的科技进步和创新，促进医药产业现代化、医药产品评价适用化，加速全球新药、创新医疗器械在国内上市，满足人民对健康的需求，增强人民生活的幸福感。

（四）监管科学的发展

监管科学作为一门独立的交叉科学大学科，20 世纪 70 年代在美国产生，90 年代完成理论体系构建，被美国 FDA 认可和持续推动，现已成为支撑服务世界卫生组织和世界一流医药产品监管机构，促进生物医药产业发展的基础理论、转化应用和创新实践学科。1969 年，美国国会要求新成立的美国环境保护署（Environmental Protection Agency，EPA）、食品药物管理局（Food and Drug Administration，FDA）和美国核能管理委员会（Nuclear Regulatory Commission，NRC）等监管与人类健康密切相关的部门，在制定公共政策和法规时必须基于科学。为此，这些监管机构需要新的监管体系和理念，使其在作出重大决策时具备完备的信息和依据。

1985 年，艾伦·莫吉西（Alan Moghissi）在美国弗吉尼亚州成立了一家非营利性监管科学研究所，以"在科学与监管之间进行科学研究"为目标，首次在机构名称中使用"监管科学"这一名称，对监管科学进行了详细的阐释，并得到 FDA 的认同和重视。美国 FDA 于 1991 年正式明确药品监管科学概念，即监管科学是解决医药行业产品监管中所面临的问题，为监管部门履行决策时所需的基于科学的决策过程，并将监管科学作为 21 世纪重点推动的学科。2011 年，美国 FDA 发布的推进监管科学的战略规划中提出了 8 个主要研究领域来加快推进监管科学的研究与发展。

监管科学在中国药品监管领域的发展起步较晚，由于我国一些专家学者参与研究得不多，对真正支撑 FDA 发展的监管科学的关注和介绍相对较晚、较少。2006 年，国家食品药品监督管理总局原局长邵明立提出药品科学监管理念。2017 年，中国工程院发布《药品监管科学发展战略研究报告》（中工发〔2017〕89 号），推进了我国药品监管科学的研究与创新。

二　监管科学的实践与创新

我国监管科学的起步虽然时间不长，但我国的政治制度和体制机制优势，使我国监管科学发展的速度和效率是世界一流的。在发展监管科学时不能照抄照搬，应当在探究监管科学的起源背景、发展历程、价值作用、经验教训中，结合我国新时期药品监管的发展现状、面临的挑战和问题，进一步调查研究和实践分析，真正明晰符合我国国情的发展思路和目标，构建具有中国特色的监管科学学科体系、学术体系和话语体系。

（一）探索建设监管科学研究五大生态圈，整章建制协同推进十大领域新工程

1. 构建药品监管系统"核心引领"生态圈，统筹推进药品监管科学研究迈向新阶段

国家药品监管部门应当始终发挥核心引领作用，在把握政治方向、提供政策指导、加强顶层设计、统筹资源调动、强化组织保障等方面持续发力，

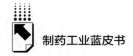

推进中国药品监管科学研究跑出加速度、驶入快车道。

2018年新组建的国家药监局，明确提出大力推进和发展监管科学，将其作为提升监管能力的重要抓手和载体。为构建更加科学、高效、权威、现代的监管体系，药品监管部门必须以推进监管科学发展为抓手，汲取监管经验教训、防范系统风险、提升监管能力，守药品安全底线，追质量发展高线，构建中国特色的药品监管科学新体系。推进监管科学研究是当前和今后一个时期，药品监管部门作为"核心引领者"的基础性和战略性工作。

2. 构建理论和技术"科技支撑"生态圈，打造监管科学研究和创新的"国家队"

2021年，国务院要求药品监管部门要构建科学、高效、权威的监管治理体系和治理能力。药品监管部门在审评、检验、评价和核查中做出的一切决策，都必须基于科学的思维、科学的方法、科学的技术、科学的成果。因此，药品监管部门必须要崇尚科学、发展科学、依靠科学。

监管科学研究是基础理论研究、应用研究和转化研究，监管科学是综合多个领域、多个学科的大知识体系，以保证药品全生命周期的安全。在研发、生产、流通和使用的全过程各个环节，都需要扎实的科技支撑和保障，国家药品监管部门直属的技术支撑单位如审评、检验、检定、核查、评价等关键环节的人员数量不足，创新能力不强，迫切需要科学界、教育界、企业等的药学领域科技工作者参与监管科学的研究和创新。实现监管的科学化、现代化，构建技术支撑体系，提升科技保障能力，是药品创新发展的现实需求和长远之计。

高等院校、科研机构是学术研究和科技创新的主阵地和主战场。为此，国家药监局积极与高等院校、科研机构合作，寻求在监管科学理论研究和应用研究上取得突破进展，并积极推进我国监管科学人才培养。在借鉴国外先进经验和做法的基础上，结合中国实际与全国知名高校和一流科研院所，开展广泛有效的合作。一是与国内一流大学和研究机构开展战略合作，共建或认定监管科学研究基地14家，组建监管科学学科队伍，多方位开展监管科学学术研究，培养监管科学人才。二是分批次开展监管科学重点实验室评审认定工作，认定监管科学重点实验室 117 家。这些实验室作为科技攻关和科技成果产出高地，在药品监管技术支撑领域开展原创性研究和科学技术突破，解决基础性、关键性、前沿性和战略性的技术问题。

3. 构建政府间"部门联动"生态圈，建立监管科学研究协同新机制

监管科学研究是一个综合复杂的系统工程，在党中央、国务院统一领导下，国家药监局作为牵头部门发挥引领和骨干示范作用，必须协调相关部委，特别是国家卫生健康委、国家医保局、科技部、教育部等，建立部际协作工作机制，争取各方资源，构建部门协同联动生态圈，为推进中国特色药品监管科学学科体系、学术体系和话语体系的建设提供强有力的政策支持和机制保障。

我国教育部门确定人才培养学科目录，指导学科创建，是监管科学学科建设、学术发展的主导和引领部门。药品监管科学聚焦国家重大需求和人民生命健康，集合药学、医学、管理学、法学、生物信息学等多门学科合作研究，是一门集群交叉学科，具备教育部提出的交叉学科的内容、特征和作用。

国家卫生健康部门是健康中国行动计划的牵头人和主力军，负责医疗卫生事业长远发展和日常管理。2019 年，国家卫生健康委以健康中国行动推进委员会的名义发布《健康中国行动（2019—2030 年）》，包括国家发展改革委、国家药监局等 54 个部门参与，开启包括"心脑血管疾病防治行动"、"癌症防治行动"和"慢性呼吸系统疾病防治行动"等 15 项重大行动，并对其提出了细化落实的目标、指标、路径。

科技是国家强盛之基，创新是民族进步之魂。科技创新是打造监管科学研究的主阵地和主战场。科技部门是全国科技工作的组织领导机构，通过制定医药科技发展政策、科技规划和重大项目实施，大力支持监管科学的研究和创新。

国家医保局负责领导全国医疗保障工作，医保政策是药品创新研发和使用的风向标，对药品监管科学研究起到重要的支撑引导作用。我国医保部门也高度重视药品监管科学倡导的评价和监管方法，对纳入医保目录正在使用

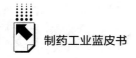
的药品进行评价、调整。

4. 构建"社会共治"生态圈，建立监管科学研究共建共享新机制

监管科学是药品监管中预测决定和择优的科学决策过程，因此在美欧日，监管科学也被认为是一门行为科学。在其最新的战略规划中将社会科学和行为科学作为 8 个科学优先方向之一，即通过介绍方式帮助消费者和专业人员利用监管科学对医用产品做出明智的判断。主要通过建立沟通渠道和平台、报告评估机制等方式与社会各界广泛交流。开展监管科学研究，构建由药品监管部门主导的学会、协会、新闻媒体、其他组织、社会公众等有序参与的"社会共治"生态圈，是推进中国药品监管科学研究和创新的必由之路。一是注重引导学会、行业协会发挥积极作用；二是吸引支持新闻媒体加强药品监管科学的宣传普及；三是积极鼓励其他组织和社会公众有序参与药品监管科学行动计划。

5. 建立药品监管科学全球"开放共享"生态圈，促进国际交流与合作

构建人类卫生健康命运共同体，最大限度地增强合作机制、理念、政策的开放性和包容性，推动世界经济实现更高质量、更有韧性的发展。药品监管科学研究体系绝不是封闭的国内循环，而是开放的国内国际双循环。要通过高水平开放进一步促进新工具、新标准、新方法的开发，在学习借鉴国际先进监管科学经验的基础上，进一步强化国际监管科学合作，中国药品监管领域参与全球治理的广度和深度不断增加，通过监管科学的合作交流平台，主导和参与制定规则和标准的能力显著提高。

2017 年，中国以成员国身份加入国际人用药品注册技术协调会，标志着国际社会对中国政府药品审评审批改革和中国医药产业的认可，意味着国际社会愿意接纳中国监管部门、制药产业和研究机构加入国际最高规则和标准的制定过程，中国药品注册技术要求与国际接轨全面展开，药品研发和注册进入全球化时代。

美国 FDA 创办的全球监管科学峰会提出了全球监管科学机制（GCRSR），由来自世界各地的监管领袖组成。中国已主持或参与 10 余次全球监管科学峰会。

（二）建设监管科学"七大集群"学科，提升监管能力

1. 受理监管科学

受理是审评审批的第一步，也是引领创新的"风向标"、产业进步的"引路灯"。长期以来，由于临床试验和产品申报的专业性和复杂性，熟悉注册申请流程、了解申报材料要求的专业人才十分缺乏，再加上宣传指引不足和沟通途径不畅，注册受理成为众多企业头痛的一道门槛，往往在准备和提交注册资料的环节浪费了大量时间。

注册受理不仅是一种行政行为，更是一门科学，是监管科学的重要组成部分，亟须打造中国特色的注册受理学科体系，培养懂政策、法规和专业的创新型受理监管科学人才。

2. 审评监管科学

2015 年 8 月，国务院印发《关于改革药品医疗器械审评审批制度的意见》，标志着药品审评审批改革正式启动。改革以来，审评审批流程持续优化，审评审批质量明显提高，注册申请积压现象大大缓解；仿制药质量和疗效一致性评价取得阶段性成果，大力促进了仿制药发展；为进一步鼓励创新，上市许可持有人制度、突破性治疗药物、附条件批准、优先审评审批、特别审批程序及相关支持政策被写入新修订的《药品注册管理办法》，成为实践创新驱动战略的重要举措。在全球药物研发竞争激烈的今天，我国药品监管部门在不断优化审评审批流程、提升审评审批能力的同时，更应该大力发展审评监管科学，打造中国特色的审评审批学科体系，培养了解医疗产品研发过程、上市注册要求、审评审批流程以及政策法规制度的综合性专业人才。

3. 审核查验监管科学

审核查验是审评审批的重要前提，客观、公正、权威的注册现场检查是作出正确审批决策的必要条件。此外，医疗产品生产环节的有因检查、境外检查，对保障医疗产品质量安全、维护人民群众生命健康意义重大。过去传统线下的现场核查检验方式已发生较大的变化，现在我们所强调的药品全生命周期监管，即从研发到检验、审评、生产一直到临床使用，每个阶段都要

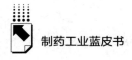

有风险意识，需要审核查验。

4. 检验检定监管科学

检验检定结果是审评审批和监督检查的技术证据，科学检定是科学监管的重要基础。以精确规范为基础，以创新发展为动力，加快构建科学、完备、权威、现代的药品、医疗器械、化妆品检验检定体系，发展中国特色的检验检定监管科学，势在必行。药监系统的中国食品药品检定研究院是唯一的以检定命名的研究机构，是药品监管的核心技术支撑部门，通过检验、检测出具的结论可以作为执法的依据和新产品申报的证据。

5. 临床转化应用监管科学

医药产品的安全性和有效性，需要在临床应用中接受进一步检验，在临床实践中得到更大样本量的临床验证。医药产品的临床应用阶段也应被视为一个重要的监管环节。在真实世界环境下得到的数据，可以经过甄选转化为真实世界证据，直接在审评审批中得到应用。

6. 评价监管科学

药品上市后再评价是药品上市前评价的延续，是全面评价药品不可缺少的一个环节，药物警戒是药品不良反应监测工作的拓展。积极创新评价监管科学，构建符合我国国情的药物警戒学科体系，培养相关领域的监管人才，强化用药风险的早期发现和早期控制，进一步提升公众安全用药的保障能力，为药品上市后安全监管和药物警戒制度实施提供更有力的技术支撑。

7. 决策监管科学

从管理学的角度讲，药品全生命周期的四个阶段，审评审批的决定、检验检定的合格证明、审核查验的通过等，实际上都是一个决策过程。国家药监系统的行政人员和技术支撑人员，都是在决策监管科学中，研究新制度、建立新机制、发布新政策。

（三）打造"九大体系"新工程，推进化学药品产业持续健康发展

1. 打造中国特色的药品法律法规和稽查执法体系

构建更加系统完备的药品监管法律法规制度体系，加强药品稽查队伍建

设，强化检查稽查协同和执法联动，完善省级市场监管与药品监管工作机制。

2. 打造中国特色的标准制定和技术审评体系

加快完善政府主导、企业主体、社会参与的相关标准工作机制。完善药品标准体系制定，加强国家标准、行业标准、团体标准、企业标准统筹协调。

3. 打造中国特色的药物警戒和审核查验体系

加强药品不良反应（事件）监测体系建设和省、市、县级药品不良反应监测机构能力建设，加快构建有效满足各级药品监管工作需求的检查员队伍体系。

4. 打造中国特色的药品风险管理和应急体系

整合药品技术审评审批、监督抽检、现场检查、不良反应监测、投诉举报、舆情监测、执法稽查等方面的风险信息，构建统一完善的风险监测系统和药品安全事件应急预案系统，形成协调联动的工作机制。

5. 打造中国特色的信息化追溯和数字化监管体系

制定统一的药品信息化追溯标准，构建全国药品追溯协同平台，实行药品编码管理，落实药品上市许可持有人追溯责任。

6. 打造中国特色的部门协同和国际共享体系

落实监管事权划分，加强跨区域跨层级药品监管协同指导，强化国家、省、市、县四级负责药品监管的部门在药品全生命周期的监管协同。适应药品监管全球化需要，深入参与国际监管协调机制，积极参与国际规则制定。

7. 打造中国特色的检验检定和生物制品批签发体系

瞄准国际技术前沿，以中国食品药品检定研究院为龙头、国家药监局重点实验室为骨干、省级检验检定机构为依托，完善科学权威的药品、医疗器械和化妆品检验检定体系。巩固提升中国食品药品检定研究院生物制品（疫苗）批签发能力，推进省级药品检验检测机构的批签发能力建设。

8. 打造中国特色的审评审批体系

瞄准国家区域协调发展战略需求，整合现有监管资源，优化中药和生物

制品（疫苗）等审评检查机构设置，充实专业技术力量。优化应急和创新药品医疗器械研审联动工作机制，鼓励新技术应用和新产品研发。

9. 打造中国特色的评价决策体系

加强药品、医疗器械和化妆品监管评价能力建设，提高决策水平。

三 监管科学促进化学药品产业创新与发展

随着经济发展和人民生活水平的提高，药品消费需求增加，制药工业已成为我国国民经济的重要组成部分。近年来，全国医药生产企业数量增长迅速，整体呈现上升趋势。根据国家统计局数据，截至 2020 年，我国医药制造行业规模以上企业数量达 7342 家。

2020 年 7 月，新修订的《药品注册管理办法》和《药品生产监督管理办法》颁布，全面落实药品上市许可持有人制度，优化审评审批工作流程，落实全生命周期管理要求，强化主体责任与责任追究。药品上市许可持有人依法对药品研制、生产、经营、使用全过程中药品的安全性、有效性和质量可控性负责。

2020 年 9 月，国家药监局、国家知识产权局公开征求《药品专利纠纷早期解决机制实施办法（试行）（征求意见稿）》意见，对保护专利权人合法权益、降低仿制药的专利侵权风险、鼓励药物研发创新、推动仿制药高质量发展有积极意义。2020 年全年累计有 908 个受理号申报一致性评价获受理，861 个品规的药品通过一致性评价（含视同通过），比 2019 年 402 个增长 114%。全年共有 12 个国产 1 类化学药获批上市，包括 5 个抗肿瘤药、3 个抗病毒药、2 个麻醉类药物、1 个心血管药物和 1 个神经系统药物。其中，泽布替尼是第一个由中国企业研发并在美国上市的创新药，继 2019 年在美获批上市后，2020 年又在国内获批上市。

2021 年全年累计有 876 个受理号申报一致性评价获受理，比 2020 年全年 908 个下降 3.52%；有 1714 个品规的药品通过一致性评价（含视同通过），约为 2020 年的两倍，仿制药一致性评价过评品种迎来爆发式增长。

2021 年改良型新药已进入收获期，共有 14 个品种获批上市（8 个注射剂、6 个口服制剂），绿叶制药的利培酮微球为高端长效缓释注射剂，湖南华纳大药厂的恩替卡韦颗粒剂为儿科品种，齐鲁制药获批 2 款口溶膜，在该领域竞争优势明显。

2017 年 5 月底，我国正式加入 ICH（国际人用药品注册技术协调会），监管体系与国际接轨，国内外临床试验数据互认，大幅加快了我国开拓海外临床试验的进度。我国药企开展的国际多中心临床试验已由 2016 年的 66 个增加到 2021 年的 165 个，增加了 1.5 倍，覆盖的国家和地区也增加了 1 倍，由 2016 年的 25 个增加到 2021 年的 50 个。

2020 年 11 月，国家发改委发布《关于推动原料药产业高质量发展实施方案的通知》（发改产业〔2021〕1523 号），提出积极推动原料药生产技术创新升级、产业绿色低碳转型、产业结构优化调整、产业集中集聚发展、重大装备攻关突破、关联产业分工协作、产业标准体系建设和产业高水平开放合作，为医药产业发展提供坚强支撑，为国际竞争合作锻造特色长板。

近年来，我国通过 License-out 将创新药权益授权给国外药企的交易不断增多，也意味着国际药企对我国新药研发能力的肯定，成为创新药出海的最大依仗。License-out 是指企业进行药物早期研发，然后将项目授权给其他药企做后期临床研发和上市销售，按里程碑模式获得各阶段临床成果以及商业化后的一定比例销售分成的合作模式。

2020 年，国内 Licence-out 的项目超过 20 个，呈现爆发式增长，其中化学药 9 个，主要涉及恒瑞医药、豪森药业、百济神州、贝达药业等创新型制药企业，化学药领域授权产品主要为小分子靶向药。据不完全统计，2021 年中国共有 40 项跨境 Licence-out 交易记录，远超 2020 年 Licenece-out 交易数量，2021 年交易总金额更是达到历年最高水平，数值直逼 30 亿美元；且全年跨境 License-out 项目中绝大部分集中于肿瘤领域，项目金额较大的项目也主要集中于已上市产品或研发进度较后的项目。

B.3
医保谈判药品落地的思考

赖诗卿[*]

摘　要： 国家医保局成立以后，国家医保药品目录准入有两种方式，一是
常规遴选准入，二是通过谈判准入。独家药品通过谈判方式作为
国家医保药品目录的准入方式，已经成为一种制度性安排。随着
谈判药品日益增多，谈判药品能不能进入医疗机构落地使用成为
社会关注的问题。本文分析了影响医保谈判药品落地的主要因
素，并提出了关于解决谈判药品进入医疗机构的几点思考。

关键词： 医保谈判　谈判药品　医保药品目录

　　按照国家医保局工作安排，药品准入实现常态化，每年都开展一次调
整。这意味着国家谈判药品数量越来越多，临床治疗领域覆盖面越来越广。
截至 2021 年底，医保管理部门已开展 5 轮药品医保目录准入谈判。2021 年
共计对 117 个药品进行了谈判，谈判成功 94 个，总体成功率 80.34%。其
中，目录外 85 个独家药品谈成 67 个，成功率 78.82%，平均降价 61.71%。
涵盖了癌症、肝炎、糖尿病、心脑血管、罕见病等多个临床治疗领域。随着
谈判药品日益增多，谈判药品能不能进入医疗机构落地使用成为社会关注的
问题。

---

* 赖诗卿，福建省医疗保障研究院院长，福建省医保局原局长，原国务院医改办监察专员，福
建省中医药大学客座教授。

一　医保谈判药品落地备受社会关注

国家谈判药品上市从"先进医院，后进医保"变成"先进医保，再进医院"，对医疗机构快速准入和临床医生短期内广泛使用提出了挑战，患者在医疗机构能不能买得到、用得上，成了社会各界广泛关注的新问题。首先，企业希望尽快落地。谈判药品大部分是创新药，投资大、周期长、风险高，投资方希望尽快收回成本。同时，国家谈判药品医保准入协议周期短，一般只有两年，短期内如果不落地，医保准入协议就会落空。其次，医疗机构是处方药销售市场的主要渠道，谈判药品大部分是处方药，由于处方药的特殊性，我国医疗机构渠道销售的额度占据处方药销售总额的 70% 左右。处方药如果进不了医疗机构销售和使用，企业销售和患者用药都会受到很大影响。最后，患者的实际需求，创新药对患者意味着有更多的治疗机会，因此患者群体也非常关注谈判药品的落地和报销政策。同时，作为医保部门也希望谈判药品能够尽快落地惠及广大患者。

二　影响医保谈判药品落地的主要因素

（一）从医院看影响落地的因素

1. 医院不可能配备所有医保目录药品

公立医院是配备国谈药品的主渠道，但是由于医院有不同的功能定位，临床需求不尽相同，药品配备种类有所区别。在实际药品采购中，医院主要依据其功能定位、临床科室需求筛选所需要的药品，且不同类型医院的药品目录也存在较大差异，难以做到每一家医院都能配备所有的医保目录药品。2021 年国家医保目录药品总数为 2860 种，而目前大型三甲综合医院的配备药品品种数一般控制在 1500 种。特别是对于价格高昂的谈判药品，医院在选择进院时会更加谨慎。

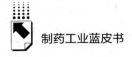

2. 公立医院用药目录的遴选机制

公立医院药品目录的遴选，必须经过医院药事管理委员会讨论决定。首先，药品能否顺利进入医院用药目录，关键要看药品能否满足临床的治疗需求，特别是疾病治疗的替代性、安全性、与现有药品比较等多方面因素。其次，医院需要平衡各科室用药情况，新老药品替换阻力比较大。最后，医院新药进院流程和临时采购审批流程比较烦琐。目前医院普遍存在药事管理委员会研究药品目录频率过低的情况，很多医院是一年开展一次，少数医院甚至一年都不开展，而谈判药品有效期只有两年，客观上有可能存在有些谈判药品还没有进医院，就过了谈判协议期。

3. 医改相关政策的影响

随着医改深入推进，医疗机构面临各种绩效考核和多种药品目录管理，如国家医保目录（含国谈目录）、带量采购目录、基药目录和重点监控药物目录等。加上医保支付方式改革的全面推进，药品配备、储存、耗损等药品管理费用支出，逐步从公立医院的盈利因素变为成本因素，医疗机构对高值药品配备的内生动力不足，积极性不高。

（二）从药品本身看影响落地的因素

1. 创新药的类别

不同的创新药类别，临床使用率和配备率不同。创新药由于临床治疗需求有较大空白，临床用药需求存在未被满足的空间，医疗机构的配备率一般比较高。其中抗肿瘤药的配备率一般都会高于其他种类的药品，特别是在肿瘤专科医院配备情况较好。但是，对于价格昂贵的罕见病药物的配置通常比较低，甚至存在不配置的情况。

2. 药品的替代属性

相同适应证、相同药理作用的药品在进入医院时存在品间替代关系。替代品类多的药品，医疗机构配备积极性一般不高；没有替代品的药品，医院配备可能性比较高。

3. 药品的上市时间

创新药品上市时间很短,甚至刚刚获批即参与医保谈判。据统计,国家谈判以来有 27 个创新药物实现当年上市、当年进医保。2021 年谈判新增的 64 个西药中,63 个是在 2017 年及以后上市的,21 个为 2020 年刚获批上市的新药。其中谈判新增国产药的数量为 38 个,首次超过进口数量(25 个)。创新药上市后需要与临床使用有一个适应的过程,创新药品需要临床数据的积累和临床医生的认可,需要一定时间的技术推广期,才有可能实现大范围人群应用。创新药品上市前的研究往往临床试验病例数较少,研究时间相对较短,临床试验对象的年龄范围较窄,试验条件的控制亦比较严格。一些药物的严重不良反应是在上市后数年才被发现。刚获批上市的药品需要经历临床数据积累、临床专家认可过程。因此,从临床医生的角度出发,要客观了解药物的情况,需要经过临床学术推广的时间过程。

(三)从管理部门政策看影响落地的因素

1. 公立医院绩效考核指标的影响

随着医院高质量发展的推进,公立医院普遍开展了绩效考核。绩效考核指标体系中的相关指标的设置一定程度上影响了谈判药品进入医院,如福建省卫健部门与费用相关的指标有 16 项,对国谈药品落地影响比较大的有医院总预算增幅、住院次均费用增幅、住院次均药品费用增幅、医疗服务性收入占比、单病种次均费用、门诊次均费用增幅、门诊次均药品费用增幅等考核指标,都是影响高值谈判药品进入医院的因素。

2. 医保报销政策的影响

一是医保支付方式改革,实行按病种和 DRG 收付费,"结余留用、超支不补",费用一旦超标全部由医院承担。二是医保报销比例。医保目录内的药品分为甲乙两类,甲类药品实行 100% 完全报销政策,乙类药品需要自付一部分费用。谈判药品均属于乙类药品,按规定各统筹区可根据当地医保基金运行情况设定报销比例。三是医保药品使用范围限定。在医保目录中,为了保障用药安全和防止药品滥用,通常会在药品条目备注栏中标注该类药物可纳入医保支付的范围。在 2019 版医保目录的更新中，常规准入的抗肿瘤药品有 52 个，基本都对医保支付范围作了明确规定，2020 年谈判准入的 22 个抗肿瘤药品全部作了限定支付的规定，例如，一些药品被限定在门诊或住院条件下医保方可支付；一些抗癌药被限定在二级及以上医疗机构使用医保才能够支付。以抗癌药为例，医保会限定患者疾病类型，也就是哪种瘤种（通常以解剖范围界定），会根据疾病的严重程度、病理下的分子或基因分型，还包括患者在前期治疗中是否使用过一线、二线方案，使用的效果如何等来分别确定支付范围。由于这类药品按医保结算被医保经办机构扣款的风险高，不按医保结算走自付渠道被患者投诉的风险大。以上这些政策因素，也将影响谈判药品进入医院使用。

三　关于解决谈判药品进入医疗机构的几点思考

（一）以什么样的方式推动国谈药落地

国家医保局高度重视谈判药的落地工作，2018 年国家医保局开展了首批 17 个肿瘤谈判药品，通过医保、卫健部门联合发文推动落地，成效十分显著。但这是一次专项谈判，数量比较少，也不是常规谈判。现在药品准入谈判作为国家医保药品目录调整的一种常规准入方式，已经成为一种制度性安排。对此，各级医保、卫健等部门要认真贯彻落实国家政策，指导各定点医疗机构根据功能定位、临床需求和诊疗能力等及时配备、合理使用，不得以医保总额控制、医疗机构用药目录数量限制、药占比等为由影响谈判药品配备、使用。医保部门对实行单独支付的谈判药品，不纳入定点医疗机构总额范围。对实行 DRG 等改革的病种合理调整该病种的权重，对年度医保总额做出合理调整。卫健部门要将谈判药品单列，不纳入医疗机构药占比、次均费用等考核指标。医疗机构要提高政治站位，落实国家谈判药品进医院的第一责任人责任，根据临床用药需求，及时统筹召开药事会，"应配尽配"；充分认识国家谈判药品的药物经济学价值；正确理解"双通道"的功能和作用，对于暂时无法配备的药品，要建立健全处方流转机制，通过"双通道"等渠道提升药品可及性。同时医疗机构要加强医保目录的精细化管理，合理均衡使用集采药品与非中选药品、国谈药品、基药、医保限定支付范围药品等。

（二）医保谈判与带量采购有什么不同

国家医保局组建之后，通过两种方法来重塑不同属性药品的价格形成机制，一是医保目录谈判准入，二是集中带量采购。对于新上市的"独家药品"，国家医保局通过准入谈判的方式确定价格，即国家医保局对于企业申报的创新产品，基于专家遴选、药物经济学评价，与企业开展谈判，以此确定药品医保支付标准，并将谈判成功的药品纳入医保目录。集中带量采购，是对于市场销售量大、药品费用高，同时已有药品通过质量和疗效一致性评价、市场存在多家企业供应、竞争较为充分的品种，根据医疗机构销售需求确定采购量，通过企业自主报价，按照一定规则确定中选品种和采购价格。

由此可见，医保谈判药品与国家组织集中带量采购的药品具有不同的特点，医保谈判药品中多为独家创新药品，多数为专利药，药品还没有过专利期，也没有可替代性的仿制药。同时创新药品上市时间很短，甚至刚刚获批不久即可参与医保谈判。刚上市的新药，医疗机构有多少临床用药需求尚不明确，没有办法确定采购量。所以，谈判药品不能实行带量采购。

（三）如何实行"双通道"保障

2021年国家医保局、国家卫健委出台了《关于建立完善国家医保谈判药品"双通道"管理机制的指导意见》，旨在满足群众多元化的用药保障需求，这对落地临床价值高、患者急需、替代性不高的谈判药品意义重大。所谓"双通道"，是指在定点医疗机构和定点零售药店两个渠道，患者都可以买到医保谈判药品，并且享受同样的报销额度，实行同样的报销模式。落实"双通道"政策，是保障国家谈判药品落地的重要渠道，但在具体执行层面有一些问题需要研究。一是进入"双通道"的药品品种如何确定？二是如何定点，是否需要遴选医疗机构定点，处方医生资质要不要定，药店定点需要什么条件，是由药品企业定还是由管理部门定？三是如何结算？定点药店要不要控制医保额度，报销比例是按药店还是按出具处方的医疗机构结算，药店医保额度是否计入出具处方医疗机构的医保总额？与医院 DRG 收付费怎么衔接？四是定点药店与出具处方医疗机构如何对接运行，谈判药品很多是肿瘤靶向药、生物抗体类药物，这些药物的使用需要配套临床服务，定点药店只能提供药物给付、储存等服务，但它解决不了临床给药当中的服务和风险管理的问题。五是处方如何流转？平台如何建设？六是如何监管？"双通道"机制将原来院内管理部分职能转移至院外，管理环节明显增多，与之带来的责任怎么界定，如何防范利用药店渠道的骗保行为？怎么样对费用高、用量大的药品进行重点监控和分析，包括备案登记、处方开具、药品销售等环节的全程监控和监督，确保基金和药品精准用于需要的患者。

（四）加强医保目录的精细化管理

在国家医保目录药品谈判准入的常态化形势下，涉及谈判的药品数量将持续增加，如何加强医保目录精细化管理，做好谈判药品与地方医改政策的衔接是各地医保部门的新课题。首先，医疗机构要提高政治站位，落实国谈药品落地的主体责任，要从国家鼓励创新的角度认真落实创新药的合理使用。医院要重新定位医院药学部门职能，坚持以病人为中心、以合理用药为核心，改革药事管理体系，创新药学服务模式，促进临床合理用药和安全用药，优化药学人员队伍结构。其次，必须实行分类管理。对于谈判药品中部分医保目录转谈的药品，有一部分药品是不鼓励使用的，要妥善处理与现有医改政策的衔接。对新准入的创新药品，要按照临床治疗的不同领域和不同需求进行分类管理。比如，可以分病种管理，肿瘤用药应该以医疗机构配备为主，罕见病用药可以定点药店配备为主。对临床科室对谈判药品有需求的，医疗机构根据临床申请情况要及时召开药事管理会议；对于临床急需的谈判药品，要在充分评估的基础上适当简化引进流程，进一步提高可及性，确保患者用得上谈判药品。最后，管理部门要优化合理用药环境。要坚持以临床需求为导向，进一步优化相关考核指标计算方法，统筹优化医疗机构绩效考核政策、医保单列支付政策、医院处方管理政策等，进一步优化药品结算机制，研究解决国家谈判药品入组 DRG 结算问题，促进谈判药品进入医疗机构并合理使用，形成长效机制。

（五）加快探索医药分开支付改革，推动政策创新

医药分开是医改基本政策，中央 5 号文件明确提出探索医疗服务与药品分开支付。为解决医疗机构不想进药、不能进药的困难，研究探索药品虚拟库存方案，整合目前特药、带量采购药品、国谈药、创新药、紧缺药、罕见病药等供应保障政策，为保障患者能享受到医保政策红利，将国谈药开通药店通道，通过药店采购保供，满足患者临床用药需求。

（六）大力发展商业健康补充保险

基本医保"保基本"是医保战略购买机制中不可动摇的基本原则，随着高值谈判药品陆续纳入医保目录，将在未来一段时间对医保基金形成较大支出压力。一方面，医保目录难以做到将所有上市的创新药品纳入其中；另一方面，对于纳入医保目录的谈判药品，其医保报销比例的高低，也是由地方医保基金决定的，都保持较高的报销比例是不现实的。为此，要解决谈判药落地难的问题，还需要通过大力发展商业健康补充保险，鼓励商业保险机构推出与基本医保相衔接的险种，以多元化的制度来满足群众多样化医疗保障需求。

B.4
药品智慧监管理论探索与建设路径

刘　洋*

摘　要： 当前信息技术与药品监管业务不断融合，全生命周期监管、数字化监管、移动化监管、线上线下监管、全时段动态监管等创新监管需求越发凸显。本文从药品智慧监管信息化建设的视角出发，回顾药品智慧监管的发展历程，明确药品智慧监管的建设理念，分析新发展阶段下药品智慧监管的发展形势，提出药品智慧监管的核心驱动力，阐述药品智慧监管信息化建设的工作思路和建设路径。

关键词： 药品智慧监管　信息化　监管数字底座

药品智慧监管以促进药品监管体系和监管能力现代化为目标，是传统药品监管业务发展的必然方向，是提升药品安全治理水平和监管效能的重要手段。

一　药品智慧监管建设回顾

回顾药品监管信息化的发展历程，从网络化到数字化，再到智能化的趋势日益清晰。总的来看，药品监管信息化建设经历了四个阶段。

第一阶段，信息化建设初期探索。从 1998 年药品监管部门组建之初，

* 刘洋，高级工程师，国家药监局信息中心规划与标准处副处长。

以建设药品监管"两网一库"、实施政府上网工程为标志，主要目标是计算机联网、数据库建设，并开办政府网站，对外提供服务。

第二阶段，监管应用系统建设。从 2006 年开始，以推进药品电子监管（2006 年）、实施药品监管信息化一期工程（2010 年），以及建设药品监管数据中心（2012 年）为标志，主要是健全网络，大量建设各类应用系统，并探索管理、汇聚、应用数据资源，用数据去支撑药品监管。

第三阶段，系统整合和数据共享。从 2017 年开始，以国务院部署政务系统整合共享（2017 年）为标志，着力解决"数据孤岛""系统烟囱""僵尸网站"等问题，建设药品监管应用整合平台、数据共享平台等。

第四阶段，药品智慧监管。现在我国药品监管工作正处于向智慧监管迈进的新阶段。当前信息技术高度发达，一切都可以被记录，一切都可以被储存，一切都可以被传递，一切都可以被分析。海量数据的汇集，推动算法、模型的强大，让监管更加精准、高效。

经过多年的建设发展，药品智慧监管信息化建设取得了较为丰硕的成果，国家药监局带领各级药品监管部门坚持新发展理念，深化"放管服"改革，加强智慧监管谋篇布局，按照药品智慧监管的总体设计蓝图积极推动各项建设工作：建立了统一的药品监管信息化标准规范体系，有效指导和规范相关领域的信息化建设工作；实现对核心监管业务的信息化支撑，信息化辅助监管能力得到有效提升；上线"互联网+政务服务"平台和药品智慧监管平台，提升政务服务专业化、协同化能力，为社会公众和监管人员提供了网上办事和监管工作的便捷渠道；强化药品监管数据管理与应用，有效汇聚全国范围内的药品监管数据资源，实现监管数据互联互通和共享开放，为监管业务提供有力的数据支撑；推进基础设施整体部署升级和云化改造，完善网络安全防护与信息安全建设，为"十四五"时期乃至未来开创药品监管信息化工作新局面奠定了坚实的基础。当前信息技术与监管业务不断融合，全生命周期监管、数字化监管、移动化监管、线上线下监管、全时段动态监管等创新监管需求越发凸显，需要进一步推进药品智慧监管信息化建设，加快以信息化引领监管现代化进程。

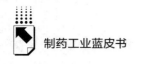
二 药品智慧监管核心理念

药品智慧监管要贯彻风险治理、责任治理、全程治理、智慧治理的药品监管理念，坚持系统思维，要以"四个最严"为根本遵循，以促进药品监管体系和监管能力现代化为目标，以信息化引领监管现代化。药品智慧监管信息化建设要充分利用监管科学研究成果，运用云计算、大数据、物联网、人工智能等新一代信息技术创新监管方式方法，完善监管体制机制，通过技术创新、业务创新、制度创新、管理创新重构药品监管体系，推进精准监管和智慧监管，促进信息技术与业务融合发展，让监管链条各环节彼此协作、监管资源分配更加合理、监管需求响应更加快速、监管服务更加优质高效、监管体系更加精准智能，增强人民群众对药品安全的获得感，推动药品产业持续高质量发展，助力实现药品监管科学化、法治化、国际化和现代化。

智慧监管，相比传统监管，强调"大监管"的理念，包含多元化的监管治理主体，力图构建政府与非政府合作的监管模式，在监管手段上除了行政处罚之外，更强调激励性和回应性，更强调事中和事后的监管，而且要充分利用信息化手段，在监管领域之间相互促进，最终实现政府和监管对象双赢的关系。

三 药品智慧监管发展形势

（一）监管体系发展形势

当前我国药品安全监管体制机制已经逐步完善，创新能力和服务水平持续提升，智慧监管、监管科学快速发展，技术支撑能力不断提升，药品检查员队伍建设取得突破性进展，法规标准制度体系不断完善，完成了以"两法两条例"为核心的一系列法律法规和规章制度的制定/修订，搭建了新时代药品监管法规制度体系的"四梁八柱"。新的监管制度的确立、新的监管法律法规的施行，对信息化提出了新的更高要求，迫切需要信息技术与药品监管业务深度融合，支撑药品监管工作高效开展。

（二）药品产业发展形势

随着生物医药技术和信息技术的迅猛发展，基因技术、纳米技术、3D打印、大数据、人工智能、工业互联网、区块链、智能工厂、智能制造等新技术给医药行业带来了重大变革和巨大挑战，也对药品研发、生产、流通领域产生了深远影响。新的技术带来新的风险挑战，迫切需要充分利用信息技术及时准确地获取监管相关的信息和数据，用信息链串起产业链、利益链、风险链、责任链，提升监管的预见性、靶向性、时效性，实现药品全生命周期风险管理。

（三）信息技术发展形势

我国已经全面进入"互联网+"时代，药品监管工作也面临着巨大的挑战和机遇，传统线下监管业务与线上信息技术的融合应用是未来发展的必然趋势。现代信息技术是推进药品监管体系和监管能力现代化的关键技术支撑，是加强药品全生命周期风险管理的重要手段，也是深化"互联网+政务服务"、建设"数字中国"、促进医药产业发展和创新升级的客观要求。我们需要进一步增强信息技术和监管业务的融合创新能力，提升数据驱动与知识服务能力，优化信息资源统筹建设和运营管理，实现药品监管工作与信息技术的融合发展。

四　药品智慧监管核心驱动力

药品监管部门进行智慧监管信息化建设实践，其核心的驱动力，可以概括为四个方面：监管业务优化、信息技术融合、产业转型升级、社会共同治理。

首先，药品监管业务对于智慧监管的建设与发展起主导作用。药品监管业务是监管部门按照法律赋予的权利实施监管工作，并制定业务流程。要实现对监管业务的智慧升级和优化，必须先有法律条文的支撑。例如，在最新编制发布的疫苗管理法和药品管理法中，专门增加了关于信息化追溯体系建设的条款，要求监管部门制定追溯标准和规范，企业负责建设追溯系统，多方合作，共同构建药品追溯体系。在法律法规的支持下，国家药监局持续优化业务流程，推行行政事项、业务流程和办事指南的标准化，发布政务服务清单，推行"互联网+政务服务"和"互联网+监管"，不断提高办事效率。

其次，信息技术融合是智慧监管建设的基础支撑和保障。没有信息化，就没有智慧监管。而信息化的建设，也一直从多个方面不断完善智慧监管的技术体系。基础资源方面，实施网络化、虚拟化，构建统一支撑的信息化大平台；管理体系方面，落实一体化思维，建设药品监管整合大系统，加快标准化的脚步；数据管理方面，促进数据的规范化和序列化改革，用数据串联药品全生命周期监管；监管服务方面，不断提升业务系统的专业化和便民化水平，增强人民群众获得感；创新应用方面，进一步探索监管服务的移动化应用场景，促进社会共治体系的建立。

再次，产业转型升级对智慧监管的发展有着至关重要的助力作用。企业信息化水平的高低，直接影响着智慧监管的感知末端，企业的信息化水平越高，越能产生大量的生产和经营数据。针对这些数据的分析和应用，既能让企业本身更好地经营和决策，也能让监管部门更便利地进行监管。产业的转型升级，对于药品监管部门来说，既是挑战，更是机遇。一方面，药品监管部门要面对越来越复杂、越来越多样的监管对象；另一方面，企业的智能化、数据化，使得监管部门更方便地获取它们的真实行为数据，强化监管。

最后，社会共同治理是智慧监管的目标和手段。药品智慧监管的最终目标，就是人民群众的用药安全，只有全民参与监管，才能真正实现无死角的智慧监管。国家药监局不断完善国家、局、政府网站和"互联网+政务服务"平台，开发手机 App，开放监管数据，等等，增加透明度，促进参与性。药品监管政务工作越透明、越开放，社会公众参与得越深入、越详细，就越能提高公众的获得感和安全感，最终实现"共建共治共享"的社会治理模式。

以上四个驱动力，其本质都和信息化建设息息相关。首先，业务的优化升级，需要信息技术的支撑；其次，产业转型升级，也需要信息技术的升级作为前提，智慧工厂、智能制造等，都是信息技术在发挥作用；最后，要实现社会共治，要让社会公众参与监管，监督监管工作，也需要信息化手段的助力。由此可见，这四个核心驱动力最主要的发力点，就在信息化建设，也就是信息技术与药品监管的融合上。

五　药品智慧监管的建设路径

药品智慧监管信息化建设工作任重道远。近几年，国家药监局印发了一系列关于药品智慧监管信息化建设顶层设计的文件。2019 年发布了《国家药品监督管理局关于加快推进药品智慧监管的行动计划》，正式提出药品智慧监管的建设理念和总体框架。2022 年发布《药品监管网络安全与信息化建设"十四五"规划》，对于未来 5 年如何通过智慧监管提升监管能力与水平进行布局谋划。通过一系列规划文件的发布和实施，国家药监局绘制了药品智慧监管信息化建设的蓝图，并持续按照规划蓝图开展相关建设工作。在下一阶段工作中，国家药监局将继续以支撑药品安全及高质量发展为目标，构建完善的药品智慧监管技术框架，推进药品全生命周期数字化管理，提高基于大数据的精准监管水平，落实"放管服"改革要求，升级监管业务系统，提升政务服务能力，推动医药产业数字化、智能化转型升级，夯实智慧监管产业基础，构建药品监管社会共治体系。

（一）进一步强化药品智慧监管和政务服务能力

1. 建设协同高效的一体化药品监管业务应用系统

国家、省两级药品监管部门应依事权、分步骤共同建设协同高效的一体化药品监管业务应用系统。加强"两品一械"监管能力建设，以信息技术实现对传统监管业务的全面支撑，整合监管系统，共享监管数据，构建模块化的数字监管综合系统，全面推进行政审批、监管检查、追溯监管、检验检测、政务服务、应急管理、风险分析和信用管理等多个业务领域的电子化管理，加强药品安全隐患排查化解，提升对监管人员和社会公众的服务水平。

2. 探索信息化技术在新型监管中的应用

针对信息化追溯、不良反应监测、互联网监管、专业化队伍管理、移动应用等领域，充分运用数字化监管、物联感知监管、掌上移动监管等新型监管手段，努力提升药品监管工作的效能。推动监管方式与技术革新，满足全生命周期监管、线上线下监管、全时段动态监管等创新监管的需要。强化"以网管网"，加强对以平台经济为代表的"两品一械"生产经营新产业、新业态、新模式的监管，推动药品产业数字化转型与升级，促进监管能力与产业高质量发展同步提升。

3. 提升药品监管政务服务水平

拓展政府部门"放管服"的深度和广度。强化政府网站服务能力建设，逐步将政府网站打造成更加全面的政务公开平台、更加权威的政策发布解读和舆论引导平台、更加及时地回应关切和便民服务平台。加强药品监管政务服务能力建设，由国家药监局统筹，建设完善面向公众的一体化在线政务服务体系，加强"互联网+政务服务"平台能力建设，推进政务服务事项标准化管理，实现"两品一械"电子证照的发放和共享应用。推进智慧监管平台一体化建设，结合"两品一械"监管业务特点，推进监管全业务流程规范化、数字化、网络化的智慧监管综合应用平台建设，在现有国家药品智慧监管平台建设的基础上优化升级，加强国家药监局和各省药监局的统筹规划和上下结合，构建标准统一、整体联动、深度融合、业务协同的全国一体化监管"大系统"。

（二）进一步推进监管数据汇聚共享与分析应用

1. 推进药品全生命周期数字化管理，探索"数据驱动"的新型监管模式

推进数据资源汇聚共享，完善国家、省两级数据中心整体布局，全面提升国家、省两级数据中心的数据汇聚共享水平，发挥数据服务"公共入口"、数据交换"公共通道"和综合分析"数据大脑"等作用。构建全国药品监管数据资源一体化管理体系，完善国家、省两级数据中心建设。以数据汇聚整合、数据交换共享、数据融合应用为业务重点，强化数据质量管理，满足数据治理、数据交换、数据共享、业务协同等要求，强化数据资源目录分级管理，构建数据汇聚全面、应用服务广泛的全国药品监管数据资源池，为全国各级监管部门提供全面、专业和权威的数据服务。

2. 完善数据资源融合治理和应用，推进品种档案和药品安全信用档案建设

国家、省两级药品监管部门依事权分别推进"两品一械"品种档案和药品安全信用档案建设，全面汇总药品监管数据、行业数据和互联网数据等，通过数据整合关联建立企业全景画像，科学配置监管资源，实施差异化精准监管。药品品种档案的收集范围包含药品注册申报受理、临床试验期间安全性相关报告，审评、核查、检验、审批的证明文件和核准的相关附件（药品生产工艺、质量标准、说明书和标签），以及药品上市后变更的审批、备案、报告、不良反应监测等信息。药品安全信用档案的收集范围包含药品生产许可、日常监督检查结果、违法行为查处、药品质量抽查检验、不良行为记录、投诉举报等信息。

3. 提升数据资源应用水平，推进监管和产业数字化升级

通过数据分析深度挖掘数据的应用价值，让监管决策有数可循、有据可依，以数字化技术手段提升监管精准化水平。完善数据资源目录，丰富数据资源，为跨层级、跨地域、跨部门的业务协同提供数据交换和共享服务；建立业务引领和数据驱动的药品安全风险管理监测模型，提升监管精准性和有效性；利用大数据资源和技术构建新型监管机制，打造面向社会公众的数据开放窗口，提升监管部门对市场和行业的指导作用，推进监管和产业数字化升级。

（三）进一步筑牢药品智慧监管数字底座

1. 健全药品监管信息化标准规范体系，加强标准规范的宣贯与实施

国家药监局从药品监管工作实际需要出发，在现有信息化建设成果的基础上，通过信息化"新基建"，赋能监管业务创新发展。进一步健全药品监

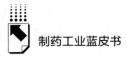

管信息化标准规范体系，全面梳理"两品一械"业务，按照"两法两条例"要求，结合药品监管实际需求，根据急用先行的原则，开展药品、医疗器械、化妆品监管重点领域信息化标准规范的制定/修订工作，主要包括电子证照、药品追溯、品种档案、信用档案、行政许可等方面的信息化标准规范。推动信息化标准规范的宣贯与实施，通过信息化标准体系规范系统建设和数据共享。

2. 构建"一云多池"的药品监管云平台，提升信息化支撑能力和服务能力

升级扩容药监云基础计算资源，构建"一云多池"的药品监管云平台，全面提升云平台综合服务能力，实现信息化基础资源的集约式建设和管理，提高信息化安全防护能力及运行维护管理效率。依托现有的药监云平台基础设施，提高云平台灵活性和可维护性，推进云平台从 IaaS 服务模式向 PaaS 服务模式的扩展升级，实现云服务能力和支撑能力的整体提升，支撑跨领域、跨应用、跨系统的业务协同和数据共享，有效支持个性化业务应用的敏捷开发、集约部署和集成管理。通过云平台提升信息化支撑能力和服务能力。

3. 完善网络安全保障体系，确保药品智慧监管系统的安全运营

开展信息系统安全等级保护备案、信息安全等级保护测评、关键信息基础设施安全保护、密码应用安全性评估等工作；构建网络安全预警防护体系，建设安全态势感知系统，实现业务运行态势、安全运行态势及系统运行状态的分析监测；开展数据安全顶层设计和统筹管理，明确数据安全责任主体，健全数据安全管理工作机制，建立统一高效、协同联动的数据安全风险报告及研判处置体系；整合运维资源，升级完善国家药监局安全管理运维中心，从 IT 关键基础设施安全、业务系统安全、数据资源安全三个维度建立安全运维一体化体系。

行业企业篇

The Industry and Enterprises

B.5

创新赋能"十四五"医药工业迈向国际化

史建会*

摘　要： 工信部、科技部、国家药监局等九部门联合印发的《"十四五"医药工业发展规划》，聚焦产业创新、高质量、国际化发展，为"十四五"时期我国医药工业发展指明了方向、提供了路径遵循。本文对"十三五"我国医药产业创新和国际化发展成果进行了简要概述，并从医药工业可持续发展角度出发，结合国家及各地制定的"十四五"医药工业发展规划，阐述了加快推进向创新驱动转型、全面提升国际化水平对促进医药工业高质量发展的重要性和紧迫性。

关键词： 医药工业　医药产业创新　国际化

---

* 史建会，石家庄四药有限公司党委书记、执行总裁兼董事会秘书。

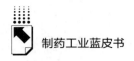

医药工业是关系国计民生、经济发展和国家安全的战略性产业，是健康中国建设的重要基础，是满足人民健康生活需求、保障民族健康安全、构建强大公共卫生体系的重要支撑。"十四五"是我国开启全面建设社会主义现代化国家新征程、向第二个百年奋斗目标进军的第一个五年，也是医药工业向创新驱动转型、实现高质量发展的关键五年。

2022年1月，工信部、国家发展改革委、科技部、商务部、国家卫生健康委、应急管理部、国家医保局、国家药监局、国家中医药管理局九部门联合对外发布了《"十四五"医药工业发展规划》（以下简称《规划》），聚焦产业创新、高质量、国际化发展，为"十四五"我国医药工业发展指明了方向、提供了路径遵循。

加快我国医药工业创新发展、推动产业迈上国际化产业高端是时代的要求，更是促进健康中国建设、实现可持续发展的迫切要求。《规划》在指导思想上明确指出，医药产业要加快创新驱动发展转型，培育新发展动能，推动产业高端化、智能化和绿色化，构筑国际竞争新优势，健全医药供应保障体系，更好地满足人民群众多元化、多层次的健康需求。《规划》发展目标中提出的一项重要任务，就是到2025年，前沿领域创新成果突出，创新驱动力增强，产业链现代化水平明显提高，国际化全面向高端迈进。

一 "十三五"医药工业创新成果丰硕

由工信部等多部门编制的医药工业"十三五"规划，紧扣服务小康社会建设主线，把加快实现产业升级发展、落实创新驱动发展战略、增强医药产业创新能力和技术实力作为建设医药强国的战略支点，摆在医药工业发展全局的核心位置。

在新发展理念引领下，"十三五"期间，我国不断出台政策将医药产业列为战略性新兴产业和重点发展领域。在战略性新兴产业里面，医药行业位列第二方阵，医药行业地位在不断提升，为行业创新驱动和国际化发展带来新机遇、注入新动能。《规划》总结梳理"十三五"创新带动国际化发展取得的新成就，就有力地证明了这一点。

《规划》指出，"十三五"期间，产业创新取得新突破，国际化发展迈出新步伐。医药研发投入持续增长，规模以上企业研发投入年均增长约8%，2020年上市公司研发费用占销售收入的比重超过6%。在研新药数量跃居全球第二位，1000余个新药申报临床，47个国产创新药获批上市，较"十二五"翻一番。出口交货值年均增长14.8%，创新药国际注册取得突破性进展。企业对外投资活跃，产品技术引进增多，有效利用国际资源加快发展。

"十三五"期间，全球经济环境呈现复杂多变的形势，我国医药工业在高增长模式中转轨，以研发创新为主导的产业生态和产业结构逐步向深度调整、重构优化转变，发展模式逐步由高速度发展转向高质量发展，寻求国际化发展的产业诉求显著提升。"十三五"期间我国医药产业的快速发展为"十四五"高质量发展奠定了坚实基础、创造了新的发展机遇。

（一）研发创新进入"黄金期"

"十三五"期间，随着《中华人民共和国疫苗管理法》、新修订的《中华人民共和国药品管理法》等法律颁布实施，以及新修订《药品注册管理办法》等配套法规的出台，在政策设计和具体实施上与国际接轨，特别是药品审评审批中设立的特别审批、突破性治疗药物、附条件批准、优先审评审批等加快上市程序举措，成为医药工业创新发展的助推器和催化剂，有效缩短了新药研发上市周期，创新药和高端仿制药成为许多企业战略转型的新选择，加之医药市场新药创新投资回报良性生态的建立，极大地调动了医药工业创新主体的投入热情。同时，随着海外高端人才纷纷回国创业，CDMO（Contract Development and Manufacturing Organization，合同研发生产组织）发展迅猛，创新模式与国际接轨，探索源头创新的基础生态初步具备，我国药物创新开始在全球新药研发舞台上崭露头角。

作为我国医药工业国际化创新的领军企业和优秀代表，恒瑞医药2020年报显示，2020年累计投入研发资金49.89亿元，研发投入占销售收入的比重达到 17.99%。期内大力实施国际化战略，积极拓展海外市场，在瑞士巴塞尔建立欧洲临床中心，进一步完善全球创新体系。当年，恒瑞医药有多个产品获准开展全球多中心或地区性临床研究，其中卡瑞利珠单抗联用阿帕替尼、氟唑帕利等产品已在国际多中心开展Ⅲ期临床试验，同时将卡瑞利珠单抗、吡咯替尼、SHR-1701 项目分别许可给韩国等国药企，进一步提升海外市场影响力。

值得一提的是，2019 年 11 月 15 日，百济神州宣布，其自主研发的 BTK 抑制剂泽布替尼通过美国 FDA 加速批准，标志着泽布替尼成为首款完全由我国企业自主研发、在美国获准上市的抗癌新药，实现中国原研新药出海"零突破"。同年，石药集团欧意药业研发的马来酸左旋氨氯地平也获得美国 FDA 新药上市批准。我国正逐渐成为全球创新药舞台上一支新生力量。

不仅如此，"十三五"期间，仿制药在海外注册数量快速增长，研发能力日益受到高端市场认可，进一步见证了我国医药工业的成长与进步。东方财富网数据显示，2018 年，我国药企共有 71 个仿制药品种获 ANDA（Abbreviated New Drug Application，仿制药申请）批准，其中 16 个为暂时性批准。2019 年，有 86 个仿制药获得 ANDA 批准，包括 13 个暂时性批准。2020 年，我国药企获美国 FDA 批准的仿制药和暂时性批准数量分别是 80 个和 16 个，获批 ANDA 最多的企业是复星医药。

（二）医药产业国际化进程加快

"十三五"期间，我国医药工业创新突破，有力地带动国际化进程持续加快，主要表现在如下方面。

一是研发创新国际化合作步伐加快。通过授权引进与合作模式参与全球新药研发，探索更加开放的创新研发模式。目前，一些跨国药企和我国药企通过开展国际多中心临床试验，并支持全球注册申请。2018 年 7 月，国家药监局发布《接受药品境外临床试验数据的技术指导原则》，鼓励开展境内外同步研发。国际化合作对更新观念、提升创新能力、缩小我国生物医药产业与发达国家研发创新的差距有着十分重要的促进作用。恒瑞医药、石药集团、复星医药、科伦药业、正大天晴、先声药业等我国头部药企纷纷"试水"国际合作,并取得积极成效。

二是"走出去"已成为提升我国医药工业国际化水平的重要路径。"十三五"期间,我国生物医药研发创新国际化加快发展的同时,医药商品出口也呈现良好态势,化学中间体、原料药出口贡献突出。尽管受2020年全球暴发的新冠肺炎疫情造成的国际贸易低迷等因素影响,我国药企以积极的态度参与国际组织全球采购,2020年,医药商品出口交货值同比增长42.64%,创增长新高,展现出大国担当和责任,为全球抗击疫情和经济恢复作出了突出贡献。

三是加快境外并购已成为我国药企实现国际化发展的重要途径之一。"十三五"期间,我国部分实力型药企借助资本优势,以国际化视野,积极通过海外并购、开展境外临床试验等方式,开拓海外营销渠道、延伸产品线,提高市场占有率,完善产业链布局,服务全球健康经济的能力不断提升。

二 "十四五"期间医药工业创新发展的目标和重任

(一)"十四五"期间医药工业面临的挑战和发展目标任务

2020年5月23日,习近平总书记在看望参加全国政协十三届三次会议的经济界委员时强调,面向未来,大力推进科技创新及其他各方面创新,加快推进数字经济、智能制造、生命健康、新材料等战略性新兴产业发展,培育新形势下参与国际合作和竞争新优势。

当前世界正经历百年未有之大变局,医药工业发展的内外部环境正在发生复杂而深刻的变化,产业格局面临新一轮调整。技术变革和跨界融合加快,围绕新机制、新靶点药物的基础研究和转化应用不断取得突破,生物医药与新一代信息技术深度融合,以基因治疗、细胞治疗、合成生物技术、双功能抗体等为代表的新一代生物技术日渐成熟,为医药工业抢抓新一轮科技

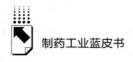

革命和产业变革机遇提供了广阔空间。

特别是新冠肺炎疫情发生以来，各国愈发重视医药工业的战略地位，人才、技术等方面的国际竞争日趋激烈；同时，经济全球化遭遇逆流，创新链产业链供应链加快重塑，对我国医药工业传统优势产品出口和向更高价值链延伸带来新挑战，同时也带来更多机遇。

尽管"十三五"期间，我国生物医药产业取得了引以为豪的成绩，但是立足全球，我国医药产业高层次创新人才不足，前沿领域原始创新能力薄弱，产业布局不均衡，出口结构升级缓慢，高附加值产品国际竞争优势不强，整体处于产业链低端等制约因素依然不同程度存在。面对新形势新要求，加快推进向创新驱动转型，全面提升国际化水平，缩小与发达国家的差距，提高国际科技和市场话语权，是"十四五"期间我国医药工业实现创新绿色高质量发展面临的一项重要而紧迫的任务，亟待发力和跟进。

《规划》提出了六项具体发展目标，其中对创新和国际化有明确的任务要求，即到2025年，创新驱动转型成效显现，全行业研发投入年均增长10%以上，创新产品新增销售占全行业营业收入增量的比重进一步增加；国际化发展全面提速，医药出口额保持增长，中成药"走出去"取得突破，培育一批世界知名品牌，形成一批研发生产全球化布局、国际销售比重高的大型制药公司。

同时，《规划》明确了五项重点任务，主要包括：加快产品创新和产业化技术突破；提升产业链稳定性和竞争力；增强供应保障能力；推动医药制造能力系统升级；创造国际竞争新优势。

从《规划》明确的发展目标和重点任务中可以看出，"十四五"时期我国医药工业将以创新驱动为引领，力促国际化进程向纵深推进。

（二）"十四五"期间加快医药产品创新和产业化技术实现新突破

加快医药工业国际化的关键所在是：大力推动创新主体的产品与技术开发和产业化。《规划》对大力推动创新产品研发和提高产业化技术水平提出明确的目标和要求。基于"十三五"医药工业创新发展和国际化探索取得的成效,"十四五"期间,我国将着力固根基、扬优势、补短板、强弱项,力促产业升级和迈向国际化产业高端。

围绕发展目标,面向全球市场,《规划》以专栏形式提出了医药创新产品产业化工程(见专栏1)、医药产业化技术攻关工程(见专栏2)、疫苗和短缺药品供应保障工程(见专栏3)、产品质量升级工程、医药工业绿色低碳工程五大工程,明确产业发展重点。旨在通过《规划》引导,加快产品创新和产业化技术突破,提升产业链稳定性和竞争力,增强保障供给能力,推动医药制造能力系统升级,进而创造国际竞争新优势,实现医药工业调整中转型、创新中突破的发展目标。我国药企应着眼《规划》提出的任务目标要求,立足自身,扬长避短,发挥优势,在创新和国际化竞争中找准方向、明确定位,把握发展主动权。

专栏1　医药创新产品产业化工程

1. 化学药。重点发展针对肿瘤、自身免疫性疾病、神经退行性疾病、心血管疾病、糖尿病、肝炎、呼吸系统疾病、耐药微生物感染等重大临床需求,以及罕见病治疗需求,具有新靶点、新机制的化学新药。发展基于反义寡核苷酸、小干扰RNA、蛋白降解技术(PROTAC)等新型技术平台的药物。根据疾病细分进展和精准医疗需求,发展针对特定疾病亚群的精准治疗药物。发展有明确临床价值的改良型新药。

2. 中药。以临床价值为导向,以病证结合、专病专药或证候类中药等多种方式开展中药新药研制,重点开展基于古代经典名方中药复方制剂研制,以及医疗机构中药制剂向中药新药转化;深入开展中药有效物质和药理毒理基础研究;开展中成药二次开发,发展中药大品种。

3. 生物药。在抗体药物领域,重点发展针对肿瘤、免疫类疾病、病毒感染、高血脂等疾病的新型抗体药物,新一代免疫检测点调节药物,多功能抗体、G蛋白偶联受体(GPCR)抗体、抗体偶联药物(ADC),发展抗体与其他药物的联用疗法。在疫苗领域,重点发展新型新冠病毒疫苗、疱疹疫苗、多价人乳头瘤病毒(HPV)疫苗、多联多价疫苗等产品。在重组蛋白质药物领域，重点发展新靶点创新药物，以及采用长效技术、新给药途径的已上市药物的升级换代产品。在其他领域，重点发展针对新靶点、新适应证的嵌合抗原受体 T 细胞（CAR-T）、嵌合抗原受体 NK 细胞（CAR-NK）等免疫细胞治疗、干细胞治疗、基因治疗产品和特异性免疫球蛋白等。

4. 医疗器械。重点发展新型医学影像、体外诊断、疾病康复、肿瘤放疗、应急救治、生命支持、可穿戴监测、中医诊疗等领域的医疗器械，疾病筛查、精准用药所需的各类分子诊断产品，支架瓣膜、心室辅助装置、颅骨材料、神经刺激器、人工关节和脊柱、运动医学软组织固定系统、人工晶体等高端植入介入产品；重组胶原蛋白类、可降解材料、组织器官诱导再生和修复材料、新型口腔材料等生物医用材料。加快人工智能等信息技术在医疗装备领域应用。

专栏2　医药产业化技术攻关工程

1. 化学药技术。重点开发可实现更高效率、更优质量、绿色安全的原料药创新工艺；具有高选择性、长效缓控释等特点的复杂制剂技术，包括微球等注射剂，缓控释、多颗粒系统等口服制剂，经皮、植入、吸入、口溶膜给药系统，药械组合产品等。

2. 中药技术。重点发展濒危药材人工繁育技术，优质中药材种子种苗技术，中药材无公害种植、养殖技术，中药生产质量控制技术，符合中药特点、基于病证特点的制剂形式和给药技术。构建以高质量中药材为目标的栽培技术体系。

3. 生物药技术。重点开发超大规模（≥1 万升/罐）细胞培养技术，双功能抗体、抗体偶联药物、多肽偶联药物、新型重组蛋白疫苗、核酸疫苗、细胞治疗和基因治疗药物等新型生物药的产业化制备技术，生物药新给药方式和新型递送技术，疫苗新佐剂。

4. 医疗器械技术。重点发展可提高产品稳定性和可靠性的工程化技术，医疗设备数字化技术，人工智能辅助决策/诊断分析软件，远程诊疗技术，高价值的关键部件和专用材料等。

专栏3 疫苗和短缺药品供应保障工程

1. 新型疫苗研发和产业化能力建设。紧跟疫苗技术发展趋势，基于应对新发、突发传染病需求，支持建设新型病毒载体疫苗、脱氧核糖核酸（DNA）疫苗、信使核糖核酸（mRNA）疫苗、疫苗新佐剂和新型递送系统等技术平台，推动相关产品的开发和产业化。

2. 疫苗供需对接信息化建设。加强信息技术应用，完善疫苗供需对接功能，为做好疫苗生产供应提供信息化技术保障。

3. 提高疫苗供应链保障水平。支持疫苗企业和重要原辅料、耗材、生产设备、包装材料企业协作，提高各类产品质量技术水平。

4. 短缺药品监测预警和供需对接平台建设。汇集全国易短缺药品生产、库存和使用信息，强化药品停产报告和供应链异常预警，推动生产、流通企业和医疗机构信息共享，畅通供需对接渠道。

（三）"十四五"时期多措并举力促医药工业国际化水平实现新突破

《规划》指出，要坚持开放发展、合作共赢，积极应对医药创新链、产业链、供应链重塑的新形势，深化产业国际合作，创造国际竞争新优势，更高水平融入全球创新网络和产业体系，提升我国医药工业国际化整体水平。

重点任务主要包括：一是吸引全球医药创新要素向国内集聚，吸引全球创新药品和医疗器械率先在我国注册，提升临床研究国际化水平；二是推动国内医药企业更高水平进入国际市场，支持企业开展创新药国内外同步注册，鼓励疫苗生产企业开展国际认证；三是夯实国际医药合作基础，促进国内外法规接轨、标准互认和质量互信，发挥中药标准全球引领作用，搭建医药国际合作公共服务平台。

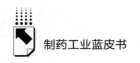

三　上下同心助力《规划》从蓝图变成实现

与国家对于医药工业的整体发展规划一致，各地在其发布的"十四五"医药产业发展规划中，也将产业创新和国际化列为发展的重点。加快创新及国际化步伐已成为各地发展医药产业的共识。对标国际先进水平，补齐产业链创新和国际化短板成为落实产业发展目标的重中之重。

中国医药创新促进会执行会长宋瑞霖表示，《规划》制定了非常明晰的政策方向，目前最重要的是将这些规划融汇到各个部门具体政策中，使产业政策更加清晰、合理，并得以落地实施。作为药企，"出海"最关键的一点是要苦练内功，强壮自己就是要把成长的土壤培育得更成熟，使企业的研发策略更谋长远，这样才能在全球医药创新浪潮中占有一席之地，逐步提升中国医药产业国际化资源整合能力和国际影响力。

各地出台的地方性"十四五"医药产业规划中，都把"创新""国际化"作为关键词。如江苏省作为我国医药工业强省之一，《江苏省"十四五"医药产业发展规划》中提出："十四五"期间，研发投入要持续增长，企业创新能力要明显提升，推动国家级创新载体落户江苏，布局建设一批研发中试、临床试验、安全评价等服务平台；推进产业链配套发展，鼓励化学药龙头企业以上下游一体化为方向，推进原料药到制剂一体化发展；要紧抓自贸区建设和长三角一体化发展机遇，提升开放协同发展水平；加快医药产业国际化进程，支持创新药全球研发和国际注册。支持建立海外研发中心、生产基地、销售网络和服务体系，加快融入国际市场，创建一批具有国际影响力的知名品牌，提升江苏省医药产品在全球医药市场的竞争力。加强标准国际合作，推进技术标准体系对接，提升重点领域标准的国际话语权。

以恒瑞医药为代表的江苏省药企，"十四五"开局以来，持续强化创新和国际化发展韧性，赢得业内及资本市场广泛关注。资料显示，恒瑞医药2021年前三季度，研发投入累计达41.42亿元，同比增加23.9%，占营业收入的比重达到20.5%，再创历史新高。恒瑞医药目前有50余种创新药正在临床开发，240 多项临床试验在国内外开展，如蛋白水解靶向嵌合物（PROTAC）、全人源抗体库和高通量抗体发现、抗体药物偶联物（ADC）、T cell engagers、结构生物学等，覆盖全球最前沿的技术领域，形成了梯队化的产品管线。截至 2021 年 9 月，恒瑞医药有 24 项临床研究在海外开展，Ⅲ期国际多中心在研项目有 7 项，多项创新产品实现全球同步开发。卡瑞利珠单抗、吡咯替尼、氟唑帕利、海曲泊帕等相关海外研究正在稳步推进。其中，卡瑞利珠单抗有望成为其海外第一个上市的新分子产品。

生物医药产业是山东省重点发展的产业之一。《山东省医药工业"十四五"发展规划（征求意见稿）》中提出，向医药强省建设发力，到 2025 年，实现医药工业由大到强的转变，保持医药工业经济规模总量和综合实力位居全国前列。加快医药产业创新能力提升和创新驱动转型，实现由仿制为主，向创仿结合、创新为主的研发战略转移，以自主创新为驱动力，提升产业核心竞争力。同时，紧紧抓住共建"一带一路"发展机遇，通过人才合作、技术合作、产权合作等途径，建立海外研发中心和创新服务体系等载体，深化国际医药创新合作，引进吸收国际前沿医药创新研究思路、国际标准服务体系、国际化思维专业人才，加快融入国际医药大市场。

生物医药是上海战略性新兴产业的重要支柱。"十四五"期间，上海生物医药产业如何实现高质量发展，加快建设具有国际影响力的生物医药创新策源地和生物医药产业集群，"国际化"成为上海生物医药未来发展的关键词。《上海市生物医药产业发展"十四五"规划》提出，将瞄准生物医药产业"高端化、智能化、国际化"发展方向，深入实施"张江研发＋上海制造"行动，加快打造具有全球影响力的生物医药产业创新高地和世界级生物医药产业集群。

医药产业是河北省的传统优势产业，为加快"十四五"期间医药产业高质量发展，《河北省制造业高质量发展"十四五"规划》中，对生物医药产业创新能力提升和国际化建设提出了明确的目标任务。强调要强化企业的创新主体地位，支持龙头企业开展基础研究，加快向应用基础研究等创新链前端延伸，催生更多自主创新、颠覆性创新成果。探索设立行业创新平台，与国内外高校和科研机构共同组建创新联合体，带动行业创新发展。引导企业对标国际一流，聚焦主导产业，通过兼并重组，加快培育一批世界500强、中国500强的本地企业集团。引导有条件的企业通过参股、并购、合作等方式拓展海外经营布局，提升国际化经营水平。石家庄作为河北省医药产业核心聚集地，提出"十四五"期间生物医药产业要实现率先突破，打造千亿级产业集群，增强石药集团、华北制药、石家庄四药、以岭药业等百强制药企业创新及国际化影响力，构建生物医药产业创新绿色高质量发展的新高地。

石药集团是河北省医药工业创新和国际化的先行者和领头羊，"十四五"以来，不断谋求市场突破，依托海外创新平台加速产品创新步伐的同时，积极开展在研新药海外授权，力求推动自主研发的创新药走向国际市场。2021年8月17日，石药集团发布公告，附属公司NovaRock Biotherapeutics（简称"NovaRock"）授予美国创新药公司Flame Biosciences（简称"Flame"）海外开发、制造及商业化在研抗癌新药NBL-015的独家权利。石药集团发布的2021年一季报显示，其在研项目约300个，其中小分子创新药40多个，大分子创新药40多个，新型制剂20多个，主要聚焦肿瘤、自身免疫、精神神经、消化和代谢、心脑血管系统及抗感染治疗领域，预计未来三年上市新品将超过60个，市场空间超过10亿元的重磅品种不少于15个。良好的创新和国际化表现，使石药集团在资本市场先声夺人，跻身2021年度港股百强行列。有新中国制药工业的摇篮、"医药长子"美誉的华北制药，"十四五"期间锚定"市场化、资本化、国际化"三大战略，统筹整合内外资源，探索产品、市场等多领域合作途径，重点发展生物生化药产业，加快国际化步伐，在统一平台建设、国际贸易促进、国际认证注册、国际战略合作等方面持续发力，积极融入国际国内双循环新发展格局。我国注射剂生产研发出口龙头企业石家庄四药，紧紧围绕《规划》目标要求，积极推动"原料药+制剂"发展战略实施，通过加强与海外科研机构合作，有力促进产品结构优化和转型，国际化水平显著提升，多种特色制剂和原料药成功进入欧美高端市场。

上下同欲者胜，同舟共济者赢。各地发布的医药产业规划和出台的具体支持政策与《规划》重点任务目标及产业在短期、中期、长期发展目标衔接上高度契合，形成政策合力，为《规划》落地落实提供了有力支撑。

一分规划，九分落实。我国更高水平的对外开放，参与全球经济治理能力的不断提升，赋予了医药工业崭新的发展机遇。我们坚信，"十四五"医药产业作为服务健康中国建设、福及人民健康的伟大事业，在《规划》引领和广大医药企业的不懈努力下，产业创新发展的国际化之路一定会越走越远，擘画的由"制药大国"迈向"制药强国"的医药工业发展蓝图也一定会变成现实，并在不断发展进步中向世人展现中国智慧、中国力量、中国担当。

B.6
政策影响和创新驱动下
医药产业的变化分析

张自然 *

摘　要： 以集采为首的医保控费系列政策致传统药企减员，创新驱动
CXO 和 Biotech（以研发为主的生物科技公司）增员。传统药企
转型创新、Biotech 亟须商业化，都在向创新药研、产、销一体
化的同一方向迈进，二者会师之日，也是中国医药产业跻身世
界先进行列之时。

关键词： 药品集采　医药产业　创新药

引发医药产业巨变的政策继续推行。国办发布 2022 年医改重点工作任
务，明确 2022 年全国医保用药范围将统一，药品集采持续推进。

疫情阻滞叠加政策发力下——医保控费致传统药企减员，创新驱动
CXO 和 Biotech（以研发为主的生物科技公司）增员，增减交错间，医药行
业正演绎着提质增效的巨变。

一　减员与增员

（一）减员：传统制剂企业最多

从企业角度来看，2021 年，共有 116 家医药上市企业进行了裁员，占

---

* 张自然，博士，制药高级工程师，中投中财执行董事。

医药上市企业总数（442 家）的 26.2%。

裁员数量 500 人以上的企业有 21 家，占 116 家裁员企业的 18.1%。除瑞康医药为流通、创新医疗和 *ST 宜康为医疗服务外，其他 18 家都是制剂企业，其中，中药企业有 8 家，占上述 18 家的 44.4%。

再看裁员人数，2021 年，116 家上市医药企业共裁员 39650 人，占 442 家上市医药企业 2020 年员工总数（447622 人）的 8.9%，裁员 500 人以上的 18 家制剂企业共裁员 20851 人，其中，8 家中药企业共裁员 8485 人，占上述 18 家制剂企业裁员总数的 40.7%。

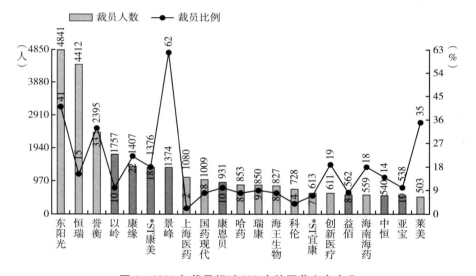

图 1　2021 年裁员超过 500 人的医药上市企业

资料来源：同花顺 iFinD 数据库，健识局，张自然整理。

再看具体企业裁员情况，2021 年，裁员人数超过 1000 人的共有 9 家，其中，裁员超过 4000 人的有两家——东阳光和恒瑞分别裁员 4841 人和 4412 人，东阳光因"抗流感神药"奥司他韦（可威）的销售较三年前下降了 91% 而出售资产，恒瑞大产品被国采并实施降本增效规划。

裁员 2000~3000 人的有一家，即誉衡，裁员 2395 人，其大品种受到重点监控。

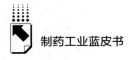

中药企业有四家裁员在 1000~2000 人，即以岭、康缘、＊ST 康美和景峰，以岭连花清瘟降温，康缘旨在降本增效，＊ST 康美易主，景峰中药注射剂受重创。

上述减员多发生在营销领域，如恒瑞、康缘、上海医药减少的 4412 人、1407 人和 1080 人中，销售人员就分别有 3930 人、1285 人和 625 人，分别占本公司减员总数的 89%、91% 和 58%。这也正是带量采购、辅助用药等医保控费组合拳发力所致。

从裁员幅度来看，景峰和东阳光分别以 62% 和 41% 的降幅排名前二，莱美、誉衡和康缘降幅分别为 35%、33% 和 22%。

（二）增员

1. 增员：CXO、Biotech 最多

据医药魔方 invest 统计（统计截至 2022 年 4 月 6 日），2021 年，在 A 股、H 股员工数量增加的 TOP20 医药公司中，CXO 有 6 家，增加了 18300 人，占了 TOP20 增员总数 35489 人的超过一半（51.6%），药明康德以 8501 人雄踞增员数榜首，其中，新增研发人员 6899 人（占 81%），CXO 增员日盛。CXO 增员主要因国际订单暴增和国内研发势盛，如凯莱英拿下 93 亿元国际订单，在 2021 年营收增长 47% 的基础上，2022 年第一季度营收和利润又分别增长 165% 和 224%。

Biotech 共有 7 家增员，占 TOP20 的 35%，尽管因刚起步新增人员数量并不太多，但增幅很大。

增员最多的是百济神州，2021 年增加了 2822 人，到 2021 年末，研发和营销人员已分别达到 2949 人和 3383 人，其中，销售人员占了公司员工总数的 42%。

康希诺排名第二，增加了 1220 人，其中，生产、销售、研发分别增加了 180 人、163 人和 90 人，主要是受益于新冠疫苗上市，2021 年实现销售 43 亿元、利润 19.14 亿元，成功扭亏为盈。

专注于眼科创新药的欧普康视增加了 846 人，再鼎医药、合成生物学公

司凯赛生物和 HPV 第一股万泰生物，分别增加了 751 人、727 人和 726 人（见图 2）。

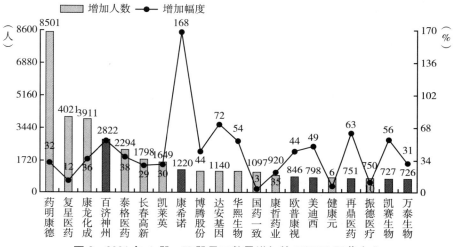

图 2　2021 年 A 股、H 股员工数量增加的 TOP20 医药企业

注：灰度较深的为 Biotech。其他图同此。

资料来源：医药魔方 Invest，张自然整理。

此外，即使恒瑞减少了 4412 人之多，其研发人数还是增加了 16%，研发投入也增加了 19.2%。

创新仍是我国医药产业最强的优势。

但在增员 TOP20 企业中竟无一家中药企业，这与减员中药企业数占减员 TOP21 的 44% 形成强烈反差。

2. 增员幅度：康希诺最大

2021 年，增员幅度最大的是康希诺，增幅高达 168%，由 2020 年的 726 人增加到 2021 年的 1220 人，增幅超过 50% 的有四家，即达安基因、再鼎医药、凯赛生物和华熙生物，增幅分别为 72%、63%、56% 和 54%。

二　研发投入与商业化

本是两极分化，但以营销见长的传统药企和以研发为主的 Biotech 正在

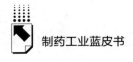

同时向新药的研、产、销一体化聚焦，传统药企加大研发投入向创新转型，Biotech 扩建营销团队加速商业化（营销外包的例外）。

现选研发投入较大的 7 家传统药企和已有产品商业化的 8 家 Biotech 进行比较。

（一）研发投入：传统药企增加

2021 年，研发投入最大的是百济神州，投入 95.4 亿元，恒瑞、复星医药、中国生物紧追其后，分别投入了 62.0 亿元、49.8 亿元和 38.2 亿元的研发经费。

石药集团（34.3 亿元）的投入已接近再鼎（37.9 亿元），翰森制药（18.0 亿元）、先声药业（14.7 亿元）和华东医药（12.5 亿元）的研发投入小于信达和君实，并已超过康方生物、贝达药业、诺诚健华和荣昌生物。

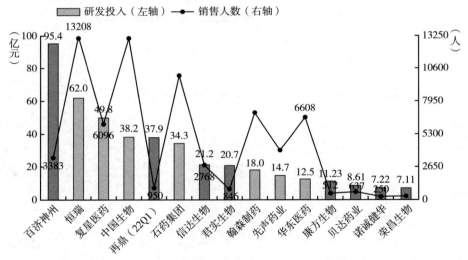

图 3　2021 年部分传统药企、Biotech 研发投入、销售团队人数比较

资料来源：各公司年报，张自然整理。

（二）商业化团队：Biotech 扩容

销售团队是传统药企的强项，2021 年，恒瑞、中国生物制药和石药的营销团队都已超过万人，翰森制药、华东医药和复星医药的也都超过 6000 人。

Biotech 的营销团队规模尚小，但增速很快，且其营销团队的素质和对创新药的销售能力更高。

其中，百济神州的营销团队已超过 3000 人，2021 年末已达 3383 人，支撑了其 2021 年 77.24 亿元的营收。

信达已超 2000 人，2021 年末有 2768 名销售人员，再鼎（2022 年第一季度，950 人）、君实（846 人）和贝达（637 人）销售人员也正在向千人迈进。

起步较晚的康方生物（512 人）、荣昌生物（330 人）和诺诚健华（250 人）也都已超过 200 人。

传统药企研发投入越高，向创新转型的速度就越快，Biotech 获批上市的创新药越多，商业化越成功，转成 Biopharma 的成功率也就越高。

（三）现金储备

2021 年 7 月 2 号 CDE 发布的《以临床价值为导向的抗肿瘤药物临床研发指导原则（征求意见稿）》，引发了行业对"真创新"的大讨论，随之，医药行业股价大跌，IPO 破发，融资困难。于是，现金储备够用多久成为 Biotech 成败的重要考量。

据药研网统计，截至 2021 年底，现金储备（现金+能短期变现的资产）最多的是首家"美股+H 股+A 股"三地上市的百济神州，有 424 亿元，比后 7 家之和还多出 12 亿元，如只用研发支出来估算现金储备还能用多少年的话，百济神州的现金储备再用 4 年没问题。

再鼎、信达、康希诺的现金储备分别为 89.7 亿元、83.8 亿元和 75.1 亿元，能分别再用 2.5 年、3.8 年和 8.5 年。

歌礼最乐观，可用 11.9 年，康诺亚、诺诚健华、康希诺、科济药业分别可用 9.8 年、8.7 年、8.5 年和 6.0 年。

实际上，很多 Biotech 已有产品进入商业化阶段，如百济神州、信达、君实在 2021 年分别实现了 77.24 亿元、43.73 亿元和 40.25 亿元的销售，荣昌生物和再鼎也有了 14.26 亿元和 9.46 亿元的销售，通过产品商业化来反

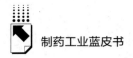

哺研发以减少对外融资依赖的曙光乍现。

2021 年，百济神州在 Biotech 领域实现了四项第一：研发投入（95.38 亿元）、现金储备（424 亿元）、营收规模（77.24 亿元）和营销团队规模（3383 人），其研发费用投入更是连续四年蝉联全国所有医药企业之首。

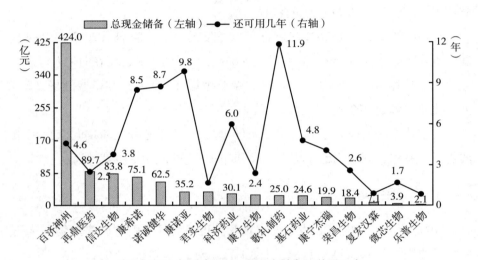

图 4　2021 年国内 Biotech 现金储备还能用几年

资料来源：企业周报，药研网，张自然整理。

综上所述，我国医药产业生态正在生变。传统药企转型创新，Biotech 加速商业化，都在向创新药研、产、销一体化的同一方向迈进，二者会师之日，也是中国医药产业跻身世界先进行列之时。

2021年化学制药工业经济运行报告

秦小婷*

摘　要： 2021年是"十四五"发展规划的开局之年，医药制造业面临多种挑战的同时也收获了更多的关注。本文分析了2021年医药制造业、化学制药工业及其他各子行业的运行情况；介绍了化学制药工业进出口及产能利用情况；介绍并对比了化学药品的研发创新情况；对我国化学制药工业数字化转型、绿色发展情况做了阐述；最后对医药行业的发展及"十四五"的趋势进行了展望。

关键词： 医药工业　化学制药　数字化转型　绿色发展

一　医药制造业整体运行情况

在新冠肺炎疫情下，无论国内还是国外，对医药工业的重视程度都在逐步提升。但受到新冠肺炎疫情的影响，世界经济形势复杂严峻，对产业链供应链稳定、健全、完善的要求提高，给我国传统优势产品出口和向更高价值链延伸带来了挑战。

2021年是我国"十四五"规划的开局之年，也是深化医药卫生体制改革的重要一年。在《中华人民共和国国民经济和社会发展第十四个五年规划和2035年远景目标纲要》的指引下，全国各省（区、市）、各部委、各行业陆续出台了各自的"十四五"发展规划。在"十四五"期间，医药工

---

* 秦小婷，中国化学制药工业协会信息部副主任。

业发展的环境和条件将发生巨大变化。医药工业将进入创新驱动发展、产业链现代化变革、向国际化产业体系转变的高质量发展阶段。

2021年，新冠肺炎疫情的影响持续，人民对健康的重视程度不断提高，居民健康消费升级，对相关医药产品的需求逐步扩大，医药制造业保持了平稳的发展态势。根据国家统计局数据，2021年医药制造业①总体经济运行平稳，医药制造业增加值同比增长24.8%（见图1），增速比全国平均值高15.2个百分点，比2020年提高18.9个百分点，比2019年提高18.2个百分点。实现营业收入33049.2亿元，同比增长19.1%，与2019年同期相比增长26.4%；实现利润7006.4亿元，同比增长68.7%，与2019年同期相比增长102.7%；实现出口交货值4566.2亿元，同比增长46.6%，与2019年同期相比增长115.7%。

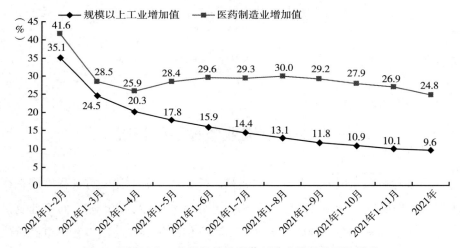

图1 规模以上工业增加值和医药制造业增加值同比增速

资料来源：国家统计局。

---

① 医药制造业按照国民经济分类由化学药品原料药、化学药品制剂、中药饮片、中成药制造、生物药品制造、基因工程药物和疫苗制造、卫生材料及医药用品、药用辅料及包装材料和兽药组成，因医疗器械的业务主管属于国家药监局，制药机械是制药行业专属装备，故本报告把医疗器械工业和制药机械工业纳入医药行业分析中；由于兽药的专业管理、生产企业和经济运行模式和人用药品完全不同，本报告医药制造业不包含兽药数据。

由于医药产品是特殊商品，医疗机构是医药产品最大的购买方，货款回笼问题一直是医药企业的很大困扰。2021年，医药制造业应收账款回收期为63.3天，比全国工业慢13.8天，比上年减少2.3天。在各子行业中，中药饮片加工、中成药生产、生物药品制造、基因工程药物和疫苗制造、制药专用设备制造应收账款周转天数比上年减少。在国家相关政策引导及行业运行模式变革下，货款拖延情况有所缓解，但与其他制造行业相比仍有一定差距。

二 化学制药工业运行情况

化学制药工业是医药制造业最重要的分支，受到新冠肺炎疫情的影响、国家政策的引导以及市场的驱动，虽然医药制造业其他子行业近两年发展加快，但化学制药工业在中国医药市场中仍占主导地位。

化学制药工业包括化学药品原料药制造和化学药品制剂制造两个子行业。化学药品原料药是化学药品制剂的上游产品，是进一步制成药物制剂的原材料，也是药品制剂中的有效成分。化学药品原料药制造与化学药品制剂制造在营业收入与利润总额上，分别约占化学制药工业的30.0%和70.0%。

根据中国化学制药工业协会统计信息专业委员会采集的化学药品原料药和化学药品制剂生产数据，全年化学药品原料药完成134.6万吨，同比增长6.2%。在主要大类中，抗感染类药物产量同比减少4.54%，解热镇痛药物产量同比减少21.23%，维生素类及矿物质类药物产量同比增长8.34%，葡萄糖（口服+注射）产量同比增长11.14%（见表1）。

化学药品制剂中的主要五大类剂型中，粉针剂完成67.2亿瓶，同比增长2.45%；注射液完成142.6亿瓶，同比减少12.17%；输液完成113.5亿瓶，同比增长4.52%；片剂完成3283.6亿片，同比增长1.54%；胶囊剂完成832.1亿粒，同比增长14.19%（见表2）。

2021年全年，化学原料药的生产基本保持稳定。2020年同期，因受到新冠肺炎疫情的影响，企业生产不能正常开展，2021年化学原料药产量的

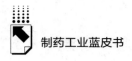

同比增速较高，但截至年底，同比增速已逐渐恢复正常。化学药品制剂产量较同期相比，全年持续增长。

表1 2021年化学原料药主要大类产量

单位：吨，%

大类名称	年产量	同比增长
二十四大类+单列品种合计	1345940	6.20
抗感染类药物	80017	-4.54
解热镇痛药物	86079	-21.23
维生素类及矿物质类药物	244915	8.34
抗寄生虫病药	5582	-5.69
计划生育及激素类药物	11512	2.51
抗肿瘤类药物	560	21.79
心血管系统类药物	7308	11.42
呼吸系统类药物	1202	-31.87
中枢神经系统类药物	25147	12.03
消化系统类药物	56831	21.97
泌尿系统类药物	15853	6.29
血液系统类药物	3081	11.36
调节水、电解质及酸碱平衡类药物	9909	12.27
葡萄糖（口服+注射）	740064	11.14

资料来源：中国化学制药工业协会统计信息专业委员会。

表2 2021年化学药品主要剂型产量

剂型名称	产量	同比增长（%）
粉针剂（亿瓶）	67.2	2.45
注射液（亿瓶）	142.6	-12.17
输液（亿瓶）	113.5	4.52
片剂（亿片）	3283.6	1.54
胶囊剂（亿粒）	832.1	14.19

资料来源：中国化学制药工业协会统计信息专业委员会。

三 化学制药工业进出口情况

2021年，我国外贸进出口实现较快增长，规模再创新高，质量稳步提升。根据海关总署数据，2021年我国货物贸易进出口总值39.1万亿元，比2020年增长21.4%。根据国家统计局数据，全国工业出口交货值同比增长17.7%，在复杂的经济形势下交出了亮眼的成绩单。依靠基因工程药物和疫苗制造业、生物药品制造业出口量的大幅增长，医药工业出口交货值同比增长46.6%。

从2021年化学药品出口整体情况表现看，化学原料药、化学药品制剂、中间体出口金额均同比增长（见表3）。根据海关总署数据，重点跟踪的104个化学药品2021年实际出口102个品类，出口金额同比增长22.0%。其中：化学原料药出口70个品类，出口数量同比增长5.0%，出口金额同比增长22.2%；化学药品制剂出口32个品类，出口金额同比增长21.8%。2021年化学原料药、化学药品制剂出口金额分别占化学药品出口金额的66.1%、33.9%，同比持平。

表3 2021年化学药品各主要大类出口情况

单位：%

类别	出口数量同比增长	出口金额同比增长	平均单价同比增长
其他类	11.9	36.0	21.5
抗感染类	−1.1	9.9	11.1
维生素类	5.6	17.4	11.2
氨基酸类	−14.9	16.2	36.6
抗菌素中间体	6.0	32.0	24.5
解热镇痛类	−5.3	14.6	21.0
激素类	−4.4	−12.2	−8.2
呼吸类	9.5	6.4	−2.8
制剂		21.8	

资料来源：中国海关总署。

2021 年化学药品出口区域分布显示，亚洲和欧洲仍然是主要出口区域（见表4）。对亚洲出口金额占总出口额的 38.2%，同比减少 0.8 个百分点；对欧洲出口金额占总出口额的 30.9%，同比增加 1.5 个百分点；对东盟国家出口金额同比增长 23.6%，出口金额占总出口额的 8.7%，同比增加 0.1 个百分点；对共建"一带一路"国家出口金额同比增长 20.8%，出口金额占总出口额的 34.8%，同比减少 0.3 个百分点。

表 4　2021 年各主要区域出口情况

单位：%

区域	出口金额同比增长	平均价格同比增长
亚洲	17.8	28.9
非洲	13.7	6.4
欧洲	28.2	19.1
南美洲	30.2	5.6
北美洲	19.2	0.8
大洋洲	23.2	16.8

资料来源：中国海关总署。

2021 年重点化学药品出口流向全球 184 个国家和地区，按金额排序前 5 名是美国、印度、德国、巴西和韩国，巴西由上年同期第 6 位进入前五序列，日本由上年同期第 5 位变为第 7 位。与上年同期出口金额前 20 位的国家相比，年度新进入前 20 位的国家是印度尼西亚和墨西哥（见表5），被挤出前 20 位的国家是比利时和土耳其。

2021 年重点化学药品出口金额达 1000 万美元以上的国家和地区有 107 个。其中，与上年同期相比出口金额升序 10 位以上的国家有 7 个，分别是也门、马耳他、乌干达、塞浦路斯、莫桑比克、苏丹和马达加斯加；与上年同期相比出口金额降序 10 位以上的国家有 11 个，分别是卡塔尔、克罗地亚、伊拉克、突尼斯、吉布提、黎巴嫩、尼泊尔、爱尔兰、挪威、哥斯达黎加和厄瓜多尔。

表5　2021年化学药品主要出口目的国和地区

单位：%

本期位序 （按出口金额）	同期位序 （按出口金额）	国家和地区	出口数量 同比增长	出口金额 同比增长	平均价格 同比增长
1	1	美　　国	21.8	18.2	-3.0
2	2	印　　度	1.4	21.8	20.0
3	3	德　　国	9.6	14.5	4.5
4	6	巴　　西	20.4	37.0	13.8
5	4	韩　　国	8.2	11.0	2.6
6	11	丹　　麦	-5.4	94.0	105.1
7	5	日　　本	0.4	13.5	13.1
8	7	荷　　兰	8.0	13.0	4.7
9	8	中国香港	0.4	26.7	26.2
10	12	法　　国	-22.6	52.4	96.9
11	9	俄罗斯联邦	14.0	34.6	18.0
12	10	意　大　利	-2.9	26.9	30.7
13	13	澳大利亚	7.8	24.4	15.4
14	14	越　　南	-30.9	12.1	62.4
15	22	印度尼西亚	-7.0	49.3	60.6
16	16	泰　　国	-7.8	27.1	37.7
17	21	墨　西　哥	24.9	32.6	6.2
18	17	英　　国	4.9	19.5	13.9
19	15	西　班　牙	-2.6	1.7	4.4
20	18	巴基斯坦	-7.9	13.2	22.9

资料来源：中国海关总署。

四　化学制药工业的产能利用

　　根据国家药品监督管理局发布的统计年报数据，截至2021年上半年，全国共有原料药和制剂生产企业4462家。

　　2021年是国家正式启动仿制药质量和疗效一致性评价的第6年。全年共有529个品种1937个品规的仿制药通过一致性评价或视同通过一致性评价。2021年通过/视同通过一致性评价的品种数超过25个的企业（按集团总公司计数）有7家。其中，齐鲁制药通过/视同通过的品种有48个，扬子江药业通过/视同通过的品种有 40 个，中国生物制药和四川科伦药业通过/视同通过的品种均为 35 个，石药集团通过/视同通过的品种有 30 个。药品方面，2021 年，有 163 个品种通过/视同通过企业数达到 3 家及以上，通过企业数超过 20 家的品种是盐酸氨溴索注射液和注射用奥美拉唑钠。截至 2021 年底，发布参比制剂目录 49 批，共 4677 个品规，共计有 693 个品种通过一致性评价。

2021 年，第四批、第五批、第六批全国药品集中采购落地。第四批、第五批国家药品集中采购涉及 107 个品种，第六批为胰岛素专项药品集中采购，涉及 6 个种类 16 个胰岛素产品。截至目前，共进行了六批国家药品带量采购，共有 234 个品种中标，涉及 539 家企业的 742 个产品。从前五批全国药品集中采购情况看，中标品种多的企业均为国内知名的大型企业，中国生物制药（含正大集团企业及北京泰德等）和齐鲁药业中标品种数量最多，前五批各有 34 个产品中标，其后是扬子江药业、四川科伦和江苏豪森。

2022 年初，联采办发布第七批国家药品集中采购产品目录，包含 58 个品种 208 个品规。自 2018 年启动至今，国家已组织开展六批七轮药品集中带量采购，采购内容从化学药扩展到生物药、高值医用耗材，覆盖了高血压、糖尿病、冠心病、消化道疾病、恶性肿瘤、骨科创伤等领域的用药和耗材。随着国家药品集中带量采购的常态化、制度化以及提速扩面，我国逐渐形成了以大型骨干企业为主体、中小型企业为补充的药品生产、流通格局。国家通过一系列政策的出台，强化药品保障措施，完善相关配套政策，健全运行机制，加快产能整合，促进行业集中度的提高。

五　化学药品的研发创新

2021 年是中国药品审评审批具有里程碑意义的一年，随着各种政策的落地执行，我国新药审评审批全面加速。2021 年国家药品监督管理局（NMPA）共批准 83 个新药（见图 2），其中，国产药品 51 个，进口药品 32 个。从药物类别看，包括 38 个化学药、33 个生物药、12 个中药。

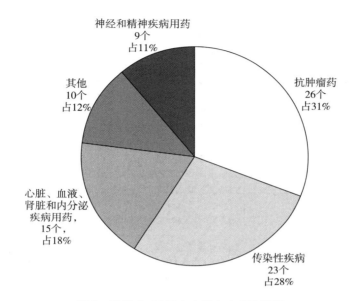

图 2　2021 年 NMPA 审批上市新药情况

资料来源：国家药品监督管理局。

2021 年共有 21 个国产 1 类化学新药获批上市，获批数量超过 2020 年，创下药品注册分类新标准实施后的历史新高（见表 6）。21 个化学创新药包括 8 个抗感染药、6 个抗肿瘤药、2 个血液系统药物、2 个消化系统药物、1 个神经系统药物、1 个心血管系统药物、1 个生殖泌尿系统药物，其中有 16 个产品以"优先审评"的方式获批。

表 6　2021 年 NMPA 审批上市的国产 1 类化学药品情况

序号	产品名称	持有人	产品特点
1	甲磺酸伏美替尼片	上海艾力斯医药科技股份有限公司	该药为我国自主研发并拥有自主知识产权的创新药，是第三代表皮生长因子受体（EGFR）激酶抑制剂，通过优先审评审批程序附条件获批上市。该产品适用于既往经 EGFR 酪氨酸激酶抑制剂治疗时或治疗后出现疾病进展，并且经检测确认存在 EGFR T790M 突变阳性的局部晚期或转移性非小细胞性肺癌成人患者的治疗

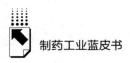
续表

序号	产品名称	持有人	产品特点
2	优替德隆注射液	成都华昊中天药业有限公司	该品种是我国自主研发并拥有自主知识产权的创新药,通过优先审评审批程序获批上市。该品种联合卡培他滨,用于既往接受过至少一种化疗方案的复发或转移性乳腺癌患者。该品种为晚期乳腺癌患者提供了新的治疗选择
3	帕米帕利胶囊	百济神州(苏州)生物科技有限公司	该产品通过优先审评审批程序附条件获批上市,用于既往经过二线及以上化疗的伴有胚系 BRCA(gBRCA)突变的复发性晚期卵巢癌、输卵管癌或原发性腹膜癌患者的治疗。帕米帕利通过抑制肿瘤细胞 DNA 单链损伤的修复和同源重组修复缺陷,对肿瘤细胞起到合成致死的作用,尤其对携带 BRCA 基因突变的 DNA 修复缺陷型肿瘤细胞敏感度高
4	注射用磷丙泊酚二钠	宜昌人福药业有限责任公司	该品种用于成人全身麻醉的诱导。该品种是一种水溶性丙泊酚前药,在体内被代谢成活性代谢产物丙泊酚,随后由丙泊酚产生麻醉作用,可为临床提供新的用药选择
5	注射用磷酸左奥硝唑酯二钠	扬子江药业集团江苏紫龙药业有限公司	该产品用于治疗肠道和肝脏严重的阿米巴病、奥硝唑敏感厌氧菌引起的手术后感染和预防外科手术导致的敏感厌氧菌感染
6	康替唑胺片	上海盟科药业股份有限公司	该药品是我国自主研发并拥有自主知识产权的创新药,通过优先审评审批程序获批上市,用于治疗对康替唑胺敏感的金黄色葡萄球菌(甲氧西林敏感和耐药的菌株)、化脓性链球菌或无乳链球菌引起的复杂性皮肤和软组织感染,该品种为全合成的新型噁唑烷酮类抗菌药
7	甲苯磺酸多纳非尼片	苏州泽璟生物制药股份有限公司	该药品是我国自主研发并拥有自主知识产权的创新药,通过优先审评审批程序获批上市,用于既往接受过全身系统性治疗的不可切除肝细胞癌患者。该品种为口服多靶点多激酶小分子抑制剂,为肝细胞癌患者提供了一种新的治疗选择
8	海曲泊帕乙醇胺片	江苏恒瑞医药股份有限公司	该药品是我国自主研发并拥有自主知识产权的创新药,通过优先审评审批程序获批上市。该产品用于因血小板减少和临床条件导致出血风险增加的既往对糖皮质激素、免疫球蛋白等治疗反应不佳的慢性原发免疫性血小板减少症成人患者,以及对免疫抑制治疗疗效不佳的重型再生障碍性贫血(SAA)成人患者。其中 SAA 适应证为附条件批准

续表

序号	产品名称	持有人	产品特点
9	苹果酸奈诺沙星氯化钠注射液	浙江医药股份有限公司新昌制药厂	该产品是一种抗菌药,用于对奈诺沙星敏感的肺炎链球菌、金黄色葡萄球菌、流感嗜血杆菌、副流感嗜血杆菌、卡他莫拉菌、肺炎克雷伯菌、铜绿假单胞菌以及肺炎支原体、肺炎衣原体和嗜肺军团菌所致的成人(≥18岁)社区获得性肺炎。该产品通过优先审评审批程序获批上市
10	赛沃替尼片	和记黄埔医药(上海)有限公司	该药为我国拥有自主知识产权的创新药,通过优先审评审批程序附条件获批上市,用于含铂化疗后疾病进展或不耐受标准含铂化疗的、具有间质-上皮转化因子(MET)外显子14跳变的局部晚期或转移性非小细胞肺癌成人患者。该品种为我国首个获批的特异性靶向MET激酶的小分子抑制剂
11	艾米替诺福韦片	江苏豪森药业有限公司	该药品是我国自主研发并拥有自主知识产权的创新药,通过优先审评审批程序获批上市,用于慢性乙型肝炎成人患者的治疗。艾米替诺福韦是替诺福韦的亚磷酰胺药物前体,属于核苷类逆转录酶抑制剂。该品种为慢性乙型肝炎患者提供了新的治疗选择
12	海博麦布片	浙江海正药业股份有限公司	该药品是我国自主研发并拥有自主知识产权的创新药,通过优先审评审批程序获批上市,作为饮食控制以外的辅助治疗,可单独或与HMG-CoA还原酶抑制剂(他汀类)联合用于治疗原发性(杂合子家族性或非家族性)高胆固醇血症,可降低总胆固醇、低密度脂蛋白胆固醇以及载脂蛋白B水平
13	艾诺韦林片	江苏艾迪药业股份有限公司	该产品通过优先审评审批程序获批上市,用于与核苷类抗逆转录病毒药物联合使用,治疗成人HIV-1感染初治患者。该品种是一种新型非核苷逆转录酶抑制剂,其为HIV-1感染患者提供了新的治疗选择
14	阿兹夫定片	河南真实生物科技有限公司	该产品通过优先审评审批程序附条件批准上市,用于与核苷逆转录酶抑制剂及非核苷逆转录酶抑制剂联用,治疗高病毒载量的成年HIV-1感染患者。阿兹夫定是新型核苷类逆转录酶和辅助蛋白Vit抑制剂,也是首个上述双靶点抗HIV-1药物
15	西格列他钠片	成都微芯药业有限公司	该药品是我国自主研发并拥有自主知识产权的创新药,单药适用于配合饮食控制和运动,改善成人2型糖尿病患者的血糖控制。该品种为成人2型糖尿病患者提供了新的治疗选择

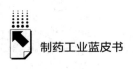
续表

序号	产品名称	持有人	产品特点
16	奥雷巴替尼片	广州顺健生物医药科技有限公司	该药品是我国自主研发并拥有自主知识产权的创新药,通过优先审评审批程序附条件批准上市。该品种是国内首个获批伴有T315I突变的慢性髓细胞白血病适应证的药品,为因T315I突变导致耐药的患者提供了有效的治疗手段
17	甲苯磺酸奥马环素片	再鼎医药(上海)有限公司	甲苯磺酸奥马环素通过优先审评审批程序获批上市,作为一种新型四环素类抗菌药,专门设计用于克服四环素类耐药性并提高广谱抗菌活性,可用于革兰阳性、革兰阴性、非典型和许多其他病原体引起的感染
18	注射用甲苯磺酸奥马环素	再鼎医药(上海)有限公司	该产品为甲苯磺酸奥马环素的静脉输注剂型,适应证与口服剂型相同。口服和静脉输注两种剂型,可丰富患者的治疗选择
19	枸橼酸爱地那非片	悦康药业集团股份有限公司	该产品适用于治疗男性勃起功能障碍。该品种由我国自主研发,是新型磷酸二酯酶-5抑制剂,通过抑制磷酸二酯酶5水解环单磷酸鸟苷(cGMP)发挥作用。磷酸二酯酶-5抑制剂为目前治疗勃起功能障碍的首选药物,其可提高该疾病治疗药物的可及性
20	脯氨酸恒格列净片	江苏恒瑞医药股份有限公司	该药为我国自主研发并拥有自主知识产权的创新药,适用于改善成人2型糖尿病患者的血糖控制。该品种为成人2型糖尿病患者提供新的治疗选择
21	羟乙磺酸达尔西利片	江苏恒瑞医药股份有限公司	该产品系通过优先审评审批程序批准,其为乳腺癌患者提供了新的治疗选择。该药联合氟维司群,适用于既往接受内分泌治疗后出现疾病进展的激素受体阳性、人表皮生长因子受体2阴性的复发或转移性乳腺癌患者

资料来源:国家药品监督管理局。

2021年共有12个国产1类生物新药获批上市,其中包括抗肿瘤和免疫调节类药品7个,新冠肺炎疫苗及治疗药品5个(见表7)。

表7 2021年NMPA审批上市的国产1类生物药品情况

序号	产品名称	持有人	产品特点
1	新型冠状病毒灭活疫苗(Vero细胞)	北京科兴中维生物技术有限公司	该疫苗适用于预防新型冠状病毒感染所致的疾病(COVID-19)。国家药监局根据《中华人民共和国疫苗管理法》《中华人民共和国药品管理法》相关规定,按照药品特别审批程序,进行应急审评审批,附条件批准该疫苗的上市注册申请

续表

序号	产品名称	持有人	产品特点
2	重组新型冠状病毒疫苗（5型腺病毒载体）	康希诺生物股份公司	该疫苗是首家获批的国产腺病毒载体新冠病毒疫苗,适用于预防新型冠状病毒感染所致的疾病（COVID-19）。国家药监局根据《中华人民共和国疫苗管理法》等相关规定,按照药品特别审批程序,进行应急审评审批,附条件批准该疫苗的上市注册申请
3	新型冠状病毒灭活疫苗（Vero细胞）	武汉生物制品研究所有限责任公司	该疫苗适用于预防新型冠状病毒感染所致的疾病（COVID-19）。国家药监局根据《中华人民共和国疫苗管理法》等相关规定,按照药品特别审批程序,进行应急审评审批,附条件批准该疫苗的上市注册申请
4	注射用泰它西普	荣昌生物制药（烟台）股份有限公司	该产品为我国自主研发的创新药,通过优先审评审批程序附条件获批上市。该产品与常规治疗联合,适用于在常规治疗基础上仍具有高疾病活动的活动性、自身抗体阳性的系统性红斑狼疮（SLE）成年患者。该品种为皮下注射给药,用药更加方便,能够为SLE患者提供新的治疗选择
5	注射用维迪西妥单抗	荣昌生物制药（烟台）股份有限公司	该产品是我国自主研发的创新抗体偶联药物,通过优先审评审批程序附条件获批上市,适用于至少接受过2种系统化疗的人表皮生长因子受体-2过表达局部晚期或转移性胃癌（包括胃食管结合部腺癌）患者的治疗,其为患者提供了新的治疗选择
6	派安普利单抗注射液	正大天晴康方（上海）生物医药科技有限公司	该产品为靶向PD-1的人源化的IgG1亚型单克隆抗体,获得附条件批准上市,用于至少经过二线系统化疗的复发或难治性经典型霍奇金淋巴瘤成人患者
7	瑞基奥仑赛注射液	上海药明巨诺生物科技有限公司	该产品是一款靶向CD19的自体CAR-T细胞免疫治疗产品,用于治疗经过二线或以上系统性治疗后成人患者的复发或难治性大B细胞淋巴瘤。该产品是中国首款按1类生物制品获批的、中国第二款获准上市的CAR-T产品
8	赛帕利单抗注射液	广州誉衡生物科技有限公司	该产品为靶向PD-1的人源化的IgG4亚型单克隆抗体,获得附条件批准上市,用于至少经过二线系统化疗的复发或难治性经典型霍奇金淋巴瘤成人患者
9	恩沃利单抗注射液	四川思路康瑞药业有限公司	该药品为我国自主研发的创新PD-L1抗体药物,是通过优先审评审批程序附条件批准,适用于不可切除或转移性微卫星高度不稳定（MSI-H）或错配修复基因缺陷型（dMMR）的成人晚期实体瘤患者的治疗

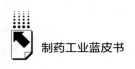

续表

序号	产品名称	持有人	产品特点
10	舒格利单抗注射液	基石药业（苏州）有限公司	该药品适用于联合培美曲塞和卡铂用于表皮生长因子受体（EGFR）基因突变阴性和间变性淋巴瘤激酶（ALK）阴性的转移性非鳞状非小细胞肺癌患者的一线治疗，以及联合紫杉醇和卡铂用于转移性鳞状非小细胞肺癌患者的一线治疗
11	安巴韦单抗注射液	腾盛华创医药技术（北京）有限公司	国家药监局应急批准新冠病毒中和抗体联合治疗药物安巴韦单抗注射液（BRII-196）及罗米司韦单抗注射液（BRII-198）注册申请。这是我国首家获批的自主知识产权新冠病毒中和抗体联合治疗药物
12	罗米司韦单抗注射液	腾盛华创医药技术（北京）有限公司	国家药监局应急批准新冠病毒中和抗体联合治疗药物安巴韦单抗注射液（BRII-196）及罗米司韦单抗注射液（BRII-198）注册申请

资料来源：国家药品监督管理局。

2016年3月原国家食品药品监督管理总局发布《化学药品注册分类改革工作方案》，进一步将新药分为1类新药（创新药）和2类新药（改良型新药）。近年来，改良型新药成为各医药企业的研发热门方向。2021年改良型新药共有14个品种获批上市（见表8），其中包括神经系统药物和抗感染类药物各4个，抗肿瘤药物3个，呼吸系统药物、血液系统药物和消化系统药物各1个。

表8　2021年NMPA审批上市的国产2类新药（改良型新药）情况

序号	商品名称	持有人	注册类型
1	注射用利培酮微球（Ⅱ）	山东绿叶制药有限公司	2.2
2	奥氮平口溶膜	齐鲁制药有限公司	2.2
3	孟鲁司特钠口溶膜	齐鲁制药有限公司	2.2
4	水合氯醛/糖浆组合包装	特丰制药有限公司	2.2
5	示踪用盐酸米托蒽醌注射液	深圳华润九创医药有限公司（生产企业：上海创诺制药有限公司）	2.2

续表

序号	商品名称	持有人	注册类型
6	恩替卡韦颗粒	湖南华纳大药厂股份有限公司	2.2
7	注射用左亚叶酸	上海汇伦江苏药业有限公司（生产企业：苏州第壹制药有限公司）	2.2
8	奥扎格雷氨丁三醇注射用浓溶液	武汉恒信源药业有限公司	2.1
9	左奥硝唑氯化钠注射液	北京市金药源药物研究院（生产企业：石家庄四药有限公司）	2.1
10	普瑞巴林缓释片	江苏恒瑞医药股份有限公司	2.2
11	注射用头孢噻肟钠他唑巴坦钠	南京优科制药有限公司	2.3
12	注射用头孢哌酮钠他唑巴坦钠	湘北威尔曼制药股份有限公司	2.3
13	注射用紫杉醇聚合物胶束	上海谊众药业股份有限公司	2.2
14	磷酸钠盐散	四川健能制药有限公司	2.2

资料来源：国家药品监督管理局。

根据美国食品药品管理局（FDA）药物评价和研究中心（CDER）发布的 2021 年度新药获批报告，2021 年 FDA 共批准 50 款新药（或称作新分子实体 NME 或新治疗性生物产品，不包含疫苗、过敏原产品、血液和血液制品、血浆衍生物、细胞和基因治疗产品，或其他产品）上市。这 50 款新药中，有 27 款新型药物为 First-in-Class 药物，有 26 款药物为罕见病或孤儿病药物，有 14 款药物被认定为突破性治疗药物，有 38 款药物为首次在美国获批，有 18 款药物是通过快速通道获批上市的，有 34 款药物获得优先审评资格，有 14 款药物获得加速审批。

2021 年，随着我国药品审评审批制度改革纵深推进，医药行业研发热情持续高涨，创新成果丰硕。我国的新药从数量上已经开始逐步超过美国，甚至在一些细分领域中，与美国的差距也在进一步缩小。当前，药物的研发仍以热门靶点为主，同质化严重，竞争激烈，医药企业应关注全球药品在研情况，冷静权衡，选择适合企业的研发方向，形成可持续发展的创新研发模式。或许在不久的将来，中国新药的量变能引发质的变化和提升。

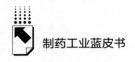
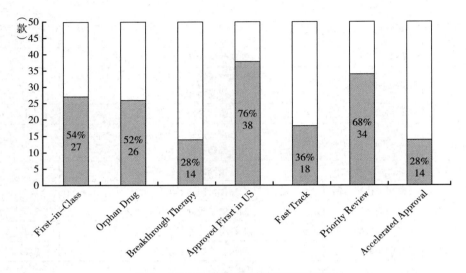

图3　2021年FDA审批上市新药情况

资料来源：美国食品药品管理局。

六　化学制药工业数字化转型

近年来，国家发布了《国务院深化制造业与互联网融合发展的指导意见》《"十四五"智能制造发展规划》等文件，着重强调了智能制造是我国制造业的主攻方向，是落实制造强国战略的重要举措，是我国制造业紧跟世界发展趋势、实现转型升级的关键所在。

医药制造业是一个高科技、创新型行业，智能制造对医药工业企业的持续发展和企业竞争力提升变得越来越重要，数字化、智能化正成为发展先进医药工业的主攻方向。目前，医药制造业在数字化、智能化发展上已取得了"点"上的突破，但受到基础设备设施等软硬件的制约，大部分企业在生产管理、生产加工的数字控制、产品的质量保证等方面，仍与数字化、智能化融合不够深入。

《"十四五"智能制造发展规划》《"十四五"医药工业发展规划》等文

件，明确提出以新一代信息技术赋能医药研发、推动信息技术与生产运营深度融合、强化药品全生命周期数字化管理、完善信息化追溯体系、积极发展新模式新业态，从而推动产业数字化转型和医药制造能力的系统升级。

2019年国家药品监督管理局印发《关于加快推进药品智慧监管的行动计划》，2021年国务院印发《关于全面加强药品监管能力建设的实施意见》，文件中指出要运用信息化手段提升药品监管能力，在政府监管方式变革的引领下，实现制药企业数字化、智能化转型升级，从而更好地保护和促进人民群众的身体健康。

七　化学制药工业绿色低碳发展情况

化学制药工业由于使用原料种类、数量繁多，原料利用率相对较低，产生的"三废"（废气、废液、废渣）量大且成分复杂，成为工业污染较为严重的行业，被列为国家环境保护重点治理的行业之一。

2021年国家对原料药行业的环保政策不断收紧、持续加码，11月9日国家发展改革委、工业和信息化部联合印发《关于推动原料药产业高质量发展的实施方案》，明确提出推动生产技术创新升级、推动产业绿色低碳转型、推动产业结构优化调整等主要任务。自2016年后，环保政策不断推进，各医药企业的环保意识不断加强，企业投入也逐年增大，但2021年仍有多家企业因环保违法受到处罚。

面对越来越大的环保压力，大部分制药企业从源头上着手，通过工业技术改进、原材料替代、生产线及生产设备改造、提高原辅料回收利用率等方式降低环境风险。虽然环保治理投入巨大，从短期来看，企业在环保方面的投入未必会对收入与利润产生正向影响，但从长期来看，淘汰污染落后产能，坚持绿色低碳生产，是顺应时代发展的。绿色环保的治理能够帮助企业走得更长远，提高企业在行业中的竞争力，有助于企业发展能力的提升。

《"十四五"全国清洁生产推行方案》《关于推动原料药产业高质量发展的实施方案》《"十四五"医药工业发展规划》等政策的出台，对医药工业

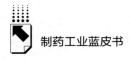

绿色低碳发展提出了明确要求，设立了推动化学原料药等重点行业"一行一策"绿色转型升级，加快存量企业及园区实施节能、节水、节材、减污、降碳等系统性清洁生产改造，构建绿色产业体系，提高绿色制造水平等基本原则和主要目标。这一系列的政策对原料药产业转型升级和可持续发展具有重大意义，将进一步加快新形势下原料药产业高质量发展步伐，提升产业核心竞争力。

八　2022年及"十四五"时期化学制药工业发展趋势

2021年医药行业政策密集出台，国家层面发布医疗医药行业相关政策共计500余条，其中医药政策占总数的近60%。在国家政策影响及疫情反复的情况下，医药行业砥砺前行，迈入2022年。

随着我国人口老龄化加剧、医疗健康重视程度加强和居民收入水平提高，2022年我国医药制造业营业收入和利润规模将持续增长，医药制造业工业增加值增长速度将继续高于全国平均值。随着国内新冠肺炎疫情防控常态化，企业生产、经营逐步正常，药品刚性需求恢复，化学制药工业也将保持稳定的发展趋势。

"十四五"是我国开启全面建设社会主义现代化国家新征程、向第二个百年奋斗目标进军的第一个五年。我国进入新的发展阶段，发展基础更加坚实，发展条件深刻变化，进一步发展面临新的机遇和挑战。"十四五"也是医药工业向创新驱动转型、实现高质量发展的关键五年。随着《"十四五"医药工业发展规划》《"十四五"国家药品安全及促进高质量发展规划》等细分领域"十四五"规划的发布，医药工业处于重要的战略机遇期，机遇与挑战并存，在保障药品安全、促进医药产业高质量发展、保护和促进公众健康的同时，向国际化高端水平迈进，为全面建成健康中国提供坚实保障。

B.8
"十四五"促进非处方药行业发展建议

白慧良　张文虎　汪　鳌*

摘　要： 我国从药品分类管理制度实施以来，非处方药（OTC）行业取得了重要发展。OTC 对提升大众健康素养、丰富大众健康产品、降低国家医保费用等方面的作用日益增强。中国 OTC 行业已形成相对独立的医药分支行业。为进一步推动 OTC 行业的改革发展，中国非处方药物协会邀请 OTC 重点企业、相关行业和医药政策咨询专家，总结 OTC 行业"十三五"成果，研究分析 OTC 行业发展中存在的问题，提出了促进中国非处方药行业"十四五"发展的建议。

关键词： 非处方药物　OTC 行业　药品分类

根据《中华人民共和国国民经济和社会发展第十四个五年规划和 2035 年远景目标纲要》总体要求，政府对经济发展、创新驱动、民生福祉、绿色生态、安全保障等提出了明确的要求。2021 年 12 月，工信部、国家发展改革委等九部门联合对外发布了《"十四五"医药工业发展规划》，为"十四五"我国医药工业发展指明了方向，明确了重点任务。

"十三五"期间，国家修订《药品管理法》、制定《疫苗管理法》、发布《"健康中国 2030"规划纲要》和《"十三五"深化医药卫生体制改革规

---

* 白慧良，中国非处方药物协会专家委员会主任；张文虎，中国非处方药物协会资深副会长；汪鳌，中国非处方药物协会副会长兼秘书长。

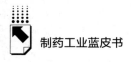

划》等重要政策法规，进一步完善了国家医药卫生健康政策，推动了医药行业的发展和改革。

一　非处方药在社会发展中的价值

（一）非处方药的界定

1. 非处方药是相对安全的药品

非处方药是指不需要凭医师处方即可自行购买和使用的药品。一般指在临床使用多年、相比其他药品更加安全的药品。消费者可以依据自己所掌握的医药知识，在药师和药品说明书指导下，自主选择药物进行自我药疗。

2. 药品分类管理是国际通行管理制度

处方药与非处方药分类管理制度是国际通行的药品管理制度。我国自2000年开始实施药品分类管理制度以来，经过20多年的实践，已初步建立了药品分类管理的法规体系；逐步建立了非处方药目录遴选、变更、转换、流通、广告及包装标签和说明书管理等方面的法规体系。

3. OTC产品概念在发展中延伸

随着人民对健康日益增长的需求和健康素养的提升、健康产品和服务方式的变化，消费者借助网络信息所选购使用的健康产品逐渐被认为是OTC产品，OTC产品的概念得到了延伸和扩大，这是伴随着由疾病治疗到健康管理的转变而产生的。

（二）非处方药的价值

1. 医疗价值

非处方药经长期临床使用被证实疗效确切、质量稳定，其使用简便，不易发生误用或重大不良反应事件，是临床治疗和预防用药的重要组成部分，得到医生和消费者的广泛认可和信赖。

2. 经济价值

使用非处方药节省了消费者前往医疗机构的交通时间、挂号和就诊时间，减少了误工等非医疗成本，节省了医疗卫生资源，减轻了医疗机构压力和医保基金负担。国外研究机构经过长期研究发现：消费者在非处方药品上花费 1 美元，可为医疗保健体系节省 6~7 美元。这对我国 OTC 价值评估有参考作用。

3. 社会价值

非处方药的应用减少了对医疗资源不必要的占用，提高了医疗资源的利用效率和可获得性，这对于缓解我国当前"看病贵、看病难"问题具有重要意义。"健康中国"战略坚持预防为主，推动由疾病治疗向健康管理转变。目前，越来越多的人正通过自我药疗维护健康，对自己的生命承担更大的社会责任。

（三）OTC 的国际发展概况

1. 国际概况

美国（1951 年）、德国（1961 年）、日本（1967 年）、英国（1968年）、加拿大（1972 年）、中国（2000 年）等都陆续建立药品分类制度。1995 年世界卫生组织（WHO）发布的国家药物政策文件中，将这一制度列入国家药物政策基本内容。2000 年 WHO 发表自我药疗产品评价指导原则。

据统计，2020 年全球 OTC 市场规模达到 1490 亿美元，较 2019 年增长3.8%。中国 OTC 市场增速在"十三五"期间总体上领先于全球市场。但是2020 年的疫情叠加医保控费因素，使得中国 OTC 市场规模在全球的占比下滑，从 2019 年的 17% 下降到 2020 年的 11%。2020 年北美、西欧、日本等发达国家和地区 OTC 销售额增幅靠前。发展中国家（含中国）OTC 销售额占全球比重由 2019 年 51% 下降至 44%。

2. 美国概况

美国是全球较早实施药品分类管理的国家。美国 FDA 通过 OTC 专论制度对非处方药进行管理，符合专论相关要求的药品在上市前无须 FDA 审评。

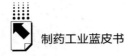
美国 1972 年启动 OTC 审评计划，开始了 OTC 专论制定工作，由此形成了美国 OTC 上市的两种程序，即 OTC 专论程序和新药审批程序（NDA 程序）。OTC 专论制度为行业提供了较低的监管负担，并通过最终专论涵盖大量的潜在产品帮助非处方药保持低成本，这个做法值得我们借鉴。

3. 英国概况

英国政府 1968 年颁布实施了医药法，从此将药品划分为三类。普通药 GSL，即可以在各处出售的药品，既可以在药房出售，又可以在超级市场及其他经营场所出售；药房药 P，即只能在药房出售的药品；处方药 POM，只有凭医生和牙医开的处方才可以取得的药品，通常将前两类药品称为非处方药 OTC。英国的处方药和非处方药的注册、转换、审批、发证等管理职能均在药品监督管理局（MCA）。在英国，药品批发企业必须经由 MCA 批准并颁发经营许可证。如果要开办药房，必须向皇家药师管理委员会申请注册。对于同时可以出售处方药和非处方药的药房，处方药营业期间，必须由注册药剂师在岗，如果药剂师因故暂时离开药房，其药品经营活动必须停止，否则就属于违法经营。

4. 日本概况

日本政府自 20 世纪 80 年代开始 OTC 转换。OTC 转换是作为减轻公共医疗负担的可选项之一进入日本政府的视野。随着健康观念的普及，越来越多的日本消费者希望能够买到"更加有效的 OTC 药品"。截至 2020 年上半年，共有 86 种成分的近 2000 品目（由规格、厂家、价格等区分）被日本厚生劳动省承认并收入"OTC 药品转换有效成分表"。

5. 中国台湾地区概况

中国台湾地区自 1996 年开始公布十大类指示药基准后，开始实施药品分类管理制度。其 OTC 药品分为两类，即"指示药"、"成药甲类"和"成药乙类"。"指示药"是指需要药师指示后使用。成药因为作用缓和和安全，不需要指示就可以自行购买使用，甲类在配备药师的药局销售，乙类在杂货店等服务商兼营。"指示药"类似于 BTC（Behind the Counter）。这些类别的药品都有相应的市场准入制度，皆需要审核登记。

二 OTC 行业"十三五"发展状况

（一）行业发展成就

1.品种数量稳步增长

截至 2020 年底，中国 OTC 品规共有 5971 个，其中化药 1290 个、中成药 4681 个，化药和中成药品规数占比分别为 22%、78%，中成药数量占多数。

2.市场规模不断扩大

OTC 销售额从 2016 年的 2011 亿元增长到 2020 年的 2342 亿元，年复合增长率为 3%，略高于全国工业整体增速；在药品整体销售金额中占比达到 16%。从销售金额看，化药和中成药占比分别约为 35%、65%。

3.销售渠道不断增加

据官方统计，2020 年全国药店总数（不含连锁企业数量）为 553892 家。线下零售药店为 OTC 药的主要销售渠道，销售金额占比 55%，其中，国大药房、大参林、老百姓、益丰和一心堂五大连锁药房门店总数占全国药店总数的 6%，销售额占比超过 20%，药店集中化趋势初现。非处方药在医疗渠道（含医院和第三终端）的销售额占比为 36%，线上 B2C 销售额占比达到 9%，阿里健康和京东健康两大平台的电商销售额增速均高于线下零售药店和医疗渠道。

4.药师服务提质增量

国家药监局执业药师资格认证中心发布的数据显示，截至 2019 年 11 月 30 日，我国执业药师注册人数为 512950 人。按全国人口数与执业药师数量进行计算，我国每万人口执业药师数量为 3.7 名。其中注册于药品零售企业的执业药师 462606 人，占比 90.2%。从文献和调研分析，药师服务质量有明显提高。

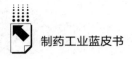

5. 专科 OTC 品类增速高涨

"十三五"期间，我国眼部、耳部等 OTC 专科类别 OTC 销售额增速均高于 OTC 常见病类别，体现了消费者用药需求的多样化。感冒咳嗽用药（含过敏药）是 OTC 市场的最大品类，2020 年销售额占比 29%。镇痛类药物和消化道及肠胃用药销售额占比均为 12.4%。前三大品类都是治疗性药物。中药滋补剂和杂类、维生素矿物质和营养补充剂等都属于预防性 OTC 药物，占比分别为 14.9% 和 10.7%。其中维生素矿物质和营养补充剂品类增长最快，反映了提高免疫力、防未病的观念不断深入人心。皮肤用药、泌尿生殖系统用药和循环系统用药占比分别为 5.8%、5.7% 和 1.8%。减重药品虽然在整体 OTC 市场中占比不到 5%，但其增长最快，反映了生活方式类的 OTC 也在不断地扩充市场的边界。

6. OTC 知名企业和品牌产品数量增加

"十三五"期间，我国 OTC 本土企业品牌不断成长，知名跨国药企继续深耕我国市场。OTC 行业品牌排名前 20 的企业除葛兰素史克、拜耳、强生几家跨国企业外，绝大多数是本土企业，如华润三九、广药集团、东阿阿胶、扬子江药业、太极集团、云南白药和北京同仁堂等，品牌集中度在不断提高。

（二）行业发展中的突出问题

1. OTC 管理制度仍需进一步完善

作为国家药物政策的重要组成部分，完善的药品分类管理制度涉及 OTC 产品创新、上市、使用、支付、供应、教育、宣传及国际接轨等多个环节，需要政府加强顶层设计、统一协调，并部署相关部门分别落实、协同推进。目前，实际工作中缺少这一制度推进的牵头部门，缺乏中长期规划指导行业上下游发展。

2. OTC 产品创新亟待加强

OTC 产业面临产品、服务、营销等多层次的创新需求。新剂型、新复方、新包装、新口味相对缺乏，药学服务、OTC 可及性、支付、上市后评价和研究等还不能满足群众日益增加的健康需求。

3. OTC 品牌意识仍需加强

目前，我国 OTC 企业缺乏国际品牌，国内知名品牌也相对缺乏。根本原因在于对品牌的本质、培育、教育、评价、传播等的认知不足，导致目前我国主要 OTC 产品局限在本国市场。尽管中成药在不少国家得到一定的推广和认同，但是中药 OTC 国际化进程仍然任重道远。

三 "十四五" OTC 行业发展机遇

（一）政策机遇

"十四五"期间，《"健康中国 2030"规划纲要》将继续深入实施。健康中国战略坚持预防为主，将推动由疾病治疗向健康管理转变。"十四五"期间，中医药传承创新发展将带动 OTC 中药研发、质量提升和产业高质量发展，从而更好地发挥中药 OTC 在维护和促进人民健康中的独特作用。

（二）老年人健康需求增长

到 2025 年我国 60 岁以上人口将突破 3 亿人，人口老龄化带来的高质量、多层次健康需求增加是毋庸置疑的。多渠道卫生费用投入增加，医疗保障水平提高，自我药疗意识的不断增强，都将促进居民健康需求不断释放，预计我国 OTC 市场销售额未来五年可保持每年 6% 以上的增速，2025 年将超过 3500 亿元的市场规模。

（三）医保政策催生 OTC 渠道新的发展机会

随着创新品种加速上市，医保政策改革进一步深化，更多药企将越来越重视院外"消费者渠道"这个有很强 OTC 特征的市场。消费者渠道市场变化给 OTC 行业带来更大的发展机会。

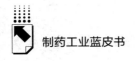
（四）渠道模式创新

社区卫生服务中心和社会药房凭借贴近消费者的优势，在大数据的基础上将提供更加广泛的、智能的、高效的、有明显会员和社区特色的健康管理服务。因为掌握消费者行为数据，医药电商健康管理服务模式更加多样，将很快变成 OTC 重要渠道。

（五）互联网诊疗推动健康需求的增加

在互联网医疗时代，诊疗路径、适用品种和技术、主要利益方与传统医疗场景不尽相同。互联网医疗在推动消费者健康需求增长的同时也加速了市场的变化，产品、服务和渠道创新模式层出不穷。互联网诊疗的生态环境一旦建立和完善，必将推动 OTC 增量发展。

四 "十四五"期间促进 OTC 行业发展的建议

（一）发展思路

1. 推动 OTC 制度的顶层设计

按照医药工业发展总体要求，OTC 行业应坚持守正创新、不断完善、协调发展精神，要以全面落实建设制造强国和健康中国战略部署，充分利用市场配置资源的决定性作用为指导，积极向政府建言献策，重点推动建立 OTC 管理制度的顶层设计，为 OTC 行业长远发展创造良好的政策环境。

2. OTC 产业创新是行业发展的首要任务

鼓励支持加快 OTC 产品创新，完善产学研协作联合机制，加快成果转化和质量提升，更好地满足消费者对 OTC 产品高质量、多层次、多样化需求。OTC 上市后评价、工艺改进、质量提升等都是 OTC 产业创新的重要方面。OTC 行业应该积极抓住创新政策改革机遇，加大创新投入，提升创新能力。

3. 加强 OTC 渠道创新研究，构建发展新格局

基于 OTC 的特点和消费者自我药疗意识增强，OTC 渠道创新不断涌现，以消费者行为数据为特征的线上线下渠道融合模式将提供更多健康服务种类。要及时研究 OTC 渠道创新实践，动态分析和规划 OTC 供应链，构建 OTC 产业发展新格局。

4. 坚持 OTC 中西药并重，推动儿童药创新发展

"十四五"期间，中医药传承创新发展将带动 OTC 中药研发、质量提升和产业高质量发展，从而更好地发挥 OTC 中药在维护和促进人民健康中的独特作用。自我药疗观念的普及，离不开中药 OTC 适宜品种的发展，OTC 产业发展必须坚持中西药并重的基本原则。

真实世界证据（RWE）将对儿童药物创新发展发挥重要作用，这种开发策略已被世界公认。积极推进 RWE 与儿童 OTC 新品开发和合理用药之间的深度关联和融合。

5. 加强品牌培育建设，促进国际开放合作

OTC 行业应当加强品牌意识，建立品牌评价标准，不断推出中国 OTC 优秀品牌。研究国际 OTC 管理经验，加强与国际合作，完善引进吸收机制，积极参与国际竞争，推动 OTC 制药大国向 OTC 制药强国发展。

（二）发展目标

1. OTC 市场规模和增长

OTC 行业保持中高速增长，"十四五"期间，中国 OTC 市场规模将增长到 3500 亿元以上，年复合增长率为 6% 以上。

2. OTC 新产品数量

随着 OTC 上市审评制度改革，企业研发投入持续增加，五年内力争推出 OTC 新产品（含处方药转换品种、新适应证、新口味及新剂型）1000 个。

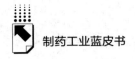

3. OTC 市场集中度提升

"十四五"期间，鼓励 OTC 企业提高集中度，通过兼并重组联合，实现高质量发展，使 OTC 企业的前 50 强市场规模达到 OTC 全行业的 60% 以上。

4. 培育一批 OTC 国际品牌

培育一批细分领域的 OTC 品牌，重点推动 10 个以上本土优秀 OTC 品牌发展成为国际品牌。

（三）重点工作

1. 推动建立 OTC 单独的上市审评体系

建议国家药品监管部门成立 OTC 专门机构，规划建立 OTC 单独的上市审评体系，制定 OTC 上市注册审评技术指导原则和程序，完善 OTC 转换审评制度，鼓励企业以及药品上市许可持有人进行 OTC 研发和创新，以满足公众个性化需求。

2. 推动建立 OTC 上市后评价体系

通过安全性、经济性、可及性等多维度指标开展上市后评价，分析和发布来自真实世界的消费者调研数据，通过行为数据的获得、融合和发掘，结合真实世界证据指导评价体系的建设。

3. 推动建立 OTC 行业品牌建设体系

推动创建 OTC 品牌评价体系，制定团体或行业认可的品牌评价标准，从质量、市场、服务、创新等方面形成不同层次的共识。整合构建 OTC 品牌传播平台，更好地利用共建自媒体、新媒体和融媒体平台，加大培育品牌的力度。

4. 推动建立 OTC 合理使用指导体系

推动完善 OTC 合理使用信息体系。全面建设 OTC 的包装、使用、宣教信息系统，推动建立消费者用药信息编制和传播规范。建立和培养 OTC 疾病谱和合理用药教育队伍，充分发挥一线药师作用，使其在消费者教育和咨询服务中发挥重要作用。

（四）社会责任

1. 主要社会责任

为了维护市场的秩序，保障人民利益，推动重大疾病防治药品供应能力持续提升，推动建立"OTC 常备药目录"，以保证供应。OTC 企业应改变经济增长方式，发展循环经济，调整产业结构，保证经济安全运行，把科技和创新作为企业发展的动力。

2. OTC 行业应积极承担社会责任

积极开展公众 OTC 科普教育，聘请高级别科普专家，聚集融媒体和自媒体，创作和发布有大众影响力的原创作品。

推动社会药房药学服务规范建设，为药师创造学习交流机会，开展药师赋能和自我药疗普及等工作。

促进自我药疗文化建设，举办有特色的融合艺术表演、专项展览展示、科普短视频征集、科普读物推荐等活动。

B.9
透明质酸从医药到美妆的跨界发展

黄思玲　徐小曼*

摘　要： 中国是全球最大的透明质酸（HA）生产国，也是世界 HA 技术的引领者。作为朝阳产业，HA 行业的三次技术突破带动透明质酸不断在新的领域实现高质量发展。HA 因其独特的润滑性、黏弹性、保湿性最早应用于骨科和眼科等传统医药领域，之后随着生产技术突破、成本降低和质量提升，逐渐应用于各种健康消费品中，特别是医疗美容和功能性护肤品。HA 从医药领域向美妆领域跨界延伸，发展成为"药妆食"同源的特色产品。随着合成生物学、生物信息学等前沿技术的不断涌现，HA 更多功能将被发现，应用领域将进一步扩大，逐渐形成国内千亿级市场规模，对中国生物技术发展具有重大意义和价值。

关键词： 透明质酸　医药　医疗美容　美妆

一　透明质酸简介

透明质酸（Hyaluronic acid，HA），又称玻璃酸或玻尿酸，是广泛存在于人体内的一种天然高分子黏多糖，其基本结构是 N-乙酰葡糖胺和 D-葡糖醛酸双糖单位组成的长链聚合物。HA 广泛分布于人体各个组织中，在

---

* 黄思玲，华熙生物科技股份有限公司研发平台管理总监，高级工程师；徐小曼，华熙生物科技股份有限公司研发中心产学研项目管理经理。

人脐带中的含量最高，关节滑液中的含量次之，血浆中的含量最低。体重60kg 的成年人体内含 HA 约 15g。随着年龄的增长，人体内 HA 含量逐渐降低，如果 20 岁肌肤中的 HA 含量为 100%，那么 60 岁肌肤中的含量则仅为 20%。

1934 年，美国哥伦比亚大学教授 Karl Meyer 首次从牛眼玻璃体中分离出 HA 物质，此后又分别在关节滑液和皮肤中发现 HA。1949 年，Boas 从鸡冠中分离出 HA，此后科学家们经过不断探索建立了完整的 HA 鸡冠提取工艺，从此 HA 开始进入规模化生产阶段。但由于生产成本极高，HA 产品只在赛马行业实现了小规模的应用，作为关节注射液，增加润滑性，保护赛马的关节。1985 年日本资生堂公司成功实现发酵法生产 HA，在可以满足工业化生产的同时又大幅降低了成本，随后发酵法成为生产 HA 主流方法。此后30 年间，HA 发酵工艺不断优化提升，HA 龙头企业华熙生物科技股份有限公司的发酵产率在全球遥遥领先。

二 透明质酸的特点

（一）保水性

HA 分子含有大量的羟基和其他极性基团，可与大量的水分通过氢键结合。HA 是一种高分子线性多糖，在水溶液中可随机扩展，任意卷曲和伸缩。HA 在溶液中的伸展程度越大，结合水的量越大，1g HA 可结合至少自身重量 1000 倍的水分。若将 HA 涂抹于组织表面，其可与组织表面水分子牢固结合而不流失，进而起到保水的作用。

（二）黏弹性

HA 分子在溶液中可形成网状结构，其既具有溶液的黏性又具有凝胶的弹性，这种双重特性被称为黏弹性。HA 在低剪切频率下表现为黏性，在高剪切频率下表现为弹性，由低剪切频率向高剪切频率转换时，溶液由

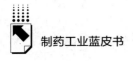

黏性向弹性转换。HA 溶液浓度越大，黏度越大；HA 分子量越大，弹性越大。

（三）润滑性

HA 溶液的卓越流变学特性使其具有润滑关节和组织的作用。HA 水溶液所具有的黏弹性赋予其润滑的特性，使其能够对抗外部剪切力，在组织中缓冲和吸收运动时产生的压力。HA 是关节滑液的主要成分，当正常行走时，关节滑液呈现黏性特质，减少组织间摩擦；当运动强度较大时，关节滑液呈现弹性特质，起到减震的作用。

三　透明质酸的应用发展

HA 行业是典型的技术驱动型产业，技术的不断革新和迭代升级使 HA 形成了适用于多个行业领域、规格齐全的产品线，使得 HA 的应用范围从早期骨科和眼科等医药领域延伸到化妆品等消费品领域，极大地推动了 HA 的应用范围和产业的繁荣发展。同时随着合成生物学、生物信息学等新技术手段的涌现和 HA 新功能的发现，HA 在组织工程、口腔、计生、生殖医学等领域延伸出多种创新应用。

（一）HA 在医药中的应用

1934 年科学家们发现牛眼玻璃体中富含 HA 并首先分离得到，20 世纪 40 年代科学家们建立了从鸡冠中提取 HA 的完整工艺，实现了 HA 的规模化生产。但 HA 鸡冠提取工艺过程复杂，生产周期长，提取 1 克 HA 需要 200 千克鸡冠（约 2 万只鸡），导致生产成本极高，HA 售价达到 10 万美元/千克，被誉为"液体黄金"。

HA 最早应用于骨科和眼科。在骨科领域，作为关节腔润滑剂，减少关节软骨磨损，缓解疼痛。在眼科领域，常用于眼科手术中保护剂和辅助剂，并普遍用于滴眼液中，提高药物生物利用度。

1. HA 在骨科的应用

早在 1942 年 HA 注射液首次应用于赛马，作为关节腔润滑液保护赛马关节，取得了显著效果，从此开创了 HA 在骨科领域的应用研究。但受限于高昂的价格，HA 并未得到大范围普及应用。直到 20 世纪 80 年代，微生物发酵法的出现，不但实现了 HA 的大规模生产，还大幅降低了生产成本，同时发酵法生产的 HA 纯度更高、无外源污染物风险，HA 的应用范围迅速扩大。

全球第一个应用于人骨关节炎的玻璃酸钠注射液 ARTZ 于 1987 年上市，主要成分为非交联的天然 HA，用于治疗变形性膝关节病和肩关节周围炎，每周注射一次，每个疗程持续 1~5 周。大分子量 HA 作为关节滑液的主要成分之一，通过外源注射方式一方面增加滑液的黏性和弹性，作为关节润滑剂；另一方面作为减震器作用于滑膜关节，保护软骨免受剪切力和压缩力损伤。大量临床试验研究和临床实践证实 HA 可有效缓解膝关节、骨关节炎患者的疼痛症状，减少关节结构损伤。

由于人体内含有可降解 HA 的透明质酸酶，因此外源性 HA 在关节腔内的滞留时间较短，需要多次注射。为了解决这些问题，交联 HA 的研究逐渐兴起。1997 年第一款交联 HA 注射液欣维可（HylanG-F20）在美国获批上市，2017 年进入中国市场。交联 HA 多为天然 HA 经化学修饰所得，在保留了天然 HA 生物功能和生物相容性的同时，减缓了在体内的降解速率，延长了在体内的滞留时间，减少了一个疗程所需要注射的次数。

随着研究的不断深入，HA 与其他药物的组合物在骨科疾病治疗中的应用也开始逐渐出现，不同药物组合使用起到协同增效作用，如 HA 与硫酸软骨素组合治疗骨关节炎，其中 HA 增加关节滑液的黏性和润滑性，硫酸软骨素则增加软骨弹性；HA 与双氯芬酸钠组合治疗骨关节炎时，HA 增加关节润滑性，双氯芬酸钠则起到消炎镇痛作用，两者联用比两者单独使用效果更好（见表 1）。

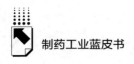
表1　部分用于骨关节疾病的HA组合物

名称	组合物	适应证
Arthrum HCS©	HA+硫酸软骨素	骨关节炎
Structovial CS	HA+硫酸软骨素	膝关节炎
Hyaloral	HA+水解胶原蛋白+氨基葡萄糖+硫酸软骨素+γ-谷维素	肘关节发育不良
CINGAL	交联HA+类固醇己曲安奈德	缓解膝关节炎
SI-613	HA+双氯芬酸钠	骨关节炎

应用HA进行关节腔内注射增加润滑性的治疗方案近年来已经被美国、欧洲以及中国专业领域多部指南与共识进行推荐，并成为一种成熟的中早期关节炎的治疗选择。这种治疗方式模拟补充关节滑液的作用原理，安全性、功能改善等多方面性能已经被广泛验证。

2. HA在眼科的应用

随着HA从牛眼玻璃体中分离发现以及其具有的独特生物学性质，HA作为眼玻璃体替代材料的设想一度成为研究热点，1979年HA首次作为白内障手术黏弹剂应用于临床。

黏弹剂是透明的大分子胶体物质，具有无毒、无抗原以及独特的流变学特性，主要成分包括HA、硫酸软骨素、甲基纤维素等。在白内障手术和角膜移植手术中，HA黏弹剂注入眼球腔隙能够在角膜内形成保护层，保护角膜内皮细胞，减少机械损伤；人工晶体植入手术中，HA黏弹剂可为眼球前房提供稳定空间，帮助医生进行手术操作，还可维持眼内压，有助于止血和保护角膜内皮细胞，同时HA黏弹剂易于冲洗去除，对身体无刺激无伤害，是眼科手术常用的辅助材料。

全球第一款含有HA的手术黏弹剂Healon于1980年正式获批上市，在眼科手术史上具有划时代意义。Healon的上市极大地推动了HA手术黏弹剂产品的开发，此后多种产品陆续上市，我国眼科黏弹剂研制虽然起步晚，但也有产品不断成功上市（见表2），并且与进口产品相比，价格更有优势。

表 2　国内眼科黏弹剂代表性产品

名称	生产商
海视健	华熙生物科技股份有限公司
欣可聆	杭州协合医疗用品有限公司
益术康	常州药物研究所
爱维	博士伦福瑞达制药有限公司
适维可	上海其胜生物制剂

HA 还是人工泪液的常用成分，用于治疗干眼症。HA 具有典型的非牛顿力学特性和良好的生物相容性，其作为辅料加到滴眼液中后，可增加药物在眼球表面的停滞时间，通过物理增黏、膜亲和及与药物的结合作用提高生物利用度。

1992 年之后 HA 开始作为眼科制剂的媒介，添加到含抗炎药、抗过敏药、扩瞳药及抗生素等眼科制剂中，国内外也开发了多种以 HA 为媒介的眼用制剂，比如博士伦福瑞达生产的润舒、Bracco 公司生产的 DropStar 和 Eyelab 生产的 Lubristil 滴眼液等。近几年，通过化学改性的方式，HA 还被直接加入隐形眼镜中，增加隐形眼镜水润度和润滑性，提高其佩戴舒适度。随着 HA 生产力和科技力的不断提高，HA 生产成本大幅度降低，也使得 HA 有机会添加到隐形眼镜护理液、洗眼液等日常护理液中，进一步扩大了其在眼科领域的应用范围。

为了进一步提高 HA 的生物利用度，交联 HA 逐渐进入研究者视野。2017 年首个交联 HA 在临床用于治疗干眼症，结果显示，含交联 HA 的滴眼液比含天然 HA 的滴眼液效果更好，交联 HA 进一步增加了眼科制剂在眼表的停留时间，有望成为泪液补充剂的替代品。

目前我国 30~40 岁人群干眼症患病率超过 20%，并且随年龄的增长有上升趋势。人工泪液已成为目前国内针对干眼症治疗的一线用药，HA 是市面人工泪液最常用的成分，市场占有率逐渐升高，未来人工泪液将是 HA 的高潜力市场。

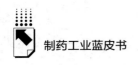

（二）HA 在医疗美容和护肤品中的应用

医药级 HA 在分子量、内毒素、蛋白质含量等指标的质量控制非常严格。HA 及其衍生物在骨科、眼科等医药领域的成功应用为在其他领域的应用奠定了基础。随着生产成本的降低，HA 的应用逐渐延伸到医疗美容领域及功能性护肤品等日用领域。

1. HA 在医疗美容领域的应用

医疗美容是指运用手术、药物及医疗器械等具有创伤性或侵入性的医学技术对人的容貌和人体部位形态进行的修复与再塑，主要分为手术类和非手术类两大类。HA 主要用于非手术类中的注射填充类项目，通过注射方式来修复特定缺陷。

目前使用的大部分 HA 填充剂是微生物发酵法生产的，避免了动物性病毒传播的风险。与其他软组织填充剂相比，HA 填充剂具有安全可靠、生物相容性好、在体内可完全降解、致敏性低的优势，同时如果注射效果欠佳，还可通过注射透明质酸酶降解消除。

目前用于医疗美容领域的 HA 产品常为天然 HA 和交联修饰 HA。

天然 HA 常用于水光针项目，注射至皮肤较浅层次，起到直接填充作用的同时一方面利用 HA 的保水作用增加皮肤水分含量，另一方面还维持细胞外基质结构，促进纤维细胞和胶原的形成，在多重作用下增强软组织弹性，使面部表现年轻化。但由于体内透明质酸酶的降解作用，天然 HA 在体内的留存时间很短，注射一次效果仅能维持 4 周左右。

为解决天然 HA 留存时间短的问题，交联 HA 应运而生。通过化学修饰的 HA 被透明质酸酶的降解速率减慢，在体内留存时间可达到 6~12 个月，注射间隔时间更长，可注射至皮肤中层或深层部位，达到修复皱纹、填充凹陷等效果。为更好地改善使用感、促进注射导致的伤口愈合，一些 HA 填充剂中还加入其他功效成分，如利多卡因麻醉剂、氨基酸、维生素、矿物质等，更好地养护肌肤。

1995 年全球第一款注射用修饰 HA 真皮填充剂 Hylaform 在欧洲获批上

市，它是源自鸡冠提取的 HA 经交联形成的凝胶，由此打开了 HA 在美容整形领域的应用。1996 年，来源于微生物发酵的首个修饰 HA 填充剂也获得欧洲 CE 认证，该产品在修饰面部轮廓，消除由瘢痕、伤口及皱纹引起的皮肤凹陷方面具有显著效果。2008 年产品"瑞蓝 2 号"进入中国市场。2012 年华熙生物科技股份有限公司生产的润百颜®软组织填充剂获得中国药监局批准，是国内首款获批的国产交联 HA 填充剂，打破进口产品垄断，填补国内空白（见图 1）。

现在 HA 已成为软组织填充剂的最重要成分之一，相比动物源胶原蛋白致敏性低，患者满意度更高，随着国内医疗美容接受度的不断提高，HA 填充剂还有很大的增长空间。

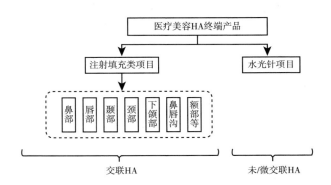

图 1　HA 的医疗美容应用项目

2. HA 在功能性护肤品领域的应用

HA 可结合自身重量 1000 倍的水分子，并且水合能力受周围环境湿度变化的影响较小，因此在皮肤中具有优良的保湿作用。此外，HA 还具有调控细胞功能、清除自由基的功能，HA 可减少紫外线照射引起的脂质过氧化和羟基自由基形成，并修复紫外线所致的皮肤损伤，具有双重保护作用。皮肤中 HA 有助于维持胶原蛋白和弹性蛋白结构，可从多方面延缓皮肤衰老。

20 世纪 90 年代微生物发酵法生产的 HA 逐渐上市，其价格是鸡冠提取法产品的一半，此时 HA 开始被应用于化妆品，被誉为"天然保湿因子"。

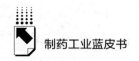

随着发酵法生产工艺的不断优化，HA 发酵产率不断提升，HA 的使用性价比越来越高，到了 90 年代末 HA 在护肤品的应用开始普及。

HA 属于高分子聚合物，具有良好的保湿性、润滑感和成膜性，作用于皮肤后可以形成一层薄膜，使皮肤产生良好的湿润感。但天然 HA 分子量较大（100 万 Da 以上），只能停留在皮肤角质层，无法进入深层肌肤。2011 年华熙生物在全球率先实现"酶切法"规模化生产寡聚 HA，酶切寡聚 HA 的出现解决了这一难题。利用透明质酸酶可将 HA 切割为不同分子量大小，实现了超高分子量 HA（>300 万 Da）到超低分子量（<10 kDa）的全范围产品覆盖，显著推动了 HA 在功能性护肤品中的应用。

不同分子量 HA 具有不用的特性和功能，高分子量 HA 具有保水、成膜和防护的功能，起到皮肤保湿、软化角质层和隔离防护的效果。低分子和寡聚 HA 可透过角质层，进入表皮和真皮，具有深层补水、损伤修复等生物活性，发挥深层营养肌肤的作用。低分子量 HA 还可以参与人表皮基因组中关键基因调控，从而在延缓皮肤衰老和光老化过程中发挥重要作用。

现在 HA 已普遍应用于护肤品的水乳霜、面膜、精华、洁面、喷雾等品类中，华熙生物油分散 HA 的出现，解决了水溶性 HA 不能应用于彩妆产品的难题，润百颜故宫口红一度成为引发广大消费者关注的现象级产品。

华熙生物还将用于滴眼液的"吹灌封"技术创新性应用于功能性护肤品生产中，在国内护肤品领域开创了无菌、无防腐剂、一次一用一抛的"次抛精华"新品类。玻尿酸次抛产品一经上市后在多个榜单名列前茅。基于其保湿、修护和抗衰功效，HA 得到众多国际美妆知品品牌认可，作为重要功能成分被添加到敏感肌护理、保湿、抗衰等中高端产品中。

随着 HA 修饰改性技术的不断进步，HA 弹性体、乙酰化 HA、阳离子 HA 等一系列 HA 衍生物不断涌现，赋予 HA 更多的性能，实现创新性应用，也使 HA 在护肤品中的应用逐渐向多重 HA 复配的立体防护策略转变。此外，HA 存在时，皮肤表层水合作用增加使得角质层对活性物的吸收增加，有助于配方中其他活性物质的透皮吸收。

HA 除保水性在化妆品领域已被广泛认可外，其修护功能也越来越受到重视，医用敷料也成为 HA 的应用领域之一。含有 HA 的敷料可以用于伤口愈合过程，HA 与胶原蛋白、纤维蛋白等基质成分形成支持细胞迁移和黏附的暂时性支架，从而调节细胞的迁移和分化，促进伤口的愈合。现在国内外有多种 HA 敷料被用于激光术后或注射术后皮肤损伤的修复。

随着国内消费者对化妆品需求的进一步增加，国内 HA 化妆品市场还将保持高速增长趋势，预计未来 5 年增长率可达到 8.1%，保持在较高位置。其中面膜类产品规模最大、增速最快，含有 HA 的保湿面膜产品基本覆盖了高端到低端的各大品牌，产品线丰富，预计未来 5 年年复合增长率达到 23.2%。

四　HA 的创新性发展

2021 年由华熙生物主导申报的 HA 作为新食品原料获得国家卫生和健康委员会批准，标志着 HA 可添加至普通食品中，在 HA 的应用历程中具有里程碑式意义。目前，含有 HA 的软糖、饮料、饮用水等已成功上市。

HA 新功能和新应用也是科学研究的热点。HA 是组织工程中的优良材料，HA 支架可以为组织再生提供良好的环境，并通过技术改良具有符合组织需求的机械强度，可加载药物置于患处，既为患处提供了新型组织支撑，又实现了靶向用药。HA 与聚乙二醇等合成材料、壳聚糖等天然材料以及生长因子等活性因子形成复合水凝胶在软骨修复中得到广泛研究，复合材料增加机械性能，还可促进间充质干细胞向软骨细胞分化，促进软骨形成。此外，HA 复合材料在皮肤组织工程、眼科组织工程、心血管组织工程、神经系统组织工程等领域都有广泛应用潜力。

除了 HA 在骨科、眼科、医疗美容等医药领域、功能性护肤品领域和功能性食品等领域实现成熟应用外，还被创新性地应用到彩妆、口腔护理、计生产品、消毒产品、宠物用品、生活用纸、纺织用品、生殖医学等新型领域，目前均有产品成功上市。不同应用方向互促发展，协同推动 HA 的多维度应用。未来随着科技的不断进步，HA 的应用范围将会进一步扩大，最终促成 HA 应用的千亿级市场规模。

B.10
我国医药行业数字化转型发展概况及趋势研究

马冬妍　付宇涵　巴旭成*

摘　要： 当前，新一轮科技革命和产业变革加速演进、国际局势复杂多变，工业经济面临需求收缩、供给冲击、预期转弱三重压力。在此背景下，我国将推进数字化转型作为"十四五"时期建设制造强国、网络强国和数字中国的重要战略任务，以数字化转型促进经济社会高质量发展。目前，我国医药行业数字化水平稳步提升，两化融合深入推进，在重点环节、基础应用、模式创新等方面加速实现数字化、网络化、智能化转变。本文对我国制造业及医药行业数字化转型的发展现状及趋势进行分析，总结研判我国医药行业未来数字化转型的方向和重点，为我国把握新一轮科技革命和产业变革新机遇，推动医药行业数字化转型提供参考借鉴。

关键词： 医药行业　数字化转型　新一代信息技术　高质量发展

当前，工业互联网、大数据、人工智能等新一代信息技术的创新突破和广泛应用，引领新一轮科技革命和产业变革，加速制造业数字化、网络化、智能化发展。我国坚持把握新发展阶段、贯彻新发展理念、构建新发展格

---

* 马冬妍，国家工业信息安全发展研究中心信息化所所长，高级工程师；付宇涵，国家工业信息安全发展研究中心信息化所产业研究部主任，工程师；巴旭成，国家工业信息安全发展研究中心信息化所研究员，助理工程师。

局，以数字化转型整体驱动生产生活方式变革、保障产业链供应链畅通、构建产业创新生态服务，取得了显著的进展和成效。医药行业整体发展水平跨上新台阶，加快与新一代信息技术深度融合，绿色制造和智能制造体系逐渐形成。未来，我国宜继续坚持高质量发展理念，持续深化医药行业数字化转型，加速行业向产业链价值链中高端迈进。

一 制造业数字化转型的背景及现状

随着新一轮科技革命和产业变革的加速发展，全球制造业格局正在发生深刻调整，但我国制造业产业基础相对薄弱、关键核心技术创新水平不高。在此背景下，推动制造业数字化转型升级，对于实现我国经济发展质量变革、效率变革、动力变革，构建中高端供给体系、提升国际竞争优势、迈向全球价值链中高端具有重要意义。

（一）数字化转型是推进制造业高质量发展的必然选择

1. 以数字化转型立足把握新发展阶段

在我国步入全面建设社会主义现代化国家、向第二个百年奋斗目标进军的新发展阶段背景下，加快实体经济与数字经济深度融合，推动信息化和工业化融合发展，有助于赋能制造业数字化转型，形成放大、叠加、倍增效应，驱动经济社会高质量发展。加快新一代信息技术应用，加速制造业数字化转型，成为我国把握新发展阶段、实现高质量发展的迫切需要。

2. 以数字化转型全面贯彻新发展理念

近年来，在新发展理念的引领下，我国制造业加快推进数字化转型。一是创新发展方面，新一代信息技术加速赋能产品工艺创新、产业结构优化、产能持续可控，制造企业通过应用技术、工具、平台等，能够有效实现行业质量技术创新和管理进步、全要素生产率提高与资源配置优化。二是协调发展方面，坚持"前端补链、中端壮链、后端延链"，加速新一代信息技术赋能，有助于提升产业链供应链韧性，破解企业"数据壁垒"

"信息孤岛"难题，推动供需跨企业、跨产业、跨区域高效匹配。三是绿色发展方面，综合利用新技术推进新产品、新材料、新工艺、新装备的绿色化改造，加快打造产品、工厂、园区、供应链的绿色化生产体系，是实现制造业高质量发展、碳达峰碳中和目标的必由之路。四是开放发展方面，在经济全球化浪潮和"一带一路"倡议推动中，坚持开放合作、吸引外资、扩大市场，以数字技术与先进模式学习应用、产业链供应链融合互补，促进我国向更高层次、更加安全的开放型经济发展。五是共享发展方面，发挥工业互联网、云计算等新技术的资源汇聚与共享功能，聚焦企业制造、创新、服务，加强弹性匹配与动态共享，有助于优化资源配置、增强产业韧性、降低交易成本，加快推进共享经济在制造业中创新应用与健康发展。

3. 以数字化转型支撑构建新发展格局

在我国国内经济高质量发展持续推进的背景下，突破关键核心技术、优化升级供给体系、扩大消费内需潜力、提升国际循环水平，成为制造业实现高质量发展的关键。深化5G、大数据、工业互联网等新一代信息技术应用，加快数字化新型基础设施建设、产业链供应链体系完善、传统制造产业数字化改造和战略性新兴产业智能化建设，有助于发挥企业需求牵引作用，深入挖掘数据价值，激发创新资源有效配置，对于构建制造业国内国际双循环新发展格局具有重要意义。

（二）我国制造业数字化转型持续走深向实

目前，我国大多数企业数字化基础已较为扎实，局部环节数字化基本实现，开始探索数据与业务集成应用、制造与服务融合发展模式。2021年，我国企业两化融合发展水平[①]达到57.8，同比增长3.2%，如图1所

---

① 两化融合发展水平为 [0-100] 的综合性指数，依据《工业企业信息化和工业化融合评估规范》（GB/T23020-2013）国家标准设计，涉及基础建设、单项应用、综合集成、协同与创新、竞争力、经济和社会效益六个方面100余个采集项指标，全国两化融合发展水平为所辖企业按照规模赋权测算的加权平均水平。

示。企业积极拓展信息技术融合应用深度和广度，提升将数据作为新型生产要素的价值转化能力，探索以数据为驱动的生产经营、管理服务模式创新。以消费品行业为例，行业企业依托其与用户端联系紧密的特点，不断开展以用户为核心的个性化定制、网络化协同等新模式的创新性探索与实践，截至 2021 年底，该行业经营管理数字化普及率[①]、工业电子商务普及率[②]分别达到 71.3%、69.1%，企业经营管理和客户服务能力进一步提升。下文将对细分领域医药行业的数字化转型现状、问题及建议展开系统性分析。

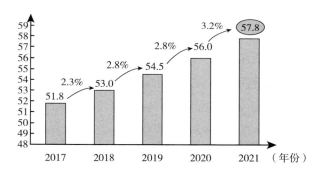

图 1　2017~2021 年全国两化融合发展水平变化趋势

资料来源：根据两化融合公共服务平台（www.cspiii.com）整理所得。

二　我国医药行业数字化转型现状

"十四五"开局之年，我国医药行业生产规模增长、研发创新加速、国

---

① 经营管理数字化普及率是指实现了信息技术与企业经营各个重点业务环节全面融合应用的企业比例。目前所统计的经营管理环节包括企业采购、销售、财务、人力、办公等关键经营环节。

② 工业电子商务普及率是指应用电子商务的规上工业企业占全部规上工业企业的比例。目前所统计的工业电子商务是指产品服务的采购或销售订单是在网络上完成的，支付和产品服务的交割可以"在线"或者"离线"完成，其中订单在网络上完成不包括通过电话、传真或者传统 E-mail 进行的订单收发活动。

际合作加快、资本市场活跃，工业增加值累计同比增长 23.1%，增速较上年提升 15.3 个百分点；生物药和疫苗行业实现较快发展。近年来，我国积极布局医药产业数字化转型，通过制定出台政策文件、加强基础设施建设、规范市场竞争秩序、健全人才培养机制等措施，鼓励企业强化关键核心技术攻关、加快产品与工艺创新研发、搭建产需对接平台、畅通产业链供应链，发挥新一代信息技术赋能作用，助力医药制造能力系统升级，加快推进医药行业高质量发展。

（一）研发设计、生产制造、供应链管理等重点环节实现全面数字化

医药行业作为消费品行业，具有行业集中度低、终端市场需求个性强、产品交付响应要求高等特点，这要求行业企业加快实现对关键环节的数字化改造。截至 2021 年底，我国医药行业两化融合发展水平达到 56.5，医药企业积极围绕产品和服务等关键环节，强化柔性化生产、高效性响应、精准化营销等能力，实现研发生产、采购销售、库存管理、物流配送等环节之间的集成互联，加快产业链供应链精细化管控，以及物流、信息流、资金流的统一管理。

1. 研发设计数字化情况

研发设计环节，2021 年底，医药行业数字化研发设计工具普及率[①]达到 61.8%，较上年同期增长 1.8 个百分点，具体如图 2 所示。医药行业企业加大研发投入力度，应用实验室信息管理系统（LIMS）、计算机辅助药物设计（CADD）等研发设计系统及工具，加快产品和工艺的创新研发设计。

---

① 数字化研发设计工具普及率是指应用数字化研发工具的规上工业企业占全部规上工业企业比例。目前所统计的数字化研发设计工具是指辅助企业开展产品设计，实现数字化建模、仿真、验证等功能的软件工具。对于离散行业企业是指应用了二维或三维 CAD，对于流程行业是指应用了产品配方信息化建模工具。

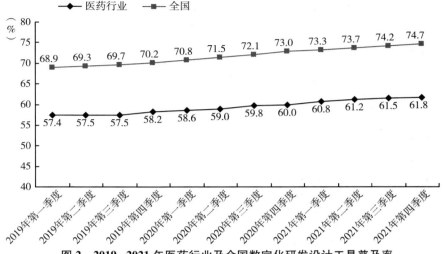

图2 2019～2021年医药行业及全国数字化研发设计工具普及率

资料来源：根据两化融合公共服务平台（www.cspiii.com）整理所得。

2. 生产制造数字化情况

生产制造环节，医药行业关键工序数控化率①达到54.4%，较上一年同期增长3.7个百分点，具体如图3所示。医药企业重视应用可编程控制器（PLC）、分散控制系统（DCS）、数据采集及监控系统（SCADA）等数控系统，提升集成化和智能化运作水平，大力提升企业生产制造效率。

3. 供应链管理数字化情况

供应链管理环节，医药行业工业电子商务普及率达到63.1%，较上一年同期增长2.4个百分点，具体如图4所示。医药行业企业通过搭建医药网购平台、医疗信息平台等，利用大数据、工业互联网等新一代信息技术，加强产业链价值链上下游衔接，不断完善产供销体系，实现由"售药"向"售服务"转变，为用户提供药物运输、诊断医疗、用药观察等服务，提升企业柔性化生产和精细化营销能力。

---

① 关键工序数控化率是指规上工业企业关键工序数控化率均值。流程行业关键工序数控化率是指关键工序中过程控制系统（例如PLC、DCS、PCS等）的覆盖率；离散行业关键工序数控化率是指关键工序中数控系统（例如NC、DNC、CNC、FMC等）的覆盖率。

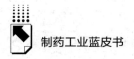
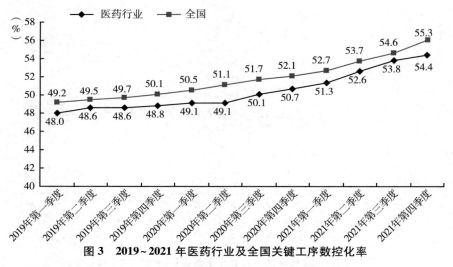

图3　2019~2021年医药行业及全国关键工序数控化率

资料来源：根据两化融合公共服务平台（www.cspiii.com）整理所得。

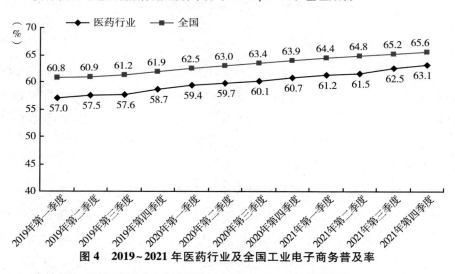

图4　2019~2021年医药行业及全国工业电子商务普及率

资料来源：根据两化融合公共服务平台（www.cspiii.com）整理所得。

（二）软硬件基础应用向纵深层次推进

医药企业积极布局工业软件、底层硬件的自主研发与创新应用，以软硬件有机融合的方式，加强生产制造、物料改进、质量追溯、远程协作和管理维护等方面的基础保障，持续激发数据要素创新活力，有效赋能、赋值、赋智医药行业高质量发展。

1. 工业软件应用情况

软件方面，截至 2021 年底，我国医药行业 ERP 普及率、PLM 普及率、MES 普及率①分别达到 67.6%、20.8%、20.4%，较上一年同期分别增长 1.5 个、2.5 个、1.3 个百分点，企业通过应用生产经营系统软件，对生产、采购、营销、服务等数据进行实时采集和综合处理，提升企业生产计划、过程控制、产品质量、车间库存、采购销售、人力及财务管理等多环节协同运作能力。我国医药行业工业云平台应用率②达到 53.1%，较上一年增长 3.1 个百分点，企业基于云平台开展设备上云、业务上云、数据上云，加速制造资源虚拟化和服务化，实现制造能力的在线发布与精准对接，具体如图 5 所示。

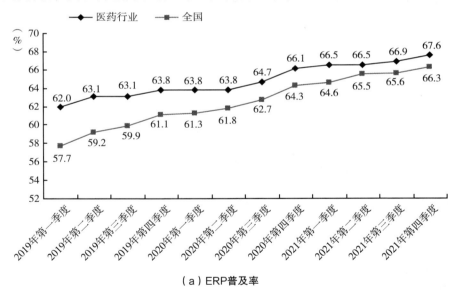

（a）ERP普及率

① ERP 普及率是指应用企业资源管理软件（ERP）的企业比例；PLM 普及率是指应用产品生命周期管理软件（PLM）的企业比例；MES 普及率是指应用制造执行系统（MES）的企业比例。

② 工业云平台应用率是指应用了工业云平台的规上工业企业占全部规上工业企业的比例。目前所统计的工业云平台包括公有云、私有云。其中，公有云指第三方服务商为企业提供的云资源及服务，私有云指企业专有并独立使用的云资源及服务。

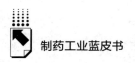

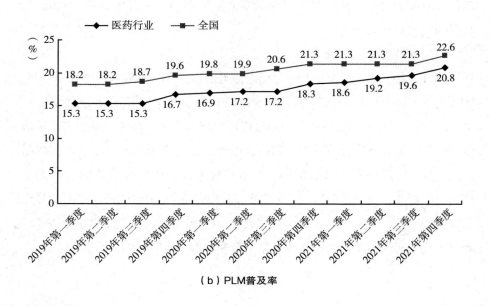

（b）PLM普及率

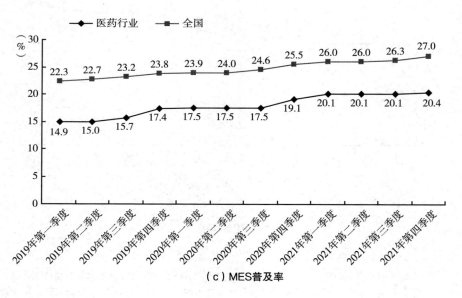

（c）MES普及率

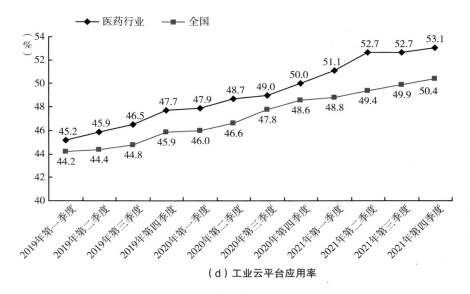

（d）工业云平台应用率

图 5　2019~2021 年医药行业及全国软件应用情况

资料来源：根据两化融合公共服务平台（www.cspiii.com）整理所得。

2. 数字化设备设施应用情况

　　硬件方面，截至 2021 年底，我国医药行业生产设备数字化率①、数字化生产设备联网率②分别达到 51.5%、39.8%，较上一年同期增长 1.0 个、0.8 个百分点，如图 6 所示。医药行业企业重视硬件基础，引入自动化、数字化生产设备，加强底层装备与生产线的数字化改造，将工业设备及辅助生产设备接入网络终端，实现设备数据、业务数据的云端汇聚和在线管控，构建形成远程操控、实时监测、柔性制造的智能化生产模式。

---

　　① 生产设备数字化率是指规上工业企业数字化生产设备数量占生产设备总数量的比例均值，目前所统计的数字化生产设备对于流程行业包括单体设备中具备自动信息采集功能的设备；对于离散行业包括数控机床、数控加工中心、工业机器人、带数据接口的机电一体化设备等。

　　② 数字化生产设备联网率是指已联网的数字化生产设备数量占全部数字化生产设备总数量的比例。目前所统计的已联网的数字化生产设备包括能与控制系统进行数据交换的数字化生产设备。

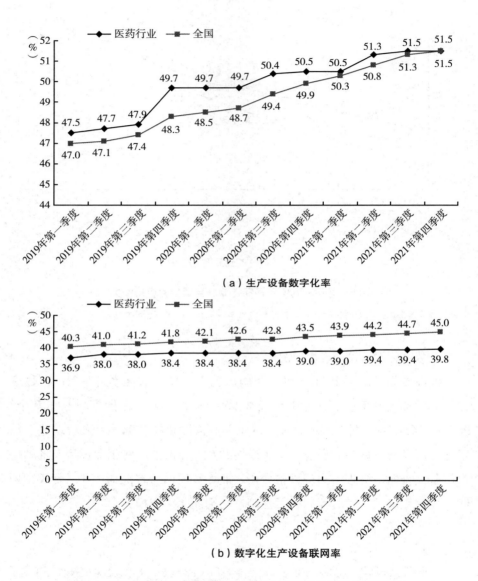

（a）生产设备数字化率

（b）数字化生产设备联网率

图6 2019~2021年医药行业及全国数字化设备设施应用情况

资料来源：根据两化融合公共服务平台（www.cspiii.com）整理所得。

（三）数字化管理、平台化设计、智能化制造等新模式新业态创新发展

医药行业企业加快探索新一代信息技术应用创新场景，有效促进行业数字化管理、平台化设计、智能化制造等新模式的加速涌现和蓬勃发展。

1. 以数字化管理优化资源配置

数字化管理是企业通过打通核心数据链、深挖数据价值实现的数据驱动型高效运营管理新模式，能够提升企业管理水平、运营效率、决策准确性和资源优化配置能力。截至2021年底，我国医药行业经营管理数字化普及率达到72.6%，较第一季度增长2.7个百分点，数字化管理效率持续全面提升，如图7所示。近年来，医药行业企业加强数字化改造，通过建设并应用企业资源管理系统（ERP）、仓储管理系统（WMS）、客户关系管理系统（CRM）等，深入挖掘利用工业大数据，打破企业内部"数据孤岛"，构建集研发设计、生产制造、经营管理、市场服务等多业务于一体的数字化管理模式。

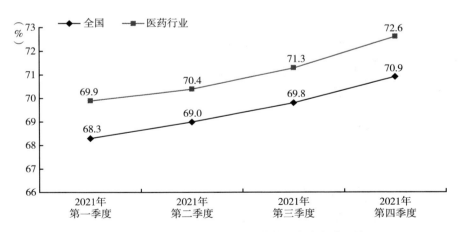

图 7　2021 年医药行业及全国经营管理数字化普及率

资料来源：根据两化融合公共服务平台（www.cspiii.com）整理所得。

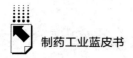

2. 以平台化设计加强协同运作

平台化设计是企业依托工业互联网平台，基于数字化仿真、大数据等新技术应用实现的云端协同一体化研发设计的新模式，能够提升企业产品研发效率、降低研发设计投入、保障产品质量和性能。截至 2021 年底，我国医药行业"双创"平台普及率①达到 85.0%，较上年同期增长 0.7 个百分点，进一步实现了行业内生产要素、创新要素等资源的广泛汇聚和优化配置，如图 8 所示。医药行业企业通过搭建或加入工业互联网平台构建互联协同运营生态，打通平台与生产制造、研发设计、电子商务等业务系统，提升企业产品研发设计、工艺优化迭代、业务集成管理、服务模式创新等能力。

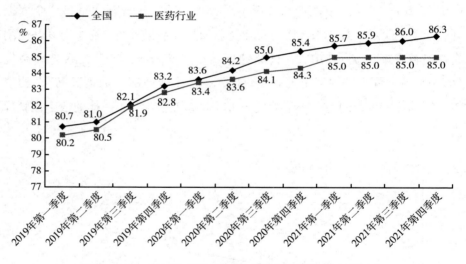

图 8 2019~2021 年医药行业及全国"双创"平台普及率

资料来源：根据两化融合公共服务平台（www.cspiii.com）整理所得。

3. 以智能化制造提升生产效率

智能化制造是通过新一代信息技术的深度融合应用，实现企业内与企业

---

① "双创"平台普及率是指建设"双创"平台的规上工业企业占全部规上工业企业的比例。目前所统计"双创"平台类型包括开放式研发创新社区、开放物流、协同制造、协同营销、产业链金融等。

间的生产制造、经营管理、市场服务等业务智能化和协同化的新模式，能够提升企业生产经营效率和协同运作水平。截至 2021 年底，我国医药行业智能制造就绪率①达到 10.3%，较上一年同期增长 2.1 个百分点，如图 9 所示。这些企业底层装备数控化程度高，管理信息化与底层自动化之间以及内部供应链上采购、生产、销售、库存、财务等环节间实现了集成，并开始向智能工厂、智慧企业迈进。医药行业企业应用自动化生产工艺设备、数据采集及监控系统（SCADA）、制造执行系统（MES）、经营管理系统（ERP、SCM、CRM、BI）等实现设备层、控制层、业务层及管理层等多个层级的智能化管控。

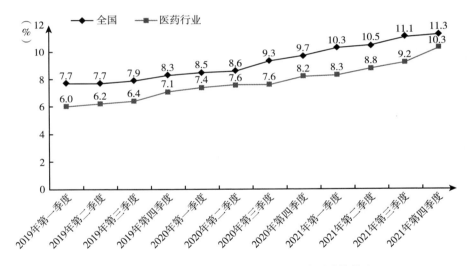

图 9　2019～2021 年医药行业及全国智能制造就绪率

资料来源：根据两化融合公共服务平台（www.cspiii.com）整理所得。

---

①　智能制造就绪率是指初步具备智能制造基础条件的规上工业企业占全部规上工业企业的比例，目前所统计的智能制造就绪包括关键工序数控化率达到 50%，且管控集成和产供销集成已基本实现。这些企业底层装备数控化程度高，管理信息化与底层自动化之间以及内部供应链上采购、生产、销售、库存、财务等环节间实现了集成，已开始向智能工厂、智慧企业迈进。

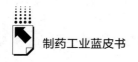

三 我国医药行业数字化转型面临的问题

（一）基础建设与创新力不足

医药行业基于行业高投入、高产出、高风险、长周期、技术密集等特点，对设备设施、研发技术、工艺生产具有较高要求，数字化程度不足制约着医药行业企业实现产品服务信息的记录、存储、追溯与获取。从研发创新来看，我国医药行业中小生产企业居多，多数先进设备仪器以国外进口为主，"重营销、轻研发"的经营模式较为普遍，专业研发技术项目关注及参与度不高，且研发成果转化难度大；从生产制造来看，医药行业企业各业务程序较为复杂，需要高技术的制备设备、高要求的制备环境、稳定且安全的药物储藏和运输工具等条件，国内医药行业仍存在配套设备缺乏、自主创新设备应用较少等问题；从销售服务来看，医药行业具有消费品行业中个性需求多、跟踪服务困难等难题。因此，积极发挥新一代信息技术作用，实现生产、研发、经营、服务的可视化管控是医药行业亟须突破困境的关键。

（二）产业协同运作能力较弱

我国医药行业协同发展的产业生态尚未形成，产业集中度不高，加快推进产业链、创新链、价值链"三链融合"，强化产业协同发展，是推动医药行业驶入高质量发展"快车道"的必由之路。医药行业中各程序参与方较多，企业之间的流程、质量、模式、资源等多方面存在差异，此外各个区域之间存在资源不对等、产业链融合度差等问题。建立数字化转型协同合作平台，汇集制药企业、医疗器械企业、医院及药店、消费者、医疗服务商等多主体的数据，整合产业链上下游企业资源，增强行业叠加效应、聚合效应、倍增效应，是推动我国医药行业向中高端迈进的重要一环。

（三）数据信息聚合程度偏低

医药行业企业普遍面临产品供应链长、品规多、数据量大、销售库存信息滞后且不透明等问题，产品透明度、可识别和可追溯性、产品数据准确和完整都成为医药行业的关注焦点。企业内，各个业务流程存在独立性和相关性，各条生产线和运营板块存在信息不对称，企业生产经营效率受到影响；企业间，医药行业各个链条的主体之间数据信息难以聚合和交换，且还存在数据丢失和泄密现象，通过运用大数据、人工智能技术，可以有效汇集、整理、分析、输出数据信息，实现企业内外数据与流程的统一整合，助力医药行业实现数据集成共享。

四　我国医药行业数字化转型发展建议

（一）加强关键核心技术攻关，提升数字化应用深度与实效

一是强化产品研发创新能力。聚焦实验室研究、API 开发、工艺研发和变更、临床试验等短板领域，重点提升新型药品生产、工艺研发创新、全程质量控制、医疗器械工程及关键部件生产等技术水平，加强大数据、人工智能等新一代信息技术应用，加快药物发现与开发，推动研发成果转化，缩短产品研发周期。二是夯实数字化生产制造基础。加强生物制药工艺设备、医疗器械工艺设备、智能化辅助设备等与新一代信息技术的应用，推动生产设备自动化、智能化，采用一系列控制系统和过程分析技术，实现对生产制造的可视可控与绿色智能。三是加快传统要素驱动向数据驱动转变。建立大数据中心、云计算平台、人工智能平台等，推进产业链供应链可视化应用，进行数据采集、计算、存储、分析与输出，形成数据驱动的全流程监控与决策机制，实现企业生产经营各环节的实时监测、动态分析、全程监管。

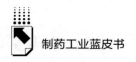
（二）推动产业深度融合发展，提高行业集中度与创新能力

一是推动产业链供应链融合创新。建立数字化转型协同合作平台，整合产业链上下游企业资源，培育发展医药行业数字化转型服务商，促进企业加快技术溢出、模仿和创新，推动区域资源互补、产业链深度融合。二是布局重点医药产业园区。实施全产业链的强链、补链行动，推进产业集群优化、产业链延伸壮大、制造资源在线汇集，充分发挥集群和园区的资源集聚效应。三是加快产学研医深度融合。推动药企、医疗器械研发和产业化，鼓励科研机构、高等院校、重点企业建立合作机制，共同推进产业开放创新发展，打造产业链、创新链、价值链、供应链深度融合的医药行业现代化创新生态体系。

（三）构建数字化生态系统，营造大健康发展环境

一是构建大中小企业协同发展体系。充分发挥大型企业产业化体系健全、中小企业创新活力强的差异化优势，推动大中小企业在产品、技术、市场、资本等层面加强合作，促进形成协同发展的产业生态。二是构建数字化人才培养体系。通过数字化产教融合模式，培养医药行业复合型人才，搭建人才交流平台和服务平台，吸引国内国际优秀人才，形成人才虹吸、溢出效应，构筑行业发展核心竞争优势。三是构建政府引导、市场主导的数字化服务体系。积极发挥政府数字化转型战略布局与政策引导优势，持续加强科研机构、高等院校、企业等社会主体联动，汇聚政产学研用各方资源，围绕产融合作、知识共享等领域推动医药行业生态伙伴达成共识，加强协同攻关，激发市场主体发展活力，以"政策协同、上下联动、资源整合"工作布局推动医药行业高质量发展。

参考文献

马冬妍、柴雯、高晓雨：《我国企业互联网化转型发展研究》，《经营与管理》2018

年第 3 期。

马冬妍、江鸿震：《集团型企业两化融合评估指标体系构建》，《科技管理研究》
2019 年第 22 期。

李颖：《深化新一代信息技术与制造业融合加快产业数字化转型》，《中国电子报》
2019 年 1 月 30 日。

周倩：《我国医药制造企业数字化转型发展探析》，《中国信息化》2021 年第 10 期。

刘东明：《智能+AI 赋能传统产业数字化转型》，中国经济出版社，2019。

B.11
制药装备数字化助力制药生产企业转型升级

郑金旺 王磊*

摘　要： 制药工业是关系到国计民生的重要产业,也是国家"十四五"规划重点发展的领域。先进的智能制药装备是提高制药产品生产效率和质量的重要保证,也是制药企业实施制药智能制造的关键和基础。本文对我国制药装备行业的现状和制药企业生产管理的现状进行了分析,在此基础上,分别从实现制药装备数字化研发、数字化加工生产、数字化物流、数字化服务等方面进行了论述,最后对制药装备数字化助力制药生产转型升级进行了总结和展望。

关键词： 装备数字化　智能制药装备　智能检测　智能转运　智能协同

　　医药产业是新一轮科技革命与产业变革中创新最为活跃、发展最为迅猛的新兴产业领域之一,也是健康中国建设的重要组成部分,事关人民生命健康和民生福祉。我国是全球第一大药品市场,需求量巨大,但是药品生产和流通等环节都存在各种问题,药品的生产质量参差不齐,原料药绿色生产水平低等问题突出。传统药品生产环节大多还是以人工为主,生产效率不高,无菌保证面临风险,企业生产成本上升,药品质量无法得到保障。因此,实

---

* 郑金旺,东富龙科技集团股份有限公司副总裁,高级工程师;王磊,东富龙科技集团股份有限公司经理,工程师。

现智能制药生产是保障药品生产效率和质量的有效手段[1]。

另外，近年来，受一致性评价、集采等医改推进的影响，制药产业正加快转型升级，朝着自动化、信息化、高端化、高质量、绿色化方向发展，制药行业的生产制造离不开先进的制药装备，先进的智能制药装备是提高制药产品生产效率和质量的重要保证，也是制药企业实施智能制造的关键和基础。因此，分析我国制药装备发展现状和制药工厂生产现状，并在此基础上研究制药装备数字化发展方向和方法，为实现我国制药装备数字化转型和智能化发展提供支持，并助力制药生产企业转型升级至关重要。

一 制药装备行业和制药工厂生产现状

（一）我国制药装备行业现状

我国制药装备行业起步于 20 世纪 70 年代，发展于 1999 年 GMP 实施阶段。首先，从行业的总体状况看，呈现以中小型企业为主的态势，大多尚未建立完善的现代化企业管理机制。

其次，我国的制药装备产业与欧美发达国家相比起步比较晚，一直处于仿制、再改进、再仿制的阶段，制药装备企业多为中小型企业，研发力量和人才培养都比较薄弱，并且在粗放型的管理模式下，大部分企业没有较为长远的发展目标和规划，同类型的企业之间大多处于同质化低价竞争阶段，企业利润无法得到保证，没有更多的资源投入产品研发和创新中[2]，使得我国制药装备行业的自主创新能力无法得到提高、产品的竞争力不强。此外，由于制药装备行业是一个多学科交叉和融合的学科，需要懂工艺、懂制造、懂法规、懂电气、懂管理的复合型人才，而人才的缺乏限制了制药装备行业的技术研发和创新。

---

[1] 李永彪：《实施药品生产 GMP 管理的对策分析》，《黑龙江科技信息》2016 年第 5 期。
[2] 《制药装备"十四五"技术发展纲要》，工信部，2022。

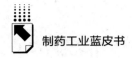

再次，我国制药装备行业在产品研发设计中所用到的基础性设计、仿真和分析软件，例如 PLM、CFD、MCD、CAD、CAE 等大多数为国外的技术和软件，不仅价格昂贵，而且受到国外公司的制约。制药装备的核心零部件和传感器也大多依赖进口，例如 PLC 控制系统、高端伺服电机、高端传感器、在线分析仪等。国内高性能材料由于缺乏，也无法满足高端制药装备对高品质卫生的要求。生产制造工艺和加工设备的落后，导致我国制药装备产品的质量稳定性欠缺。

最后，虽然我国制药装备行业面临着上述诸多问题和挑战，但是我国制药装备也已经朝着数字化、智能化的目标不断发展①，国内外不少团队和企业也展开了制药装备数字化和智能化的探索。例如，国内东富龙公司研制了洗烘灌轧全自动联动线，实现制剂的全自动化生产，还研制出智能搬运机器人、包装机器人及基于机器视觉的异物检测机器人等多种型号智能机器人，实现了产品质量的智能检测和智能转运。

（二）我国制药工厂生产现状

我国制药行业相较于其他行业而言，由于行业的特殊性，数字化进程较慢，仍然处于工业 2.0 补课、工业 3.0 普及的阶段。物料管控大多依赖人工，车间计划粗放，设备负荷不均，进度监控不力，车间透明度和可视化程度不高，生产精细化管理难等。

在自动化方面，我国制药行业整体自动化水平较低，智能制造发展基础薄弱，设备工艺生产环节缺少集成，无法形成协同的有效作业，人为操作和干预较多，无法保证生产的稳定性和无菌性。

在信息化方面，部分集团型企业建设了 ERP、CRM、OA 等信息化系统，但是大多还是以单系统应用为主，系统集成化水平低，尚未达到各个系统之间的信息互联互通。上层系统的指令无法下传到下层系统，导致全生命

---

① 易俊飞、张辉等：《医药智能制造生产线关键技术研究进展》，《中南大学学报》（自然科学版）2021 年第 2 期。

周期管理数据相互断层、数据完整性得不到保证。

在智能化方面，大多处于试点示范阶段，针对局部的应用尝试和探索，未能实现整体工厂的全局优化和调度。

二 制药装备数字化

制药装备数字化技术是在传统制造技术的基础上，不断吸收和发展机械、电子、信息（通信、先进控制理论等）、材料、能源和现代管理技术的成果，将其综合应用于产品设计、制造、运营、服务等全生命周期的过程中，实现高效、优质、低耗、高质量、灵活的生产技术模式[①]。

（一）制药装备数字化关键技术

制药装备数字化主要是先进制造技术、信息技术和人工智能技术等的高度集成，也是智能制药装备的核心载体。制药装备数字化通常包含制药装备的数字化设计、数字化制造、数字化运维等相关技术，以及装备本体等核心性能指标，如制药装备的精度、效率和可靠性等。其关键使能技术包括数字化仿真技术、流体仿真技术、机电一体化设计、加工过程自适应控制技术、加工参数智能优化技术、智能故障诊断和自修复技术、智能伺服技术、远程运维、VR/AR/MR 等新技术。

（二）制药装备数字化应用

1. 基于流体仿真和机电一体化的制药装备产品设计

在制药装备研发之初，利用 CFD 计算流体力学软件对生物反应器搅拌区流场进行模拟，可以实现对速度场、速度位置等分布的可视化，了解和获得生物反应器的速度场分布规律，进而可以分别针对不同的半径、不同结构的搅拌桨和在不同搅拌转速下对罐内部流场进行详细的分析，以方便获得搅

---

① 徐慧颖：《现代制造技术的发展趋势》，《科技信息》（学术研究）2007 年第 18 期。

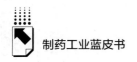

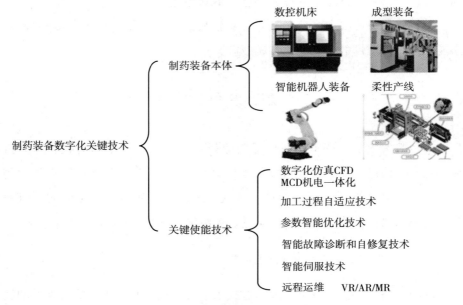

图1 制药装备本体和关键使能技术

拌效果和搅拌桨形式、结构以及搅拌转速之间的关系，并根据仿真的力矩分析结果给出生物反应器合理的搅拌转速区间[①]，为生物反应器的生产放大设计和生产提供理论依据，减少了研发和设计的实验次数，缩短了产品研发的周期，提高了产品的验证效率。

在制药装备机电产品的设计中，利用 MCD 机电一体化软件，采用虚拟调式和概念设计并线的机电产品设计方法并用虚拟实体加以验证，可以在产品研发的早期阶段及时发现方案缺陷并进行方案对比，实现不同方案的选择，通过不断的修改和验证，确定概念设计方案，结构工程师采用详细建模，利用虚拟调试方法和电气工程师所编写的 PLC 程序进行联合虚拟仿真，可以真实地验证产品的工艺逻辑，为产品的研发、设计和调试提供完整的解决方案，极大地提高了制药装备的研发效率和调试效率。

---

① 王小纯、占细峰：《基于 CFD 的搅拌反应罐内部流场的数值模拟》，《轻工机械》2013 年第 1 期。

2. 制药装备智能加工制造技术

为了满足制药装备智能化生产需求，增加制药装备的加工和制造过程的精度和质量稳定性，使用制药装备使能技术来满足制药装备生产的柔性化，主要有以下的应用。

加工过程自适应控制技术：通过监控加工过程中的切削力、主轴和进给电机的功率、电流、电压、振动等信息，采用先进的智能算法进行识别，以辨识出设备的受力、磨损、疲劳度及设备加工的稳定性状态，并根据这些状态进行实时调整加工参数和加工执行的指令[1]，可以使设备加工和制造处于一个最优的状态，以提高加工精度，降低加工的误差，进而提高设备制造的精度和可靠性，大大地提升了制药装备的稳定性和精度，满足高端制造的需求。

加工参数智能优化：将工艺专家和技师的经验、零部件加工的一般规律和特殊规律进行总结，再使用人工智能等先进算法，建构基于专家经验和机理模型的专家系统，对制药装备生产过程中的加工参数进行智能优化和选择，以获取满足不同生产工况的加工参数，从而达到提高最优生产和最优加工工艺水平、缩短生产准备和调试时间的目的，并且可以提高设备的自适应自诊断水平。

智能故障自诊断和自修复技术：制药装备可以根据已有的故障信息，使用先进的智能算法实现对设备故障的快速准确定位，并推送故障处理的方法，采用数字化的 SOP 指导，快速指导维护人员进行故障处理。另外，对应特定的故障，智能制药装备可以根据特定的故障采取自动的故障处理措施，进行设备故障的自修复等。

智能伺服技术：对于高度的灌装机等设备，采用智能伺服技术，可以自动识别负载，实现自动调整参数，包括智能主轴交流驱动装置和智能进给伺服装置。这种驱动装置可以自动识别电机及负载的转动惯量，并自动对控制

---

① 王妍莉、师五喜：《C6140 普通车床的数控化改造》，《仪器仪表用户》2011 年第 6 期。

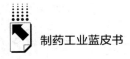
系统参数进行优化和调整，使驱动系统获得最佳的运行状态[1]。并且智能伺服系统还自带能源监测功能，可以实现智能伺服系统的能源优化和能源消耗的可视化。

3. 无菌化智能生产

对于无菌注射剂的生产一般包括无菌化操作，其涵盖了生产环境、包装材料、药品本身等多个方面，无菌化过程自始至终贯穿整个生产过程。为此采用全封闭隔离系统，能可靠地保障无菌产品不受污染，同时操作人员也不受毒性物质危害。隔离系统内配置 WIP 和 CIP，能对隔离器内部工艺设备进行清洗，并配合洗烘灌轧联动线实现无菌化的智能生产，保证药品生产的质量可控和可靠。

4. 智能转运系统

智能转运系统应用输送链、AGV、机器人等完成工序间的物料转移，通过工作中心之间、工位之间流转效率的提升，强化人与机器的协作，将纯人工操作的繁杂事务交由智能设备和系统完成。集成视觉识别、药品批次管理的智能物流转运系统根据需求变化，灵活调节运输方式，运用激光读码、视觉读码、RFID、传感器、机器视觉等技术，通过信息处理平台，实现货物运输过程的自动化运作和高效率优化管理。

5. 智能调度和优化

在制药装备的边缘侧部署智能网关，将设备的关键性参数和关键性属性参数上传到云端，通过智能调度算法实现对就地被控对象的建模，并结合智能算法实现制药设备上下游的联动和负载均衡，保证智能生产线的速度适配和连锁适配，增加了制药装备之间的信息互联互通和智能调度优化。针对特定的生产控制过程，可以对多个目标进行约束和优化。例如，采用能源优化目标对生产环境保证的空调进行自动启停；针对不同时段的能源价格，采用分时段能源分布用于节约能源的成本等。

---

[1] 闫永刚：《数控系统的几点体会》，《金属加工（冷加工）》2014 年第 20 期。

6. 远程运维和 VR/AR/MR 应用

制药装备的安全、可靠、平稳和高效运行是保障制药企业正常高效运行的基础，智能制造赋予设备运维和资产管理新的内涵，基于智能制造体系下的设备管理平台，帮助企业构建完整的设备管理体系，基于数字孪生、增强现实、远程运维、故障诊断等技术，实现设备资产管理数字化和设备运维平台化。例如，通过数字孪生技术和 AR 技术，设备维修时现场工程师可以佩戴 AR 眼镜，通过第一人称摄像头，将数据实时传送给远程专家，远程专家给出的指导信息以 AR 的方式显示给现场工程师，指导工程师完成操作和维护。节约了专家到现场的成本，降低了高技术工作对现场人员的依赖。同时，后台模型诊断及专家人工判断，极大发挥了设备预测维护专家的经验，能够一对多地服务多个制药工业，相同类型设备故障类型收集及分析更丰富了故障库、提高了故障处理效率，设备运维和资产管理将更加高效和准确。

7. 设备在线运维管理功能和作用

①设备的远程监控服务，降低了企业建设监控系统的投资。顺应企业设备自动化和信息化的要求，提高企业对设备的认可。

②指导设备维护保养，提高设备使用效能，减少维修成本。

③通过监控设备的运行状态，即时提醒厂家更换耗材，从而降低机器能耗，避免机器停驶。

④提前预警设备故障，为客户备件储备、系统安全、稳定运行提供保障。

⑤在线诊断设备故障、指导维修，缩短维修时间。

⑥远程监控和维护：远程运维管理系统能够实现对设备的智能识别、监控和管理，以更加精细和动态的方式管理制药机械，达到"智慧"状态，实现对系统的安全、高效、节能等一体化管理。

⑦大数据应用：随着入网设备数量的增多，其数据收集量将更广、更具代表性，对制药机械设备的横向数据（不同设备之间的数据）与纵向数据（单一设备的历史数据）进行统计，有助于设备制造单位和使用单位进行研

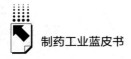

究，实现制药机械设备的集中监测，推进精细化管理，提升系统的运行效率。

三 总结与展望

制药装备数字化有利于提高生产效率、保证产品质量和生产的稳定性，可以降低生产成本、缩短生产周期、提高设备的使用效率，从而实现高速、精密、高效和多品种柔性生产。使用节能技术和智能优化技术可以大大提高设备能源效率，保证设备安全、节约资源，保护环境。大力提升我国制药装备的制造水平和研发水平，可以极大地提升我国制药生产的自动化、信息化、智能化水平，也必将助力我国制药企业数字化转型升级，从而实现我国制药装备行业从小而散的现状往制药装备大和强的方向发展，为我国制药装备产业由产业链的低端逐步走向高端奠定可靠的基础。

药品产品篇

Products and Drugs

B.12
中国二类新药发展现状及发展趋势

闻晓光　蔡怀涵　唐运容　张晨梁*

摘　要： 2010 年，FDA 通过 505（b）（2）路径获批的新药数量首次超过 505（b）（1）路径获批的新药，自此 505（b）（2）路径新药成为新药研发主力，获批的新药数量持续领先。2016 年，中国开始重视 505（b）（2）新药，国家食品药品监督管理总局发布了化学药品注册分类改革工作方案，诞生了二类新药（境内外均未上市的改良型新药）。本文通过分析 2016~2021 年国内企业二类新药 NDA 申请和获批情况、IND 申请和获批情况得出，5 年内共有 21 家企业 26 个品种 44 个产品获批 NDA，151 家企业 188 个品种 361 个产品获批 IND，主要分布在江苏省、广东省以及北京市等地区，其中包括恒瑞医药、正大天晴等规模以上药

* 闻晓光，博士，越洋医药创始人、董事长兼 CEO，国家级特聘专家，中国化学制药工业协会二类新药专委会主任委员；蔡怀涵，越洋医药董事长助理、临床总监，中国化学制药工业协会二类新药专委会秘书长；唐运容，越洋医药项目管理主管、项目管理工程师；张晨梁，越洋医药知识产权部高级经理、制药工程师。

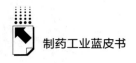

企和越洋医药、力品药业等创新型药企。二类新药获批数量呈现逐年递增趋势，2021 年数量最多，其中获批上市批准 32 个，临床试验批准 177 个。二类新药的开发主要集中在 2.2 类（改剂型）和 2.4 类（改适应证），约占 80% 以上，剂型则以片剂为主。

关键词： 二类新药　新型制剂　505（b）（2）　IND　NDA

国务院总理李克强在 2016 年 2 月 14 日主持召开国务院常务会议，部署推动医药产业创新升级。会议把新型制剂研发创新，摆到与化合物新药、首仿药、中药、高端医疗器械等研发创新同等重要的位置，凸显了国家对新型制剂创新的重视。2016 年 3 月 4 日，国家食品药品监督管理总局（CFDA）发布化学药品注册分类改革工作方案公告（2016 年第 51 号），对化学药品注册分类类别进行调整，新注册分类分为 5 个类别。其中，二类为境内外均未上市的改良型新药，是指在已知活性成分的基础上，对其结构、剂型、处方工艺、给药途径、适应证等进行优化，且具有明显临床优势的药品，具体包括以下四类（见表 1）。

表 1　二类新药四种类别

类别	具体情形
2.1	含有用拆分或者合成等方法制得的已知活性成分的光学异构体，或者对已知活性成分成酯，或者对已知活性成分成盐（包括含有氢键或配位键的盐），或者改变已知盐类活性成分的酸根、碱基或金属元素，或者形成其他非共价键衍生物（如络合物、螯合物或包含物），且具有明显临床优势的原料药及其制剂
2.2	含有已知活性成分的新剂型（包括新的给药系统）、新处方工艺、新给药途径，且具有明显临床优势的制剂
2.3	含有已知活性成分的新复方制剂，且具有明显临床优势
2.4	含有已知活性成分的新适应证的制剂

一 二类新药发展意义

二类新药在国内外都有很多成功的案例，例如，硝苯地平从普通制剂变成缓控释新药之后，在国内的年销售额达 48.9 亿元；芬必得作为布洛芬普通制剂的迭代产品在国内也深受患者欢迎，在国内的年销售额达 15 亿元；琥珀酸美托洛尔缓释片作为琥珀酸美托洛尔的迭代产品，在国内的年销售额达 23.4 亿元；国外的舒利迭（Advair Diskus）（沙美特罗和替卡松的复方制剂）年销售额是 45 亿美元；盐酸羟考酮缓释片年销售额是 24 亿美元；右哌甲酯缓释胶囊年销售额是 13 亿美元。

（一）满足医患双方的需要

改善药物稳定性，提高药效；可以减少患者用药次数，提高患者依从性；减少不良反应，改善安全性；通过药剂学手段，按照不同的治疗目的，就能制备出尚未满足临床需求的各种药物递送系统，以满足医患双方的需要。

（二）减小企业新药开发压力

与动辄就要投入 10 亿到 20 多亿美元，历经 10 多年、20 多年进行的一类新药研发不同，二类新药的平均投资少、开发周期短、风险小；初创企业能够更好地集中研发精力在细分领域精耕细作，与大型企业有同等的竞争机会；通过改良，可以满足更丰富的临床需求，从而扩大销售市场。

（三）符合中国医药产业发展策略

具有投入少、周期短、成功率高、附加值高、更环保、可延长新药生命周期等优势，符合中国医药产业发展策略；作为现阶段发展计划，能够更迅速地形成产业优势，能够更快、更强地支撑我国医药行业的迅速发展，在短期内成为医药产业发展的重要推手；远期可成为一类新药的应用平台，形成我国制药企业参与国际市场角逐的核心竞争力。

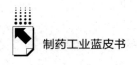
二　二类新药发展现状

（一）国内外发展概述

1. 中国二类新药与美国NDA［505（b）（2）］的异同与发展概括

1984年美国新药政策发生重大变化，美国国会通过了《药品价格竞争和专利期修正案》（Hatch-Waxman Amendment），修订后的《联邦食品、药品和化妆品法案》FD&C Act 505章节部分为药物申报提供了三条路径。①505（b）（1）：申请包含完整安全性和有效性研究报告。②505（b）（2）：申请包含完整安全性和有效性研究报告，但至少有部分信息引用于非申请者开展，并且申请人未获得参考或使用权。允许引用文献或FDA对已批准药品的安全性和/或有效性数据。③505（j）：申请包含信息证明拟申报药物与参比制剂有着完全相同的活性成分、剂型、规格、给药路径、标签信息、质量、特性和适应证等。产品法案描述了3种不同的药物申报路径，把新药分为505（b）（1）创新化合物新药和505（b）（2）创新制剂新药，仿制药称505（j）。

简单来讲，505（b）（1）路径申请和505（b）（2）路径申请都是新药NDA申请路径，申请时都需提交完整的安全性和有效性研究报告。505（b）（2）类新药可以引用505（b）（1）类新药的安全性和有效性数据，极大地减少了新药开发费用数据，从而大大缩短了研发周期，同时提高研发成功率。505（b）（2）创新制剂新药可以更短的时间、性价比更高的资源把新药产品推向市场，一般3~5年。505（b）（2）申请获批后也可获得一定时间的市场独占期：新产品通常是3年，如果是NCE市场独占期还可以延长到5年，如果是罕见病或儿童用药还可以分别延长至7年和6年，除此之外，还有定价和营销的优势，商业回报会明显提高。

如果NDA［505（b）（1）］是从0到1的新药突破，NDA［505（b）（2）］也常被比喻为"站在巨人肩膀上的再创新"，价值从1到N的不断更新迭代。据报道，从全球新药研发成功率的角度来看，改良型的新药研发成功率最高：从Ⅰ期临床到获批上市的整个过程来看，改良型新药的成功率是505（b）（1）的3.6倍。NDA［505（b）（2）］新药从20世纪90年代开始陆续获美国 FDA 获批上市，之后获批上市数量逐年增加。最近10多年来，美国 FDA 批准的新药，40%是 NDA［505（b）（1）］，60%是 NDA［505（b）（2）］，NDA［505（b）（2）］路径获批数量也已超过 NDA［505（b）（1）］数量，505（b）（2）申报路径的新药渐成研发主力，改良型新药已成为药物研发的大势①，如图1所示。

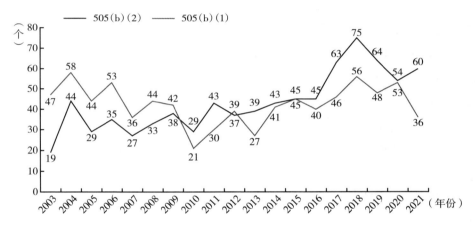

**图1　2003~2021年美国 FDA 批准上市的 NDA［505（b）（1）］与
［505（b）（2）］数量对比**

资料来源：FDA，越洋医药整理。

与国际相比，我国改良型新药起步较晚，2016年3月才将美国505（b）（2）路径申请的改良型新药重新定义为"二类新药"。国内二类新药与美国 NDA［505（b）（2）］相比，更强调比已上市同类产品的明显临床优势，最关键的立项依据还是满足未被满足的临床需求，更加从临床价值和患者获益角度出发，这也给国内医药企业立项开发提出了更高的要求。对于

---

① 资料摘自《改良型新药505（b）（2）在中国迎来巨大机遇》，医药魔方，2020年11月6日。

药企来说风险与投入可控，是抓住创新风口的一个较佳选择。但想要在改良型新药领域有所突破，需要首先跨过"三座大山"：①研发立项难，对于改良型新药，技术门槛是非常高的，国内做改良型新药这一块的创新实际上并不多；②产业化生产，改良型新药产品在放大的过程中，遇到很多辅料、工艺、设备、装置的特殊性的难题，比如微球、吸入剂，都是药械结合的产品，生产难度很大，国内医药企业能够攻克的为数不多；③销售难题，改良型新药公司真正能把商业化团队组建好也并不容易。

2. 二类新药发展概述

2016 年 1 月 1 日至 2021 年 12 月 31 日，CDE 共受理了国内本土企业 587 个二类新药注册受理号，包括新药临床试验许可（IND）申请 489 个（批准临床 361 个）、新药上市（NDA）申请 98 个（批准上市 44 个），涉及企业有 254 家。综合来看，国内二类新药申报在 2018 年之后呈井喷式增长，2021 年达到最高，NDA 近 3 年申请平均年增长率为 18.96%，获批平均年增长率为 255.71%，IND 近 3 年申请平均年增长率为 86.82%，获批平均年增长率为 123.19%，如图 2 所示。

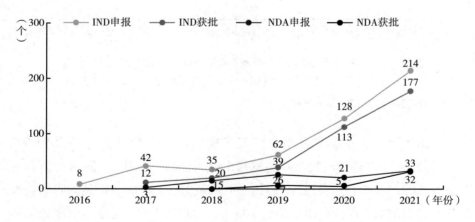

图 2　2016~2021 年二类新药 IND 和 NDA 申请及获批数量统计

资料来源：CDE，药智网，越洋医药整理。以下图表若无特别说明，资料来源同此。

截至目前，国内医药企业在美国获批上市的 NDA［505（b）（2）］新药，仅有 2 款新药，分别是石药欧意的改良型新药马来酸左氨氯地平片、绿叶制药的注射用利培酮缓释微球。马来酸左氨氯地平片在美国获批上市，实现本土新药出海"零的突破"。值得一提的是，注射用利培酮缓释微球（LY03004），经过绿叶制药与 FDA 进行了多次讨论沟通，该新药并未开展Ⅲ期患者临床试验，即在美国 FDA 提交新药 NDA 申请便顺利获批。

（二）获批 NDA 上市产品发展现状

1. 产品统计

2016~2021 年，国内二类新药获批上市的 NDA 一共有 44 个，2021 年获批数量最多为 32 个，超过总获批量的 70%；按注册分类分析，2.2 类获批产品数量最多为 20 个，其次是 2.4 类 19 个。分析数据表明，2.2 类及 2.4 类为目前国内二类新药的重要开发方向，2.1 类和 2.3 类新药获批数量相对不多，如图 3 所示。

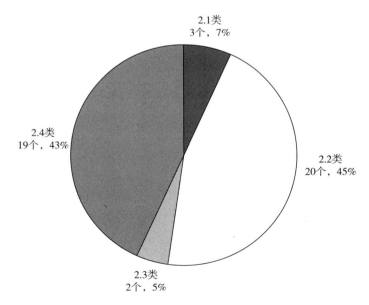

图 3　2016~2021 年国内二类新药获批 NDA 的类别情况

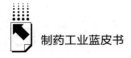

2.产品分析

2.1 类新药中以武汉恒信源获批产品最多，分别为氨丁三醇奥扎格雷和氨丁三醇奥扎格雷注射液，石家庄四药、金药源药物、大连中信共同获得 1 个（左奥硝唑氯化钠注射液），南京圣和获得 1 个（左奥硝唑片）。南京优科制药的注射用头孢噻肟钠他唑巴坦钠（6∶1）为 2.3 类新药唯一获批品种。

2.2 类新药产品主要获批剂型为膜剂、粉针剂及片剂（缓控释）（见图 4）。其中，膜剂新药产品中齐鲁制药获批产品最多，分别为奥氮平口溶膜（2 个）、孟鲁司特钠口溶膜（2 个），另外江苏豪森也获批了 2 个奥氮平口腔速溶膜的 NDA；粉针剂以山东绿叶的注射用利培酮缓释微球（3 个）、上海汇伦的注射用左亚叶酸钠（2 个）、上海谊众生物的注射用紫杉醇聚合物胶束（1 个）为突出代表；江苏恒瑞医药的普瑞巴林缓释片（3 个）为片剂（缓控释）剂型唯一获批的品种；其他剂型产品恩替卡韦颗粒、磷酸钠盐散、淋巴示踪用盐酸米托蒽醌注射液、水合氯醛/糖浆组合包装获得 NDA 上市批准。

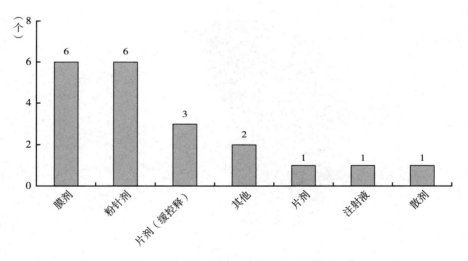

图 4　国内 2.2 类新药获批 NDA 剂型情况

2.4 类新药产品获批的剂型为胶囊、片剂、粉针剂和注射液。其中，胶囊产品中以正大天晴获批最多，盐酸安罗替尼胶囊获批了 9 个上市许可，再鼎医药的甲苯磺酸尼拉帕利胶囊、恒瑞医药的氟唑帕力胶囊、百济神州的赞布替尼胶囊也分别获得 1 个上市许可；片剂二类新药产品以恒瑞医药的甲磺酸阿帕替尼片、江苏豪森的甲磺酸阿美替尼片、深圳微芯的西达本胺片、贝达药业的盐酸埃克替尼片为突出代表；粉针剂有注射用甲苯磺酸瑞马唑仑（恒瑞医药）、注射用艾司奥美拉唑钠（阿斯利康）获得上市批准；辽宁海思的环泊酚乳状注射液为注射剂唯一获批的品种（见图 5）。

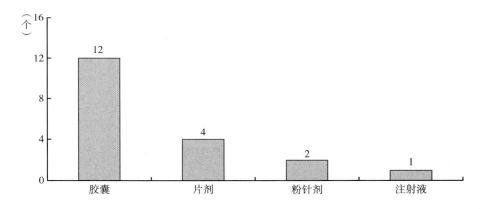

图 5 国内 2.4 类新药获批 NDA 剂型情况

关于适应证领域，排在前 3 位的是抗肿瘤药和免疫机能调节药、神经系统药、系统用抗感染药，如图 6 所示。

3. 企业分析

对二类新药获批企业进行分析，共有 21 家企业 26 个品种 44 个产品获批上市，前 8 家企业获批 31 个产品，占总数的 70.45%。如表 2 所示，不区分品种的情况下，正大天晴获批产品数量最多，其次为恒瑞医药、齐鲁制药。

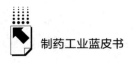
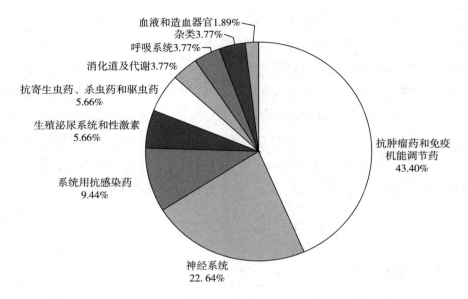

图6 国内二类新药获批 NDA 产品的适应证情况

表2 国内二类新药获批 NDA 企业情况（TOP8）

排名	企业名称	总数（家）	品种	类别	数量（个）
1	正大天晴药业集团股份有限公司	9	盐酸安罗替尼胶囊	2.4	9
2	江苏恒瑞医药股份有限公司	6	普瑞巴林缓释片	2.2	3
			注射用甲苯磺酸瑞马唑仑	2.4	1
			氟唑帕利胶囊	2.4	1
			甲磺酸阿帕替尼片	2.4	1
3	齐鲁制药有限公司	4	奥氮平口溶膜	2.2	2
			孟鲁司特钠口溶膜	2.2	2
4	江苏豪森药业集团有限公司	3	奥氮平口溶速溶膜	2.2	2
			甲磺酸阿美替尼片	2.4	1
5	山东绿叶制药有限公司	3	注射用利培酮缓释微球	2.2	3
6	上海汇伦江苏药业有限公司；上海汇伦生物科技有限公司	2	注射用左亚叶酸钠	2.2	2
7	南京优科制药有限公司	2	注射用头孢噻污钠他唑巴坦钠（6∶1）	2.3	2
8	南京特丰药业股份有限公司	2	水合氯醛/糖浆组合包装	2.2	2

4. 销售情况

前文已阐述目前获批的 44 个产品中，2021 年获批数量最多为 32 个，故 2021 年获批的产品目前暂未产生销售额，根据药智网查询到的已产生销售额的产品中阿斯利康的注射用艾司奥美拉唑钠累计销售额破百亿元大关，江苏恒瑞的甲磺酸阿帕替尼片、贝达药业的盐酸埃克替尼片等抗肿瘤药物，累计销售额均在 45 亿元以上，而抗肿瘤药物的市场销售累计总额超过 150 亿元。

（三）获批 IND 研发产品发展现状

目前，获批 IND 研发产品的本土企业主要可分为两类：一类为具有一定规模的传统企业，以恒瑞医药（17 个品种 61 个 IND）、正大天晴（3 个品种 23 个 IND）为代表；另一类为新型药物平台的创新型公司，以越洋医药（14 个品种 15 个 IND）、力品药业（4 个品种 8 个 IND）为代表，如图 7 所示。

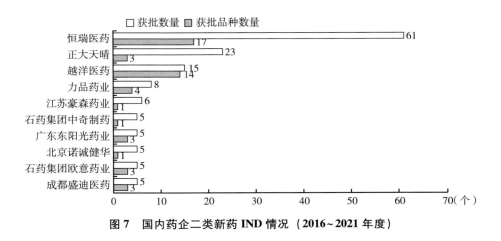

图 7　国内药企二类新药 IND 情况（2016～2021 年度）

1. 不同类别的发展现状

（1）各类别产品的申报情况

类似于二类新药获批 NDA 上市产品，获批 IND 中尤以 2.2 类和 2.4 类

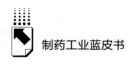

居多，2.2 类占 45%，2.4 类占 42%，而 2.1 类仅占比 6%、2.3 类仅占比 7%，相对较少，如图 8 所示。

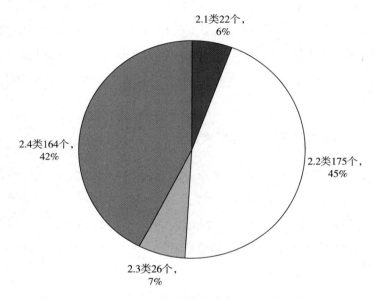

图 8　国内二类新药获批 IND 各类别情况

（2）各类别产品的企业情况

按受理号数量来统计，受理号数量超过 20 个的 5 种申报类别中，进一步分析各类别申报中的前 3 名企业，结果如表 3 所示。

表 3　受理号数量超过 20 个的 5 种申报类别中数量排名前 3 企业

申报类别	医药企业	对应品种
2.1 类	济群医药	4 个
	泽璟生物	3 个
	东阳光	2 个
2.2 类	越洋医药	15 个
	恒瑞医药	11 个
	力品药业	11 个

续表

申报类别	医药企业	对应品种
2.3 类	恒瑞医药	3 个
	信立泰	3 个
	博志研新	3 个
	朗来科技	3 个
2.4 类	恒瑞医药	46 个
	正大天晴	30 个
	石药集团	12 个
2.2；2.4 类	恒瑞医药	4 个
	丽珠集团	1 个
	人福药业	1 个

2. 不同适应证的发展情况

二类新药所涉及的适应证广泛（见图9），其中疼痛、高血压、失眠等适应证均是二类新药的热门研发阵地。2016～2021 年获批的二类新药 IND 中，抗肿瘤药和免疫机能调节药占比最高，其次为神经系统药物、系统用抗感染药、消化道及代谢药、心血管系统药物等。

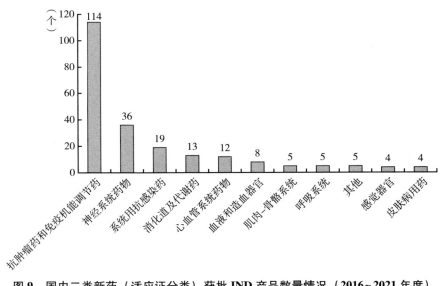

图9 国内二类新药（适应证分类）获批 IND 产品数量情况（2016~2021 年度）

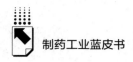
（1）疼痛治疗药物

疼痛治疗药物获批次数排在前列的企业分别是恒瑞医药获批 3 个，越洋医药获批 3 个，如图 10 所示。

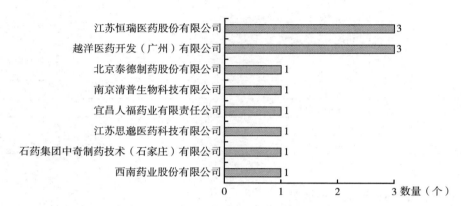

图 10　国内二类新药（疼痛治疗药）获批 IND 产品数量情况（2016～2021 年度）

（2）高血压治疗药物

高血压治疗药物获批次数排在前列的企业分别是武汉朗来获批 3 个；越洋医药、北京百奥、深圳信立泰分别获批 2 个，如图 11 所示。

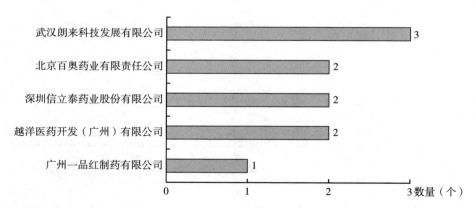

图 11　国内二类新药（抗高血压药）获批 IND 产品数量情况（2016～2021 年度）

（3）失眠治疗药物

失眠治疗药物获批次数排在前列的企业分别是越洋医药获批 2 个，力品药业获批 2 个，如图 12 所示。

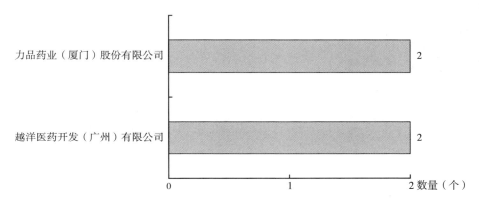

图 12　国内二类新药（失眠治疗药物）获批 IND 产品数量情况（2016～2021 年度）

3. 不同剂型的发展情况

目前，获得二类新药 IND 的剂型有片剂、胶囊、粉针剂等多种剂型，其中片剂（包括缓控释片剂）占比 34.63%，在所有剂型中占比第一，如图 13 所示。

（1）缓控释制剂

截至 2021 年 12 月 31 日，有 12 家企业获批 30 个固体口服缓控释新药 IND，其中以越洋医药 14 个品种 15 个产品获批最多，占总数的一半，其次为恒瑞医药（2 个品种 4 个产品）、上海汉都（1 个品种 2 个产品），如图 14 所示。

（2）口溶膜

截至 2021 年 12 月 31 日，共有 3 家企业 5 个品种 9 个产品获得口溶膜新药 IND，其中以力品药业获批 3 个品种 6 个产品（盐酸多奈哌齐口溶膜 2 个、他达拉非口溶膜 2 个、阿立哌唑口溶膜 2 个）最多，四川科伦药业的枸橼酸西地那非口溶膜获批 2 个 IND，浙江和泽医药的盐酸美金刚口溶膜获批

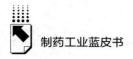

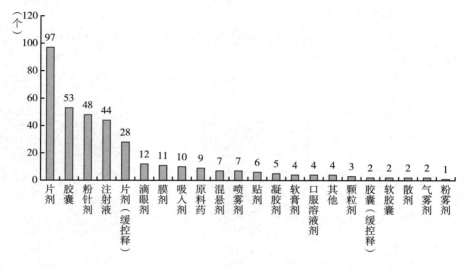

图13　各种剂型的二类新药 IND 数量（2016~2021 年度）

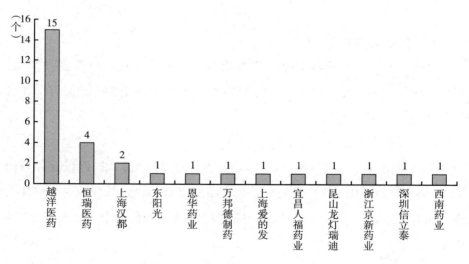

图14　固体口服缓控释新药获批 IND 的情况（2016~2021 年度）

1 个 IND。

（3）透皮制剂

截至 2021 年 12 月 31 日，宜昌人福药业是唯一获批透皮贴剂 IND 的企

业，获批 3 个产品，分别是右美托咪定透皮贴剂、右美托咪定透皮贴剂
（Ⅱ）和舒芬太尼透皮贴剂。

（4）微球及脂质体

截至 2021 年 12 月 31 日，共有 5 家企业 5 个品种 8 个产品获批微球新药
IND，共有 7 家企业 9 个品种 21 个产品获批脂质体新药 IND，如图 15 所示。

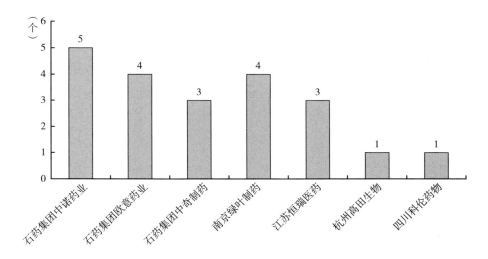

图 15　脂质体新药获批 IND 的情况（2016～2021 年度）

4. 不同区域的发展情况

目前，二类新药主要集中在长三角、珠三角、京津冀地区。

（1）各省份获批 IND 产品数量情况

以地区分类来看，共有 21 个省份获批二类新药 IND。其中，江苏省和
广东省获批数量最多，如图 16 所示，两者的二类新药 IND 占全国的一半
以上。

（2）各省份获批 IND 企业数量情况

具体而言，2016～2021 年共有 191 家单位申请了二类新药 IND，151 家
企业获得了二类新药 IND，其中以江苏省 34 家企业最多，广东省 22 家位居
第二，北京市 21 家排第三，如图 17 所示。

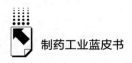

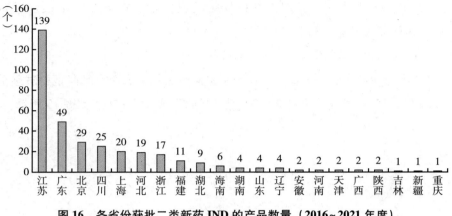

图16　各省份获批二类新药 IND 的产品数量（2016～2021 年度）

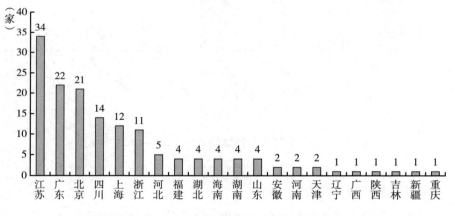

图17　各省份获批二类新药 IND 的企业数量（2016～2021 年度）

三　二类新药发展趋势

开发二类新药是国内本土企业比较负担得起的一条创新之路，符合我国医药企业转型升级的方向，更具有可行性以及现实意义。目前我国二类新药的研发有如下几个趋势。

（一）以临床优势为导向开发二类新药

根据 CDE 于 2020 年 12 月 30 日发布的《化学药品改良型新药临床试验技术指导原则》、2021 年 11 月 19 日发布的《以临床价值为导向的抗肿瘤药物临床研发指导原则》以及 2022 年 3 月 14 日发布的《〈化学药品改良型新药临床试验技术指导原则〉问与答（征求意见稿）》，二类新药的临床价值导向可以分为 3 个方向，分别是提高有效性、改善安全性（减少毒副作用）和提高依从性。

（二）以创新技术为核心开发二类新药

做好二类新药，最关键的是以创新技术为依托。

目前，我国创新制剂技术正在奋起追赶，创新制剂平台开始建立，多种剂型改良新药在布局中。基于我国与国际药剂研发水平的差距，近些年我国重点加强了对渗透泵、微孔膜、长效缓释、靶向、定时脉冲等国际先进剂型及相关辅料的研究。企业要根据自身特点，建立具备市场竞争力的研发平台。

（三）差异化布局，多方向探索

美国改良型新药在适应证上的分布一直比较均衡，整体与国内"一窝蜂"地聚集在肿瘤药领域非常不同，由此也可看出我国改良型新药在适应证方面，还需在心血管、神经系统、消化道及代谢等方面做出更多探索，不必一味地跟"热点"。从临床需求出发，探索一些国内竞争较少的领域，差异化布局，多方向探索，包括慢性病领域、儿童用药、罕见病药物等。

（四）改剂型、新适应证成为发展主流

2.2 类主要通过新剂型的优势体现产品的临床优势，活性成分并未改变，因此具有明确的研发目标，在研发成本方面较有优势，符合我国目前行业的特点。2.4 类主要集中在抗肿瘤领域，新的抗肿瘤药物的适应证只会被

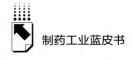

有条件批准治疗某一种肿瘤，随着研究的更加深入和治疗时间越来越长后，发现该药物对其他肿瘤也有效，企业就会再次申报。

（五）区域竞争加剧，政策持续发力

鼓励创新+重视临床价值为整体导向，二类新药受政策支持。新医改致力于解决我国医疗水平不高问题，国家出台优先审批、一致性评价、上市许可人制度等政策，对医药行业影响巨大。质量优质、临床价值高的药品受政策优惠脱颖而出，低门槛、高重复、质量不过关的药品面临淘汰。我国医药行业将迎来企业优胜劣汰，朝向高质量和高技术的方向发展。

四　展望和建议

（一）加强国内新药国际化

美国是全球最大药物市场，销售额占全球的40%以上。近两年，全世界新药有80%都首发在美国市场，而国内本土企业只有2个新药获得美国FDA批准上市。国内新药通过获得FDA批准上市占据全球市场份额，对于国内新药走向国际化、提升新药科技含量具有极大促进作用。

（二）大力发展二类新药

2021年，国内373家上市药企研发投入总额为613.70亿元，总额不及全球十大跨国药企中的罗氏（907.03亿元）、默沙东（890.66亿元）、强生（795.70亿元）、BMS（729.60亿元）、辉瑞（615.6亿元）。相比于跨国药企动辄就要投入几百亿元，历经10多年、20多年进行一类新药研发而言，国内鲜有本土企业每年投入几百亿元且有数千或上万名研发人员规模。因此，一类新药国际化对国内本土药企而言投入压力特别大，而二类新药具有投入相对较少、周期相对较短等优势，投入1亿~3亿元、开发周期4~5年，有望成为国内本土企业负担得起的国际化发展道路。

（三）搭建研发及产业化平台

与一类新药几十家重点实验室、工程技术中心、企业技术中心等平台相比，国内尚未建设专注于二类新药研发及产业化的平台，建议国内扶持二类新药成立国际化研发平台及生产基地，对于在平台建设中购买的仪器设备给予补贴。

（四）科技专项扶持

与一类新药动辄几百万、上千万元的科技专项扶持相比，国内缺乏关于二类新药的科技专项，建议发布科技专项支持二类新药的研发及产业化，国家新药创制重大专项把二类新药和一类新药放在同样重要的位置，促进中国新药走向全球。

（五）鼓励传统药企和创新药企合作开发

国内传统大型药企纷纷谋求转型，如恒瑞医药、正大天晴一直在二类新药布局，目前已经是国内获批二类新药 IND 排名第一、第二的企业。与传统药企相比，创新药企更专注于某一个细分领域，在二类新药开发上具有独特的优势。可以通过鼓励传统药企和创新药企合作开发来促进传统药企的转型和创新药企的发展，对合作开发二类新药的企业给予政策和资金扶持。

（六）鼓励产学研医合作

二类新药强调明显临床优势，产学研医相结合能够更有效地开发出具有临床价值的二类新药。产学研医结合一方面破解了企业因科研人才短缺、技术瓶颈难以自主攻克、临床价值无法体现的难题，另一方面破解了高校、研发机构、医院研发资金短缺的重大难题。

（七）借鉴 FDA 制定临床开发策略

NMPA 对改良型新药的要求是"境内外均未上市、具有明显临床优

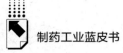

势",对中国二类新药提出更高的要求,但针对改良型新药的相关指导文件仍然可以参考借鉴美国 505(b)(2)NDA 的成熟科学的审评要求和临床策略,既可以与国际接轨,又可以贴近中国国内二类新药审评要求,既要鼓励创新,又要避免不必要的重复试验。申请者可在法规允许的前提下引用已批准药物(被改良的药物)的安全性及有效性数据,或引用已发表的文献支持二类新药研发。

B.13
2021年中国原料药国际贸易进展

吴惠芳*

摘　要： 2021年全球新冠肺炎疫情仍然蔓延，对各国经济发展都有较大的影响。中国的医药类商品进出口形势仍处于向好的态势。进口医药类商品总额484.78亿美元，比2020年增长近19.65%；出口药品类商品总额697.29亿美元，同比增长82.97%，再创出口新高。中国医药企业在国际市场的拓展进度明显加快，获得欧洲药政机构准入和在美国FDA提交的药政文档数量不断增加。中国已成为印度之后第二大原料药产地，且拥有国际法规资质的企业280多家，产品400多种。未来中国原料药将继续向高品种、合理价格和高端市场延伸发展。

关键词： 原料药　进出口　抗生素　维生素　甾体类激素

2021年全世界处于新冠肺炎疫情蔓延和经济形势十分复杂的环境。因各国对疫情的处置不同，其社会生活和医疗资源配置差异较大，医药产品的需求导向也发生了较大变化。中国医药商品的进出口种类也随着市场需求而改变，诊断类、防疫用品的贸易规模迅速增长，2021年仅次于医药原料药商品，上升到医药商品第二类。

原料药外贸经过2020年短暂的停滞后快速回升，部分大宗原料药价格进入上扬期，且需求量有增无减，拉动了全年的医药贸易形势稳定向好。抗

---

* 吴惠芳，北京东方比特科技有限公司（健康网）总经理。

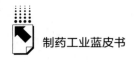

感染药、维生素、甾体类激素和解热镇痛药类等大宗原料药在两年的疫情下不但没有受到影响，还进一步扩大了国际市场范围和贸易量。

医药产业的国际化步伐加快，原料药产品在药政法规的认证和合规性上向高端市场聚集，一大批本土企业在欧洲、北美地区的药政文件和认证证书留下了中国持有者名称。与印度、意大利、德国、西班牙等高品质原料药供应商同场亮相于国际医药舞台。

一　2021年药品类商品进出口概况

2021年全球疫情下中国医药类商品进出口扩大了增长态势。进口医药类商品总额484.78亿美元，比2020年增长19.65%；出口药品类商品总额697.29亿美元，同比增长82.97%，再创出口新高。

按商品大类划分显示进口类商品中，免疫和诊断制品进口总额162.30亿美元，占到进口总额的33.51%，成为第二大类医药商品，且增长高达32.68%；生化类药原料商品所占比重约4%，却有约60%的增长率。西成药是进口商品最大一类，进口额231.36亿美元，占比为47.77%，较往年的50%比重缩减，且增长率11.58%是偏低的一类；西药原料进口总额62.59亿美元，占进口额比重的12.92%，同比有11.82%的增长；中成药、中药材类进口均呈25%左右的同比增长率。因此，2021年的医药商品进口呈现良好的形势。

出口方面，西药原料类商品出口总额316.76亿美元，占到出口商品总额的45.43%，同比增长约24%；近年来的出口免疫和诊断制品出口异军突起，总额达到271.13亿美元，占到出口商品总量的38.88%，同比增长高达637.22%。这是全球疫情下医药商品最大的变化，就是对防疫类商品的需求量大增，包括诊断试剂、疫苗和相关材料。抓住此类商品机会的商家和生产厂是获益的最大赢家。

西成药（包括制剂前体、无菌级和未分包装药品）出口总额56.13亿美元，占出口总额比重为8.05%，增长率27.73%，也是近三年来的最高点；中草药类商品，包括药材和中成药出口稳定无明显变化。

表1　2021年各类医药商品进出口总额分布

单位：亿美元，%

大类	金额	比重	同比增长
进口			
免疫和诊断制品	162.3	33.51	32.68
生化类药原料	19.21	3.97	59.97
提取物	3.43	0.71	23.74
西成药	231.36	47.77	11.58
西药原料	62.59	12.92	11.82
中成药	3.61	0.75	24.67
中药材	1.83	0.38	26.37
合计	484.33	100.00	19.65
出口			
免疫和诊断制品	271.13	38.88	637.22
生化类药原料	18.47	2.65	18.89
提取物	22.63	3.25	28.88
西成药	56.13	8.05	27.73
西药原料	316.76	45.43	23.90
中成药	2.97	0.43	14.53
中药材	9.2	1.32	1.76
合计	697.29	100.00	82.97

资料来源：经北京东方比特科技有限公司（健康网）整理国家海关统计数据。下同。

二　原料药类进出口总体规模变化情况

对连续十年的进口额跟踪显示，2021年，原料药类商品（包括生化类、植物提取物和化学原料药中间体）的进口总额85.23亿美元，较上年增长20.46%。在2020年受国际贸易大环境影响，当年的进口出现小幅下降，但2021年则快速回升（见图1），其中以化学药原料药类进口为主。国内开展仿制药一致性评价以及药品注册审评制度的改革是加快进口的主要驱动因素。

图1　2012~2021年原料类商品进口额变化

出口原料药包括化学原料药、生化原料药和植物提取物类，在经历了2020年平台期后，2021年原料药类商品出口总额达357.8亿美元，同比增长约24%（见图2）。近年中国原料药产业国际化进程加快，在环保、药品质量、国际药政合规性方面都有较大进步和改善，其产品的市场地位和竞争力加强。在全球提倡低碳、绿色的发展理念影响下和中国在可持续发展的政策指导下，中国原料药不再是低价格、初级产品的象征，而是要将市场占有率和价格双双拉升，由粗放型低价格模式向高质量、优价格的位置转移。因此，2021年原料药类产品出口的增长是靠价格的拉动。

三　进出口原料药结构

进口原料药平均分散在各治疗和应用领域，进口生化类原料比重较大（见表2），包括重组和普通胰岛素类的原料药。这类生化产品还是国内短缺和有较高的技术门槛、知识产权保护。跨国公司在中国的合资生产企业原研药的生产原料是需要进口来满足，因而进口额也有一定程度的提高。

图2 2012~2021年原料类商品出口额变化

表2 2021年进口原料药重点类分布

单位：百万美元，%

分类	进口额	占比	同比增长
医药中间体	1807.70	21.21	1.76
生化类激素	1698.64	19.93	56.60
未分类原料药	1076.74	12.63	42.89
有机酸类	809.56	9.50	47.34
氨基酸类	576.70	6.77	9.87
磺胺类	462.18	5.42	15.41
抗生素	436.64	5.12	-4.49
其他西药原料	371.23	4.36	34.65
生物碱	354.13	4.15	-3.54
植物提取物	342.70	4.02	23.64
维生素类	282.10	3.31	-18.09
肝素类	211.23	2.48	81.86
激素类	34.86	0.41	-68.52
糖和甜味剂	23.42	0.27	49.38
脏器提取	11.30	0.13	
解热镇痛药	5.78	0.07	-34.20
食品添加剂	5.33	0.06	-15.90
抗病毒	4.61	0.05	191.80

分类	进口额	占比	同比增长
消化系统	4.48	0.05	61.74
抗疟药	3.35	0.04	65.01
中枢神经系统药物	0.29		138.54
血液系统	0.12		6.23
合计	8523.09	100.00	20.46

主要出口领域为抗生素、维生素类和氨基酸类。这些以发酵工艺为技术特点的领域是中国出口的主要产品。2021年此类商品普遍有价格上升趋势，是带动出口增长的主要原因。

肝素类原料药受到猪瘟疫情的影响，全球供应链出现持续两年多的紧缺和价格暴涨之后，直到2021年有所缓解；甾体激素类、生物碱、磺胺类原料药和植物提取物类都有不同程度的增长（见表3）。

表3　2021年出口原料药重点类分布

单位：百万美元，%

分类	出口额	占比	同比增长
医药中间体	10988.20	30.71	24.92
抗生素	4355.72	12.17	13.63
维生素类	4182.86	11.69	16.36
氨基酸类	3471.13	9.70	38.60
有机酸类	3359.44	9.39	50.84
植物提取物	2262.98	6.32	28.88
肝素类	1596.76	4.46	4.20
甾体激素类	1048.61	2.93	10.85
磺胺类	1058.29	2.96	14.72
醇类	786.01	2.20	17.20
解热镇痛药	720.40	2.01	11.97
其他西药原料	391.22	1.09	−0.29

续表

分类	出口额	占比	同比增长
生物碱	313.39	0.88	44.59
食品添加剂	319.79	0.89	61.98
糖和甜味剂	254.43	0.71	38.16
抗病毒	83.92	0.23	-38.30
抗疟药	126.25	0.35	-0.82
消化系统	148.26	0.41	51.90
血液系统	45.21	0.13	-20.52
生化类激素	30.96	0.09	46.96
中枢神经系统药物	23.32	0.07	29.49
脏器提取	219.13	0.61	
合计	35786.26	100.00	23.94

四 原料药出口贸易目的地分布结构

中国原料药出口目的地分布在180多个国家和地区，印度、美国、巴西、日本和欧盟国家占50%的出口比重。

2021年出口到印度的原料药金额为50.13亿美元，同比增长17.12%；出口到美国金额为49.59亿美元，位居第二，同比增长24.48%。值得注意的是，出口到巴西的规模达到了18.42亿美元，位居第三，同比增长46.32%，是增长较快的目的地之一。

2021年中国原料药在销往发展中国家的增速明显高于发达国家，出口到俄罗斯、墨西哥、巴西、泰国、印度尼西亚、土耳其等国家或地区的增速都在30%以上（见表4）。在原料药国际市场上产自中国的原料药具有稳定的市场基础和竞争力，并且在高端市场有稳步扩展趋势。

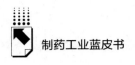
表4　2021年出口原料药类或相关商品最高的20个国家或地区

单位：亿美元，%

排序	国家或地区	亿美元	占比	同比增长
1	印度	50.13	14.01	17.12
2	美国	49.59	13.86	24.48
3	巴西	18.42	5.15	46.32
4	日本	16.25	4.54	14.14
5	荷兰	15.59	4.36	26.94
6	德国	15.43	4.31	18.46
7	韩国	11.80	3.30	23.74
8	俄罗斯	9.82	2.74	78.15
9	意大利	8.45	2.36	13.25
10	越南	8.34	2.33	20.34
11	墨西哥	8.19	2.29	33.60
12	西班牙	8.15	2.28	21.32
13	印度尼西亚	7.95	2.22	41.95
14	泰国	7.78	2.17	33.26
15	中国香港	7.68	2.15	35.72
16	比利时	6.77	1.89	18.17
17	土耳其	5.39	1.51	31.13
18	巴基斯坦	5.20	1.45	20.64
19	法国	5.02	1.40	-11.04
20	阿根廷	4.97	1.39	25.23

五　2021年出口原料药大宗品种

以健康网跟踪可收集的各国海关数据为基础整理部分大宗API类商品，2021年肝素钠类、维生素C、维生素E、扑热息痛等24个单品种出口额上亿美元（见表5）。据业内人士推测，还有部分产品由于不能单独统计无法列入上亿美元品种，但总体预计中国出口上亿美元原料药应该在40个品种左右。

除了以往的大品种，新增的布洛芬、美罗培南等是当前国际市场需求最多的领域——退烧镇痛和抗感染药。

表5　2021年重点大宗品种原料药品种出口分布

单位：百万美元

排序	品种名称	类别	出口额
1	肝素钠类	血液系统	1588.25
2	维生素C	维生素	945.85
3	维生素E	维生素	752.76
4	扑热息痛	解热镇痛	440.25
5	辅酶Q10	维生素	355.13
6	维生素A	维生素	349.22
7	强力霉素	抗生素	309.72
8	6-APA	抗生素	309.61
9	阿莫西林	抗生素	284.44
10	头孢曲松钠	抗生素	240.8
11	维生素B$_1$	维生素	231.79
12	维生素B$_{12}$	维生素	210.92
13	对氨基苯酚	解热镇痛	207.2
14	咖啡因	食品添加剂	201.58
15	阿奇霉素	抗生素	196.15
16	维生素B$_6$	维生素	191.68
17	硫酸软骨素	保健品	169.01
18	青霉素工业盐	抗生素	160.09
19	美罗培南	抗生素	159.84
20	金霉素	抗生素	151.21
21	土霉素	抗生素	115.78
22	布洛芬	解热镇痛	112.39
23	维生素AD$_3$	维生素	101.93
24	天然维生素E	维生素	101.74
25	安乃近	解热镇痛	98.8
26	哌拉西林钠他唑巴坦钠	抗生素	92.83
27	克拉维酸钾微晶纤维素	抗生素	92.45
28	D-7ACA	抗生素	86.68
29	黄体酮	甾体激素类	84.78
30	维生素B$_2$	维生素	80.56
31	泼尼松龙	甾体激素类	66.28
32	克拉霉素	抗生素	62.67
33	盐酸林可霉素	抗生素	62.03
34	盐酸克林霉素	抗生素	56.06

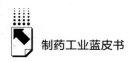
排序	品种名称	类别	出口额（百万美元）
35	熊去氧胆酸	消化系统	55.31
36	盐酸万古霉素	抗生素	53.75
37	硫酸庆大霉素	抗生素	48.86
38	左旋多巴	神经系统药	47.41
39	硫氰酸红霉素	抗生素	47.12
40	他唑巴坦酸	抗生素	45.46
41	氨甲环酸	血液系统	45.21
42	倍他米松	甾体激素类	41.26
43	甲基泼尼松龙	甾体激素类	39.03
44	磷霉素	抗生素	38.93
45	阿莫西林克拉维酸钾	抗生素	35.91
46	磺胺嘧啶	磺胺类	35.54
47	格列齐特	调节血糖药	35.29
48	氢化可的松	甾体激素类	34.69
49	螺内酯	利尿剂	34.31

六 抗生素类原料药"多点开花"

抗生素类原料药是中国重点出口领域，2021年抗生素类原料药总出口量8.9万吨，出口总额43.55亿美元。2020年出口总量8.8万吨，出口金额38.33亿美元，两年的出口数量基本持平，但2021年出口金额增长了13.63%，说明价格较上年上升。普遍现象是抗生素类品种价格出现上扬，例如，青霉素价格同比提高了35.98%，6-APA提高了32.13%，硫氰酸红霉素提高了23.94%。

青霉素系列原料药是绝对主力，除此之外，大环内酯类、头孢类、四环素类都有品种占据出口领先地位。β内酰胺酶抑制剂克拉维酸钾、舒巴坦、他唑巴坦是近年快速成长的品种代表。强力霉素在2021年跃升到抗生素第一出口额位置，并且价格提高了 18.78%；盐酸万古霉素、盐酸林可霉素也因价格的提高而升至出口领先位置（见表6）。

表6　2021年出口额领先的抗生素原料药前20种

排序	品名	出口数量（吨）	年度均价（美元/kg）	数量同比增长（%）	价格同比增长（%）
1	强力霉素	4060.30	76.28	19.63	18.78
2	6-APA	11115.92	27.85	-0.16	32.13
3	阿莫西林	11375.60	25.00	-15.87	16.19
4	阿奇霉素	1581.63	124.02	-1.15	13.49
5	青霉素工业盐	8379.58	19.10	17.59	35.98
6	美罗培南	153.04	1044.43	3.63	12.39
7	金霉素	43291.83	3.49	11.79	14.15
8	头孢曲松钠	1557.20	86.78	-4.17	2.14
9	土霉素	7113.42	16.28	8.17	-16.19
10	头孢曲松粗粉	1579.63	66.89	69.49	2.16
11	克拉维酸钾	1455.73	72.15	-20.49	-0.72
12	哌拉西林钠他唑巴坦钠	555.86	167.01	32.66	-10.77
13	D-7ACA	1295.06	66.93	70.63	5.64
14	硫酸阿米卡星	431.81	169.09	104.47	1.08
15	克拉霉素	365.23	171.60	-44.15	2.77
16	盐酸林可霉素	1631.24	38.03	6.27	16.83
17	盐酸克林霉素	478.62	117.12	9.03	-2.98
18	盐酸万古霉素	81.97	655.70	-3.19	9.19
19	硫酸庆大霉素	464.24	105.24	3.86	-7.96
20	硫氰酸红霉素	932.07	50.55	-30.13	23.94

七　维生素类量增价扬

2021 年统计的维生素类总出口量 38 万吨，出口总额 41.83 亿美元。出口量同比增长 6.24%，金额同比提高 16.4%，金额的增长高于数量的增加，说明价格在上升。近年来，国际市场维生素类产品价格跌宕起伏，市场洗牌、再打乱、再洗牌，成就了中国大宗维生素的集中度和产业链的优势（见表7）。近两年的新冠肺炎疫情下维生素类产品的刚性需求和不断更新的下游保健品，维生素K族、辅酶Q10、烟酰胺衍生物等新型保健品的上市为维生素市场增添了新的活力。工艺水平的提高为产品得率和质量提高创造了条件，为下游市场迅速扩张增加了动力和可能性。

表7　2021年出口额过亿美元的维生素品种

排序	品名	出口数量（吨）	年度均价（美元/kg）	数量同比增长（%）	价格同比增长（%）
1	维生素C	198121	4.77	−2.92	30.34
2	维生素E	86889	8.66	26.37	6.94
3	辅酶Q10	1085	327.39	43.74	8.92
4	维生素A	5808	60.13	34.71	2.54
5	维生素B1	9241	25.08	22.65	−3.55
6	维生素B12	2028	104.03	10.84	−1.76
7	维生素B6	7920	24.20	13.02	4.73
8	泛酸	19470	9.50	8.53	−54.10
9	维生素AD3	1456	70.02	21.33	0.23

八　甾体激素原料药种类多变化情况

以雌激素、雄激素和孕激素及中间体以及糖皮质激素组成的甾体激素是我国一大特色的优势出口原料药种类。2021年统计的甾体激素类总出口量1508吨，同比增长11.4%；出口总额10.48亿美元，同比增长10.85%。黄体酮、泼尼松龙、倍他米松是中国激素的代表性品种，年出口额在4000万美元以上（见表8）。与其他大宗原料药不同，激素类产品衍生物种类多、化合物结构复杂、种类多且量小。激素类产品品种并不都是趋势性的变化，而是多样性的变化。

表8　2021年出口领先甾体激素类原料药中间体

排序	品名	出口数量（吨）	年度均价（美元/kg）	数量同比增长（%）	价格同比增长（%）
1	黄体酮	327742	258.67	19.61	-2.01
2	泼尼松龙	128224	516.91	-10.83	-7.20
3	激素中间体	108483	420.71	-18.21	-16.78
4	倍他米松	49546	832.72	-26.12	3.20
5	甲基泼尼松龙	32570	1198.37	-7.61	11.99
6	丙酰奋	34185	1107.89	21.98	6.55
7	氢化可的松	96579	359.17	-10.07	-4.11
8	倍他米松环氧物	28380	917.27		
9	泼尼松	39643	567.07	-29.99	-8.48
10	氟米松	9926	1988.90	7.38	-2.30
11	地塞米松磷酸钠	26779	699.84		
12	地塞米松	26782	673.69	-63.96	20.56
13	醋酸去氢表雄酮	71050	250.86		
14	左炔诺孕酮	4046	3639.22	72.79	1.78
15	19-去甲雄烯二酮	29779	389.22		
16	醋酸氢化可的松	21161	514.16		
17	雌酚酮	17743	599.58	11.94	0.18
18	米非司酮	10979	914.34	-3.76	-16.46
19	地塞米松环氧水解物	25687	385.79		
20	安宫黄体酮	22645	399.01	21.01	1.37

九　非甾体抗炎药（解热镇痛药）

解热镇痛药是传统大宗原料药类，在疫情下也是国际市场强需求的原料药。2021年统计的非甾体抗炎药类总出口量12万吨，同比减少2.8%；出口总额7.2亿美元，同比增长12%。出品规模减小而出口金额处于强势上涨趋势。其中扑热息痛原料药数量减少21.05%，而价格上升了66.07%，对氨基苯酚数量减少34.09%，价格上涨80.08%（见表9）。主要是上游化工中间体苯酚价格上涨和货源不足，造成下游扑热息痛产品类出现价格上涨和货源缺口。

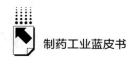
表9　2021年出口领先10种非甾体抗炎原料药中间体

排序	品名	出口数量（吨）	年度均价（美元/kg）	数量同比增长（%）	价格同比增长（%）
1	扑热息痛	37198.61	8.11	-21.05	66.07
2	对氨基苯酚	29696.64	6.98	-34.09	80.08
3	扑热息痛颗粒	14321.28	9.68	-40.59	50.59
4	布洛芬	8067.17	13.93	-2.01	-13.32
5	安乃近	9440.21	10.47	14.19	6.38
6	酮基布洛芬	453.69	74.90	13.69	8.89
7	阿司匹林	7348.43	3.36	9.06	2.03
8	甲灭酸	2027.86	9.34	—	—
9	萘普生/钠	337.70	42.96	—	—
10	安乃近镁	1156.68	10.77	52.81	3.68

十　中国医药商品国际化进程

以欧、美、日为代表的药品准入市场是全球医药市场的代表。欧洲地区的原料药以欧洲药典委员会（EDQM）的欧洲药典适应性证书（Certification of Suitability to Monograph of European Pharmacopoeia，早期简称COS，现称CEP）认证不仅被所有欧盟成员国所承认，而且被很多承认欧洲药典地位的国家所认可，包括欧盟以外的欧洲国家、澳大利亚和中国。CEP证书能够替代EDMF文件用于药品上市申请和原料药来源的变更申请。

截至2022年6月，我国有878件处于有效的证书量（见图3、表10），占全部证书量的16.22%，排在第二位；证书持有企业280多家，产品数量400多种。2021年的获证数量较上一年增长68%。浙江华海药业、齐鲁制药、浙江海正药业、宜昌东阳光、山东寿光富康等企业拥有15件以上的证书（见表11）。产品种类中以抗感染药类、激素类、抗高血压药等中国产能产量较大的品种占主流。

CEP证书持有者国家以印度、中国、意大利、德国和西班牙这5个国家最集中，代表了全球原料药主要原产地和贸易国。印度以 37.29% 的数量位居榜首，中国位居第二。可见印度在法规市场原料药优势是十分显著的。

北美地区以美国 FDA 的"药物主文件"（Drug Master File，DMF）登记为获得原料药准入前的资质文件。这部分信息在美国 FDA 官网每季度更新，但公开内容比较简单，只有 DMF 持有人、公开日期、产品活性成分、DMF 文件号、类型和有效性，没有列出持有人生产地点（若干年前有），持有人所属国，以及更新次数，故不方便准确统计出来所有者国别。

中国国家药监局自 2018 年开始执行《药品出口销售证明管理规定》，针对出口药品颁发"药品出口销售证明"。截至目前共有有效的原料药类出口销售证明文件 1300 多件，原料药品种 550 多种，持有企业近 400 家。原料药品种最集中的有头孢曲松钠、对乙酰氨基酚、舒巴坦钠、肝素钠、盐酸克林霉素等 24 个品种（见表 13）；持证产品最多的生产企业有天津天药药业股份有限公司、浙江仙琚制药股份有限公司、东北制药集团股份有限公司、珠海联邦制药股份有限公司等 25 家企业获得 8 种及以上产品的出口证明（见表 14）。这些企业是中国原料药方面国际市场的积极开拓者和领先者的代表。

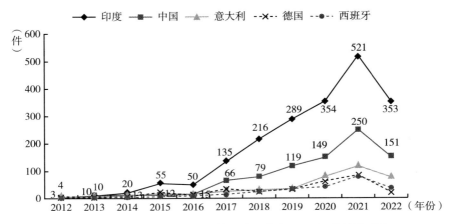

图 3　近十年来全球五大原料药制造国获有 CEP 证书数量对比

注：2022 年数据为截至 6 月 17 日数据。

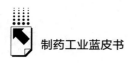

表 10　获有欧洲药典委员会（EDQM）原料药 CEP 证书国家/地区分布

单位：件，%

排序	国家/地区	有效证书数量	占比
1	印度	2018	37.29
2	中国	878	16.22
3	意大利	439	8.11
4	德国	322	5.95
5	西班牙	278	5.14
6	法国	179	3.31
7	以色列	179	3.31
8	美国	128	2.37
9	瑞士	114	2.11
10	日本	95	1.76
11	荷兰	73	1.35
12	匈牙利	63	1.16
13	英国	63	1.16
14	中国台湾	61	1.13
15	韩国	48	0.89
16	丹麦	45	0.83
17	比利时	41	0.76
18	捷克	40	0.74
19	奥地利	36	0.67
20	斯洛文尼亚	35	0.65
	其他	277	5.12
	合计	5412	100

注：数据统计截至 2022 年 6 月 17 日。

表 11　欧洲 COS 证书数量最多的中国持有者

单位：件

排序	COS 持有者	证书数量
1	浙江华海药业股份有限公司	44
2	齐鲁制药（含旗下公司）	33
3	东阳光药业（含旗下公司）	20
4	海正药业（含旗下公司）	18

续表

排序	COS 持有者	证书数量
5	寿光福康药业股份有限公司	15
6	天津天药药业股份有限公司	14
7	上海协和氨基酸有限公司	14
8	丽珠集团(含旗下公司)	14
9	山东新华制药股份有限公司	13
10	浙江天宇药业股份有限公司	12
11	浙江仙琚制药股份有限公司	12
12	浙江国邦药业股份有限公司	11
13	华北制药集团(含旗下公司)	11
14	陕西汉江制药集团有限公司	10
15	浙江九洲药讴歌有限公司	9
16	赢创瑞信(南宁)药业股份有限公司	9
17	山东安信药业有限公司	9
18	河北圣雪大成药业股份有限公司	9
19	珠海联邦制药股份有限公司	9
20	石药集团(含旗下公司)	8
21	浙江海翔药业股份有限公司	8
22	湖北葛店人福药业股份有限公司	8
23	重庆凯利药业有限公司有限公司	8

表 12　有效产品的 COS 证书数量

单位：件

排序	产品编号	化合物英文	化合物中文	证书数量
1	1472	Sodium hyaluronate	透明质酸钠	13
2	1611	Diosmin	地奥司明	10
3	583	Lincomycin hydrochloride	盐酸林可霉素	9
4	260	Amoxicillin trihydrate	三水阿莫西林	9
5	2535	Levetiracetam	左乙拉西坦	9
6	199	Oxytetracycline dihydrate	二水土霉素	9
7	685	Povidone	碘伏	8
8	1563	Simvastatin	辛伐他汀	8
9	2531	Clopidogrel hydrogen sulfate	硫酸氢氯吡格雷	8
10	353	Prednisolone	泼尼松龙	7

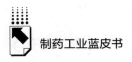

续表

排序	产品编号	化合物英文	化合物中文	证书数量
11	2423	Valsartan	缬沙坦	7
12	198	Oxytetracycline hydrochloride	盐酸土霉素	7
13	1651	Clarithromycin	克拉霉素	7
14	1250	Omega-3-acid ethyl esters 90	ω-3-酸乙酯90	7
15	320	Colistin sulfate	硫酸粘杆菌素	6
16	2631	Rosuvastatin calcium	瑞舒伐他汀钙	6
17	2600	Olmesartan medoxomil	奥美沙坦酯	6
18	429	Progesterone	孕酮	6
19	1649	Azithromycin Dihydrate	阿奇霉素二水合物	6
20	1653	Potassium clavulanate	克拉维酸钾	6
21	1058	Vancomycin hydrochloride	盐酸万古霉素	6
22	996	Clindamycin phosphate	克林霉素磷酸酯	6

表13 原料药出口证明最多的品种

单位：件，家

序号	原料药	出品证明数量	持有企业数量
1	头孢曲松钠	18	9
2	对乙酰氨基酚	14	11
3	舒巴坦钠	12	8
4	肝素钠	12	9
5	盐酸克林霉素	11	9
6	头孢呋辛钠	11	7
7	依诺肝素钠	10	7
8	克拉霉素	10	5
9	依托泊苷	9	1
10	硫酸庆大霉素	9	4
11	螺内酯	9	5
12	阿奇霉素	9	6
13	美罗培南	9	4
14	辛伐他汀	8	6
15	阿莫西林	8	7
16	亮氨酸	8	6

序号	原料药	出品证明数量	持有企业数量
17	绒促性素	7	5
18	头孢哌酮钠	7	4
19	维生素 C	7	5
20	恩替卡韦	7	3
21	阿昔洛韦	7	7
22	克林霉素磷酸酯	7	7
23	硫酸阿米卡星	7	3
24	醋酸氢化可的松	7	5

表 14　获得中国原料药出口产品证明的领先企业

单位：种

排序	企业名称	出口产品数量
1	天津天药药业股份有限公司	29
2	浙江仙琚制药股份有限公司	18
3	东北制药集团股份有限公司	17
4	珠海联邦制药股份有限公司	15
5	山东新时代药业有限公司	13
6	浙江海正药业股份有限公司	12
7	重庆华邦胜凯制药有限公司	12
8	江苏恒瑞医药股份有限公司	12
9	仁和堂药业有限公司	12
10	上海协和氨基酸有限公司	11
11	浙江国邦药业股份有限公司	11
12	国药集团威奇达药业有限公司	11
13	齐鲁安替制药有限公司	11
14	上海味之素氨基酸有限公司	10
15	汕头市佳禾生物科技有限公司	10
16	天津药物研究院药业有限责任公司	9
17	华北制药华胜有限公司	9
18	苏州正济药业有限公司	8
19	南宁赢创美诗药业有限公司	8
20	浙江新赛科药业有限公司	8

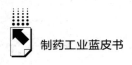

续表

排序	企业名称	出口产品数量
21	浙江海森药业股份有限公司	8
22	河南利华制药有限公司	8
23	福安药业集团重庆博圣制药有限公司	8
24	上药康丽（常州）药业有限公司	8
25	山东新华制药股份有限公司	8

十一　2021年印度原料药产业强势增长

全球原料药生产和贸易最强国家不得不提到印度。2020~2021财年，印度制药业在全球新冠肺炎疫情下出口急剧增长，出口额达244.4亿美元，同比增长18%。根据印度商务部初步估计，2021~2022财年的药品出口额增长约0.66%，达到246亿美元，比上一财年增长1.6亿美元。

据印度药业人士分析，印度政府的发展目标是在2022年实现药品出口额290亿美元，由于市场难以支撑这一增长而未达到。印度中央政府2022年早些时候表示，自2013~2014财年以来，印度制药业的出口额增长了103%。2013~2014财年的药品出口额为9041.5亿卢比，2021~2022财年为18342.2亿卢比，成为印度制药业出口业绩有史以来最好的表现。

据悉，尽管受全球贸易阻碍和新冠肺炎相关药品需求下降等多重因素影响，2021~2022财年印度的制药业出口仍保持了积极增长。印度贸易顺差达151.8亿美元。

据健康网"医药产业数据库"（www.healthoo.net）统计：2021年印度原料药（API）按出口金额（美元）排名，刚好有50个单品出口额超过2000万美元，这50个产品合计出口总额约22.94亿美元。其中有2个产品出口额超过1亿美元，19个产品出口额超过5000万美元，32个产品出口额超过3000万美元。

这些原料药以合成类（半合成类）原料药为主，涉及抗生素、抗高血压、非甾体抗炎药、消化系统、神经系统、降脂药等多个治疗领域。其中抗生素类产品出口约3.56亿美元（头孢类约2.01亿美元），抗高血压药出口额超过3.12亿美元（"沙坦类"约2亿美元），非甾体抗炎药出口额超过2.12亿美元。

在印度这50个出口规模最大的原料产品中，少部分产品中、印在国际原料药市场上直接竞争，如布洛芬（印度对华输出中间体）、左乙拉西坦等；大部分产品是中、印相互依存，印度依赖并大量采购中国的相关中间体用来生产API及下游仿制药制剂供应其国内、国际市场，部分产品中间体依赖度高。

2021年印度出口额最大的原料药——阿托伐他汀，出口额约1.09亿美元，与此同时，印度从中国进口了ATS-8、L1等多个阿托伐他汀相关中间体，进口金额超过6000万美元。

2021年印度出口额排第2位的是二甲双胍，印度原料药出口额超过1.06亿美元，中国二甲双胍原料药出口规模远不及印度，但大量供应中间体双氰胺。2021年印度从中国进口了超过1.1亿美元的双氰胺用于生产二甲双胍及其他产品。

2021年排名第3的他克莫司出口额约8428.5万美元。

2021年印度出口额排第4位的是头孢克肟，印度原料药出口额约8219万美元。核心中间体头孢克肟活性酯也是从中国采购，2021年印度从中国进口了约5400万美元的头孢克肟活性酯（MICA活性酯）。

2021年印度出口额排第5位的是扑热息痛，印度原料药出口额约8016万美元。其核心中间体对氨基苯酚同样来自中国进口，2021年印度对氨基苯酚的进口额超过1.22亿美元。

"沙坦类"原料药也是印度出口的重点产品，2021年印度出口原料药TOP50中有5个沙坦类原料药，印度2021年也从中国进口了大量的相关中间体产品，总金额超过8000万美元。

印度制药公司凭借其价格竞争力和高质量特色，在全球赢得了优势。世界60%的疫苗和20%的仿制药来自印度制造。印度药品在其对外贸易全球出口中的份额为5.92%。化学药和生物制剂在医药总出口中的占比为

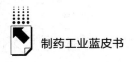

73.31%，远高于原料药和中间体44.4亿美元的出口额。

印度前6大制药出口目的地是美国、英国、俄罗斯、尼日利亚、加拿大和南非。其中，约55%的医药产品出口符合高端市场的监管要求。印度制药企业在欧美地区的处方药市场也占有相当大的份额，拥有美国食品和药品管理局（FDA）批准的除美国以外最多的cGMP制药工厂。

表15　2021年印度出口额TOP50原料药单品种

单位：百万美元

排名	产品名称	分类	出口金额
1	阿托伐他汀	降脂药	109.0
2	二甲双胍	降血糖药	106.8
3	他克莫司	免疫抑制剂	84.3
4	头孢克肟	抗生素	82.2
5	扑热息痛	非甾体抗炎药	80.2
6	氯吡格雷	抗血栓药	79.6
7	布洛芬	非甾体抗炎药	79.5
8	头孢呋辛酯	抗生素	75.0
9	阿莫西林	抗生素	74.9
10	氯沙坦	抗高血压药	74.9
11	泮托拉唑	消化系统	71.2
12	奥美拉唑	消化系统	66.5
13	伊折麦布	降脂药	63.6
14	奈必洛尔	抗高血压药	61.3
15	左乙拉西坦	抗癫痫药	60.1
16	文拉法辛	神经系统	57.7
17	替诺福韦	抗病毒药	52.6
18	氨氯地平	抗高血压药	51.8
19	普瑞巴林	抗癫痫药	51.5
20	舍曲林	神经系统	48.7
21	阿奇霉素	抗生素	48.2
22	度洛西汀	神经系统	44.0
23	头孢克洛	抗生素	43.8
24	氯雷他定	抗过敏药	41.1
25	奥美沙坦	抗高血压药	40.2

续表

排名	产品名称	分类	出口金额
26	缬沙坦	抗高血压药	36.9
27	加巴喷丁	抗癫痫药	35.7
28	磺胺甲噁唑	磺胺类	34.8
29	别嘌醇	抗痛风药	33.1
30	右美沙芬	呼吸系统	32.8
31	克拉霉素	抗生素	31.4
32	依托考昔	非甾体抗炎药	31.0
33	达芦那韦	抗病毒药	29.1
34	厄贝沙坦	抗高血压药	26.9
35	东莨菪碱	神经系统	26.4
36	法莫替丁	消化系统	25.3
37	酮康唑	抗真菌药	24.4
38	拉米夫定	抗病毒药	23.8
39	呋塞米	利尿药	22.8
40	利伐沙班	抗血栓药	22.1
41	奥利司他	减肥药	21.5
42	双氯芬酸钠	非甾体抗炎药	21.5
43	美沙拉嗪	消化系统	21.2
44	卡比多巴	神经系统	21.0
45	奥卡西平	抗癫痫药	20.8
46	替米沙坦	抗高血压药	20.8
47	胰岛素类	降血糖药	20.7
48	美贝维林	解痉药	20.6
49	依非韦伦	抗病毒药	20.6
50	比拉斯汀	抗过敏药	20.1
	合计		2294.0

资料来源：healthoo. net。

十二　结语

在全球发生新冠肺炎疫情后，中国原料药迎来更广阔的市场，一是产业

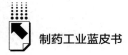
升级转型，由粗放型向环境型、技术型转移；二是越来越多的中国医药商品获得国际法规资质，合规性提高；三是在与国际医药优势企业竞争中获得了经验，提高了管理水平，使得原料药竞争力不断增强。

但是，国内原料药的竞争也越发激烈，特别是在集采下原料药中间体与制剂等下游的关联性更加紧密。原料药的交易规模缩小，合约性更强，价格处于被动性调整状态，甚至会出现因原料无法适应制剂竞标而出现断供。短缺不只是在小品种上，也会发生在大品种、常规品种上，这是原料药发展所面临的新问题。原料药产业既有乐观前景，又面临更现实的问题和挑战。

B.14
抗体蛋白质药物技术发展历程与展望

冯 晓*

摘 要： 随着抗体工程技术的进步，抗体药物作用机理的发展，抗体药已经日趋成熟，是药物市场的重要组成部分，因其具有高特异性、低不良反应的特点，在抗肿瘤、自身免疫类疾病领域占据重要位置，同时在眼科、中枢神经系统、心脑血管、内分泌系统、罕见病、病毒和细菌感染性等疾病的预防和治疗中也发挥越来越重要的作用，已成为业界竞相开发的新药热土。本文简要回顾了单克隆抗体发展的历史，介绍了抗体分子创制的各种平台技术，归纳了抗体药物介入、阻断、延迟疾病病理发展过程的各种作用机理。最后，从靶点的扩展、临床需求对抗体分子设计的要求的角度，对抗体药物未来的研发趋势进行了展望。

关键词： 抗体药物 抗体蛋白质 单克隆抗体

药品安全事关人民群众身体健康和生命安全。党的十八大以来，药品监管改革深入推进，创新、质量、效率持续提升，医药产业快速健康发展，人民群众用药需求得到更好满足。随着改革不断向纵深推进，药品监管体系和监管能力存在的短板问题日益凸显，影响了人民群众对药品监管改革的获得感。

---

* 冯晓，康弘药业集团副总裁兼生物药研究院院长。

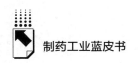
一 单克隆抗体的研发历史

单克隆抗体（常常又简称"单抗"），是由单一 B 细胞克隆产生的高度均一、仅针对某一特定抗原发生特异性结合反应的免疫球蛋白。

单克隆抗体的创制最初来源于 Köhler 和 Milstein 于 1975 年发明的杂交瘤技术。其后一系列分子生物学技术用于单克隆抗体的创制开发，包括：①从经过免疫或不经过免疫的不同物种（例如，小鼠、大鼠、兔、羊驼、鲨鱼等）的 B 细胞中，克隆抗体可变区基因群（包括完整或部分结合域）组，构建噬菌体展示库、细菌体展示库、真核细胞展示库等展示库技术；②人-鼠嵌合单抗、人源化单抗、转基因动物源全人源单抗。

通过小鼠杂交瘤技术创制的单克隆抗体 OKT3（muromonab-CD3），在 1986 年作为肾移植免疫排斥免疫抑制剂而获得 FDA 的批准，是第一个被批准的单克隆抗体。从 1986 年 FDA 批准第一个单克隆抗体 OKT3 起，至今已有 36 年的历史。OKT3 是鼠源抗体，在人体内容易引起人抗鼠抗体效应（HAMA 效应），带来严重的副作用，使得该类抗体的临床应用受到了极大的限制。

由于鼠源单抗人体临床应用的上述局限，科学家发明了人-鼠嵌合抗体技术。1994 年 FDA 批准上市的单克隆抗体——阿昔单抗（abciximab），是第一个人-鼠嵌合的 Fab 抗体。该药物已被广泛应用于多种心血管疾病的治疗，包括预防冠状动脉形成术后的发生再狭窄。随着抗体创制技术的进步和抗体介入疾病作用机制的拓展，新的抗体药物展示了良好的安全性、有效性，获批上市的速度逐步加快。2015 年，FDA 批准了第 50 个抗体药。2021 年 4 月，批准了第 100 个抗体药（葛兰素史克 PD1 阻断剂，Dostarlimab）。单克隆抗体（包括类抗体）药物已在以肿瘤和自身免疫疾病治疗领域为主的众多疾病领域取得巨大进展，在生物医药领域具有广泛的发展前景。2021 年全球销售额 TOP10 的药物中，抗体类药物占了 5 个（除新冠疫苗）。据艾伯维公司年报披露，其中修美乐销售超过 200 亿美元，达到 206.96 亿美元。

修美乐已经连续 9 年蝉联"药王"。而 PD-1 抗体可瑞达（Keytruda），有望在 2022 年超过修美乐，成为新的"药王"。目前，抗体类药物已然成为医药市场上最畅销的一类药物。

二　分子创制技术的发展历程

（一）鼠源单抗–杂交瘤技术

经过对小鼠使用靶抗原多次免疫，包括使用不同佐剂（弗氏佐剂、GpC、铝离子等）、不同方式（腹腔注射、皮下注射、足底注射等）免疫后，取脾或淋巴结中的 B 细胞和小鼠 B 细胞淋巴瘤，进行细胞融合（PEG 融合、电融合等方式），形成具有永生性的分泌抗体的杂交瘤库。通过对库的筛选和单克隆化获得符合设计标准（包括但不限于靶抗原特异性）的目的抗体。

最初的抗体来源于上述鼠源 B 细胞杂交瘤技术，该技术是一个划时代意义的伟大发明，它开启了一个新时代：人类可以创造结合任意结构的化合物或大分子任意表位的抗体分子。由此一系列崭新应用天地的帷幕被一一展开，这些应用包括如下方面。

1. 生物药

通过不同机理的、不同介入方式、病理生理学不同阶段的介入，众多无药或需要更好药效的疾病（适应证）获得治疗。

2. 研发工具

为人类对生命科学等未知世界的探索提供了研究工具和手段。几乎每篇生命科学的研究论文的实验里，都有使用抗体试剂。

3. 试剂和原件分子

今天从手动的分析、纯化和制备试剂盒，到大型高通量分析、诊断和治疗设备，从体外实验到体内成像无不闪耀着抗体分子的贡献，甚至抗体分子是不可或缺的。

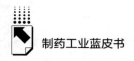
但是作为人用药，鼠源抗体存在免疫原性，在人体内存在免疫反应相关的副作用，大大影响了在临床上的应用。免疫原性直接影响到药物的有效性和安全性，也影响药物的半衰期和给药剂量。

免疫原性的产生与抗体人源化程度具有强烈的相关性，人源化可以大幅度降低药物的免疫原性。当然，抗体后续开发工艺中可能产生的多聚体、糖基化修饰、不同适应证病人免疫亢奋状态等，都会影响临床上抗药抗体（ADA）的产生。在早期开发阶段尽可能地提高抗体的人源化程度，达到降低抗体的免疫原性，提高在人体内的半衰期，是目前业界的共识。围绕减少抗体的免疫原性，单克隆抗体技术经历了从鼠源到鼠源人源嵌合体，再到人源化抗体和天然全人源化改造的发展历程。

随着人源化技术的发展，免疫反应的风险已极大降低，但是个别抗体在临床研究中仍然因为免疫原性导致药效损失而失败。例如 2016 年，辉瑞开发的降脂药物在临床Ⅲ期时发现相比已上市的 PSCK9 单抗药物，免疫原性更强，会诱导产生更高水平的抗药抗体，注射点反应更严重，导致疗效强度不如竞争对手的产品而终止开发。此外，即便是上市的抗体也会因为免疫原性，药效降低，为了维持治疗效果，被迫大幅度提高药物剂量。例如基因泰克公司研发的阿塔珠单抗（抗 PD-L1 单抗），由于给药后病人产生大量的中和抗体，用药剂量被迫提高到破纪录的 1.2 克每针。图 1 总结了抗体逐步更加接近人源的努力及技术发展历程。

（二）嵌合抗体技术

嵌合抗体是为了减少鼠源抗体的免疫原性，使用分子重组技术制备的人鼠嵌合分子形式，属于第一代人源化抗体技术。由于 90% 的 HAMA 是针对抗体恒定区的，从分泌鼠单克隆抗体的杂交瘤细胞基因组中分离功能性抗体可变区基因，然后与人恒定区基因进行拼接，制备的抗体被称为嵌合抗体。这种抗体的可变区是鼠源的，恒定区是人源的。其人源化程度达到 70% 左右，在抗原特异性和亲和力方面都较好地保留了亲代抗体的特性。大大减少了由鼠源恒定区导致的体内 HAMA 反应，延长了抗体在体内的半衰期，改

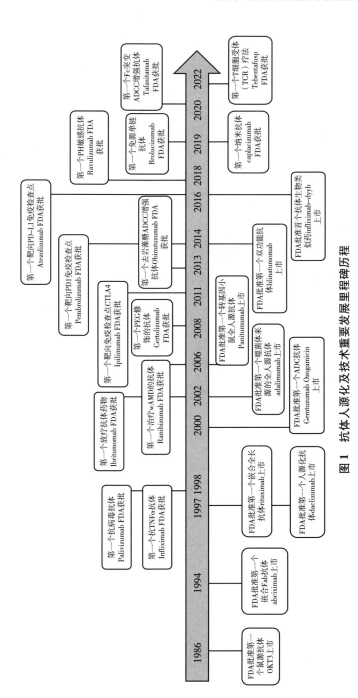

图 1　抗体人源化及技术重要发展里程碑历程

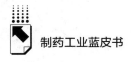

善了抗体药物动力学。

目前代表性药物有阿昔单抗（Abaciximab）、利妥昔单抗（Rituximab）、巴利昔单抗（Basiliximab）、英夫利西单抗（Infiliximab）、西妥昔单抗（Cetuximab）、塞妥昔单抗（Siltuximab）等。利妥昔单抗（Rituximab）是由罗氏基因泰克Genentech公司原研的一种单克隆抗体，于1997年获得美国食品和药物管理局（FDA）批准上市。利妥昔单抗可与B淋巴细胞表面的CD20抗原结合，介导补体依赖性细胞毒作用（CDC）和抗体依赖性细胞介导的细胞毒作用（ADCC），介导体内恶性B细胞溶解，从而实现抗肿瘤治疗效果。其在NHL治疗中ADA阳性率为1.1%，而在韦格纳肉芽肿的ADA阳性率为23%，在更大RA人群中ADA阳性率为10.6%。英夫利西单抗是一款TNFα人鼠嵌合单抗，用于治疗类风湿关节炎、克罗恩病、斑块性银屑病、银屑病关节炎、强直性脊柱炎、溃疡性结肠炎等多种炎症反应。1998年首次在美国上市，尽管其在银屑病中的ADA阳性率达到36%~51%，但其确凿的疗效仍然使其成长为强生一款超级重磅炸弹药物，销售峰值收入达到69.66亿美元。英夫利西单抗曾是全球最畅销的抗炎药，2014年全球销售额高达92.4亿美元，位列2014年全球销售最好的25个药物榜单第3名。

（三）人源化抗体技术

嵌合抗体保留了鼠源的可变区，它是由三个互补决定簇（CDR）和4个框架区（FR）组成，FR是物种特异性的，仍然存在较强的免疫反应。为了进一步降低抗体的免疫原性，有必要对框架区鼠源保留性高的氨基酸序列进行进一步人源化改造。研究者采用了多种策略来进行抗体人源化的改造，包括以下几种。

1. 互补决定簇移植

CDR移植也称为抗体重构、改型抗体。与嵌合抗体不同的是，CDR移植是将人源的FR序列克隆至抗体的相应部位，仅保留了鼠源的CDR序列。重构抗体的人源化程度可达90%以上，目前该方法是单抗人源化过程中最常用的方法。由于重构抗体移植区域明显少于人鼠嵌合抗体，该抗体中异源序列的含量进一步减少，免疫原性显著降低，临床疗效良好。但抗体重构在实际应用中仍存在潜在的免疫原性，因此，CDR 移植的发展方向是减少不必要的 CDR 的引入。

2. 表面重塑抗体

表面重塑抗体是指对异源抗体表面氨基酸残基进行人源化改造。该方法的原则是仅替换与人抗体 SAR 差别明显的区域，在维持抗体活性并兼顾减少异源性基础上选用与人抗体表面残基相似的氨基酸替换；另外，所替换的区段不应过多，对于影响侧链大小、电荷、疏水性，或可能形成氢键从而影响到抗体互补决定区构象的残基尽量不替换。

3. 特异性决定残基移植

随着研究的深入，研究人员发现 CDR 区并非所有的氨基酸序列均具有免疫原性，CDR 区的某些特定的氨基酸残基可与抗原接触，从而识别特定抗原，这些与抗原接触的氨基酸序列被称为 SDR（特异性决定残基，Specificity Determining Residues，SDR）。绝大多数抗体中通常只有约 30% 的 CDR 残基直接构成抗原抗体的结合位点。与 CDR 移植相比，仅移植数量更少且更关键的 SDR 将可能取得更佳的效果，与 CDR 移植相比具有更低的免疫原性。该方法并不需要将整个鼠源 CDRs 都移植到人的框架区中，而只是将 CDR 序列中对抗原结合活性所必需的特异性决定残基移植到人的框架区中。这种 SDR-grafting 方法更进一步地提升了人源化抗体的人源性（即与人 germline 序列的相似性），并尽可能地减少鼠源 CDRs 中效应 T 细胞表位的数量，从而将抗体可变区潜在的免疫原性风险也做到最小化。

4. 框架改组技术

常规的 CDR-grafting 方法是将亲本 CDRs 移植到单个受体人源框架中，由于选择的局限性，在单个受体框架里往往很难同时达到维持抗体较高的抗原结合活性、较长的半衰期、稳定性和高表达量等关键指标，从而对抗体的商业化开发带来潜在的挑战。为了解决单个受体的局限性问题，可针对每一个非人源框架区，分别选择最合适的人种系（germline）框架区去进行人源化，这种方法就叫框架改组（framework shuffling）。通过这个方法，研究人

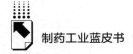

员可以有更多的机会选择更理想的人框架区,从而获得高度优化的人源化抗体。这样的人源化抗体不仅具有较低的免疫原性,而且还具备较高的稳定性和表达量,以及较长的半衰期。

5. 回复突变

回复突变是 CDR 移植或其他人源化改造后的关键步骤。例如,直接 CDR 移植会导致重组抗体对靶抗原的亲和力或特异性降低。部分关键鼠 FR 区残基在调节 CDR 结构中发挥关键作用。在完成 CDR 移植后,需要将这些残基突变回鼠源的氨基酸,以恢复其亲和力。

6. 计算机同源建模下抗体人源化

传统的方法是基于经验设计和实验筛选,最终获得优选的人源化抗体。随着计算机信息技术的发展和研究人员对抗体/抗原晶体复合体的认识深入,基于计算机的同源建模模拟抗体、抗原来指导抗体人源化工作为研究提供了新的思路。通过建模可以更好地模拟抗体和抗原结合的方式,预测关键氨基酸、抗体的稳定性、可开发性等多种参数,为研究者提供更多的参考信息。结合试验验证,可以大大缩小筛选的通量,更有针对性地完成抗体改造。对于一个已知序列未知结构的抗体,目前有很多商业化软件(如 MOE,Schrodinger/Bioluminate,Discovery Studio 等)可以提供抗体结构的同源建模分析。通过 Discovery Studio 中的 Antibody Modelling、Predict Humanizing Mutations 模块对鼠源抗体进行人源化。DS 中的 Predict Humanizing Mutations 模块会寻找人的 Germline 序列,对比各位点氨基酸在人源中出现的频率给出相应的突变位点信息,结合抗体结构选择相应氨基酸进行设计改造。利用基于结构的药物设计技术可以快速、精确地进行设计,从而加速抗体药物的研发进程。

（四）全人源抗体

一般而言,嵌合抗体成分的70%都是人成分,人源化抗体人源化程度可达90%~95%,而全人源抗体组成抗体的氨基酸序列100%来自人类。这种人源程度的不同也决定了抗体效果的不同。全人源抗体因为全都来自人类自身，因此排异反应最低，安全性最好。抗体库展示技术、转基因小鼠技术、人单 B 细胞筛选技术已经成为目前全人源抗体药物研发的三大技术体系。简要介绍如下。

1. 文库展示技术

噬菌体展示技术（phage display）是将外源编码多肽或蛋白质的基因通过基因工程技术插入噬菌体外壳蛋白结构基因的适当位置，在阅读框能正确表达，使外源多肽或蛋白在噬菌体的衣壳蛋白上形成融合蛋白，随子代噬菌体的重新组装呈现在噬菌体表面，可以保持相对的空间结构和生物活性。然后利用靶分子，采用合适的淘洗方法，洗去未特异性结合的噬菌体。再用酸碱或者竞争的分子洗脱下结合的噬菌体，中和后的噬菌体感染大肠杆菌扩增，经过 3~5 轮的富集，逐步提高可以特异性识别靶分子的噬菌体比例，最终获得识别靶分子的多肽或者蛋白。1990 年，Mc Cafferty 等利用噬菌体展示技术构建了库容为 10^6 的抗体库，使其成为一种新兴的抗体制备技术。而 Winter 是第一个利用噬菌体展示技术将鼠源抗体药物人源化，使得抗体药物用于临床治疗的科学家，第一个全人源抗体 Adalimumab 的构建即源于此技术。

根据抗体基因来源的不同，抗体库分为 3 种：天然抗体库、免疫抗体库、半合成抗体库。天然抗体库的抗体基因直接来源于未经免疫的供体，代表了天然抗体在供体内的抗体谱，但亲和力较低。免疫抗体库抗体基因来自经过抗原免疫过的供体。该库具有较强的抗原特异性和亲和力，但抗体的多样性较低。半合成抗体库，抗体重链可变区基因片段中的 CDR1 和 CDR2 来自人胚系 49 种 VH 基因片段，而 CDR3 则是人工合成的编码 5~15 个氨基酸的随机序列。该库容量极大，可达 10^{12}，但抗体亲和力较低，同时人工合成的 CDR3 可能增加抗体的免疫原性。

除了噬菌体展示技术之外，基于文库展示的技术还包括细菌展示技术、酵母展示技术、核糖体展示技术以及真核细胞展示技术等。

2. 转基因动物技术

早在 1985 年，Alt 等人就曾提出可以应用转基因技术得到具有人源序列

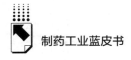

的单克隆抗体。在全人源抗体药物研发策略中，转基因小鼠技术后来居上用实力见证了自身的价值。以 Medarex 的 HuMAb 技术平台为例，累计获批了 10 个抗体药物，年销售额 200 多亿美元；Abgenix 的 XenoMouse 小鼠，累计获批了 6 个抗体药物。全人源抗体转基因小鼠在创造巨额利润的同时，也以天价被收购。2006 年，安进以 22 亿美元的价格收购 Abgenix；2009 年，百时美施贵宝以 24 亿美元的价格收购了 Medarex。

全人源抗体转基因小鼠技术平台技术壁垒高，专利保护严密，到目前为止仅有少数几家公司拥有。XenoMouse 平台上开发出的第一个单抗药物是 2006 年被 FDA 批准的帕尼单抗（panitumumab），这也是基于转基因小鼠的第一个全人源单抗药物。

另一个用于产生全人源抗体的小鼠是 GenPharmInternational，Inc 开发的 HuMab™或者叫 Ultimab®。1997 年，Medarex 收购了该公司获得这一技术平台。这一平台可产生高亲和力（纳摩到亚纳摩级别）的人源抗体。Ofatumumab 是基于 Ultimab 平台开发出的抗 CD20 单抗，它和同为 CD20 抗体的 rituximab 靶向的表位不同。Ofatumumab 于 2009 年 10 月被 FDA 批准用于治疗慢性淋巴细胞白血病。Ultimab 平台还有一系列诸如 Canakinumab（抗 interleukin-1β 的 IgG1 单抗，用于治疗一种罕见的自身炎症性疾病 Cryopyrin 蛋白相关周期性综合征）、Ustekinumab（靶向 IL-12 和 IL-23 所共有的 p40 亚单位，用于 18 岁及以上活动性银屑病关节炎患者的治疗）等单抗的产生。

"除了 XenoMouse、HuMab 转基因小鼠技术以外，近年来还有人源化小鼠技术也相继问世，例如：HarbourMouse、OmniMouse、VelocImmuneMouse、KymabMouse、CAMAB Mouse、RenMabMouse 等。"除少数几家公司能够开展转基因小鼠的研究外，Therapeutic Human Polyclonals Inc（THP）、Ablynx、Origen Therapeutics、Revivicor 等公司目前也在利用兔、骆驼、鸡和猪开展人源化抗体转基因动物的研究，但尚在进行中。

3. 基于单 B 细胞分选技术

从人外周血、骨髓等来源分选 B 细胞，将单个 B 细胞分至盛有适量细胞裂解液、RNA 酶抑制剂的适当容器中，以此为模板进行反转录 PCR 扩增抗体基因序列。克隆至适当载体通过测序，分析评价插入、缺失和突变情况；再通过重叠延伸 PCR 方法将抗体基因片段连接成 scFv、scAb、Fab 等形式，酶切将其连接至原核或真核载体内，在相应的系统中表达、纯化得到全人源抗体，最终用目的抗原筛选和鉴定抗体的特异性、亲和力等生物学特性。

基于单 B 细胞分选技术的单克隆抗体开发平台，和传统的单克隆抗体开发平台相比，最突出的优势在于能够从人体内直接筛选获得全人源单克隆抗体；同时，也能够大大缩短研发周期。从获得康复病人的外周血淋巴细胞开始，一般来说在 4~6 周即可获得全人源单克隆抗体，并完成相应的生物学功能实验（如病毒结合和中和实验、ADCC 实验等）；并且由于所获得的是全人源单克隆抗体，可以大大简化甚至不需要抗体人源化改造工程，快速推进至临床试验。该技术保留了轻重链可变区的天然配对，具有基因多样性好、效率高、所需细胞量少等优势。但在实际应用过程中，B 细胞分选技术和后续 PCR 基因扩增技术是制约单个 B 细胞抗体制备技术应用的重要因素。

三　机理的发展

（一）抗体天然的使命

1. 中和毒素

抗体可以作为药物中和破伤风杆菌分泌的毒素，避免破伤风杆菌毒素导致的肌肉痉挛，避免因呼吸肌痉挛导致的窒息死亡。

抗体可以作为药物中和毒蛇分泌的蛇毒，避免蛇毒导致的肌肉麻痹，避免因呼吸肌麻痹导致的窒息死亡。

FDA 批准的第一个此类抗体药物是帕利珠单抗，靶向 RSV 病毒 F 蛋白。瑞西巴库单抗、奥托萨昔单抗是 FDA 批准的另外两个抗毒素抗体，均用于避免炭疽杆菌的感染。

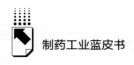

2015 年，FDA 批准了艾达赛珠单抗，用于中和达比加群酯，主要用于逆转达比加群酯的抗凝作用，使达比加群酯在抗凝血的使用时更有安全保障。

2. 阻断病原生物进入细胞

病毒的棘突蛋白中和抗体可以作为药物结合病毒的棘突蛋白，使得病毒无法和人体的特异性宿主细胞膜受体结合，从而阻断病毒进入宿主细胞，阻断病毒感染。

3. 免疫调理

抗体可以作为调理分子将失衡的体液免疫或/和细胞免疫活动调节回到正常的状态。此处功能特别复杂，可以通过抗体的介入，利用免疫系统的作用使众多不同的疾病病理过程终止、暂停或延缓。由此抗体可以成为治疗相应疾病的药物。

业界可以用不同的设计介入阻断疾病病理过程，形成抗体药不同的作用机理，治疗不同的疾病。

（二）设计抗体介入阻断疾病病理过程

1. 生物导弹

制药工业和肿瘤的缠斗已经有了漫长的历史，可以对肿瘤有效抑制和杀伤的免疫毒素、放射性元素到细胞毒小分子比比皆是，问题在于不分敌我。而理论上抗体可以精确制导，通过结合肿瘤特异性/肿瘤相关膜靶，把杀肿瘤物质带到肿瘤细胞，进行选择性杀伤。

20 世纪 80~90 年代使用该机理开发的项目，无一成功。原因主要为：①基于生物物理学计算，当时生物导弹杀伤当量太小，提送至肿瘤部位的药物无法杀死肿瘤；②抗体和靶点的亲和力不够高，脱靶严重；③免疫原性太高。

2. 扳机点角色

抗体作为生物导弹直接轰炸肿瘤细胞，力量可能不足，但利用其对关键分子特殊表位的特异性结合，可以激发或阻断重要生物反应瀑布。就宛如扣动扳机的力不需要很大，但激发的枪炮发射形成的杀伤力是无比巨大的。类似的设计可以用于各种疾病病理过程中的关键点，让抗体以扳机点角色介入不同的信号通路、代谢通路、炎性反应通路、生长繁殖修复通路等，形成不同的作用机理，治疗不同的疾病。此类众多抗体药已经被批准上市，列举部分上市抗体药物介入靶点如下。

肿瘤单抗药介入靶点：CD20、EGFR、VEGFR、Her2 等。

心血管疾病单抗药介入靶点：PCSK9、Angptl3 等。

代谢疾病单抗药介入靶点：RankL、GLP-1 等。

神经疼痛类单抗药介入靶点：CGRP。

自身免疫疾病单抗药介入靶点：TNFa、IL-1、IL-5、IL-6/L-6R、IL-12、IL-17A、IL-23、BCMA 等。

眼科疾病单抗药介入靶点：VEGFR。

神经系统疾病单抗药介入靶点：α4、α4β7 等。

血液系统疾病单抗药介入靶点：糖蛋白 IIb/Ⅲa。

罕见病单抗药介入靶点：PKa、C5 等。

呼吸系统疾病单抗药介入靶点：IgM。

还有很多的此类机理的抗体新药在研发的路上。

3. 调动免疫细胞

（1）调动 T 细胞

下调：可以通过靶向 T 细胞上其他蛋白（如阿法赛特靶向 CD2）、相关炎症调节因子的受体（如巴利昔单抗、达利珠单抗靶向 CD25）来阻止 T 细胞的激活。

上调：在针对癌症适应证的时候，则需要激活内源免疫系统来杀灭癌细胞。如伊匹单抗靶向 CTLA4、纳武单抗和派姆单抗靶向 PD-1、阿替珠单抗（Atezolizumab）靶向 PD-L1，即所谓的免疫检点抑制剂，通过解除癌细胞对免疫细胞的抑制作用，杀伤癌细胞。上调杀伤性 T 细胞，调动免疫系统杀伤肿瘤，这一机理获得了巨大成功。已经批准上市的该类机理的核心单抗如表 1、表 2 所示。

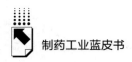

表1 美国FDA已批准上市的PD1/PD-L1抗体药物

序号	商品名	通用名	靶点	药企	批准时间
1	Keytruda	Pembrolizumab	PD-1	默沙东	2014-09-04
2	Opdivo	Nivolumab	PD-1	百时美施贵宝	2014-12-22
3	Tecentriq	Atezolizumab	PD-L1	罗氏	2016-05-18
4	Bavencio	Avelumab	PD-L1	默克/辉瑞	2017-03-23
5	Imfinzi	Durvalumab	PD-L1	阿斯利康	2017-05-01
6	Libtayo	Cemiplimab	PD-1	赛诺菲/再生元	2018-09-28
7	Jemperli	Dostarlimab	PD-1	葛兰素史克	2021-04-22

表2 中国NMPA已批准上市的PD1/PD-L1抗体药物

序号	商品名	通用名	靶点	药企	批准时间
1	欧狄沃	纳武利尤单抗	PD-1	百时美施贵宝	2018-06-15
2	可瑞达	帕博利珠单抗	PD-1	默沙东	2018-07-20
3	拓益	特瑞普利单抗	PD-1	君实生物	2018-12-17
4	达伯舒	信迪利单抗	PD-1	信达生物	2018-12-24
5	艾瑞卡	卡瑞利珠单抗	PD-1	恒瑞医药	2019-05-29
6	英飞凡	度伐利尤单抗	PD-L1	阿斯利康	2019-12-06
7	百泽安	替雷利珠单抗	PD-1	百济神州	2019-12-26
8	泰圣奇	阿替利珠单抗	PD-L1	罗氏	2020-02-11
9	安尼可	派安普利单抗	PD-1	康方生物	2021-08-03
10	誉妥	赛帕利单抗	PD-1	誉衡药业	2021-08-03
11	恩维达	恩沃利单抗	PD-L1	康宁杰瑞、先声、思路迪	2021-11-25
12	择捷美	舒格利单抗	PD-L1	基石药业	2021-12-21
13	汉斯状	斯鲁利单抗	PD-1	复宏汉霖	2022-03-24

（2）调动巨噬细胞

下调：巨噬细胞吞噬活动可以被"别吃我"信号CD24、CD47抑制，其对应受体为Singlec10和SIRPa。使用Singlec10和SIRPa激活单抗，可以用于治疗过度炎症反应（细胞因子风暴）和巨噬细胞的吞噬活动（重症新冠感染）。

上调：巨噬细胞吞噬活动可以被"别吃我"信号 CD24、CD47 抑制，使用中和功能单抗阻断 CD24-Singlec10 和 CD47-SIRPa 结合，可以开发广谱抗肿瘤抗体药。

表 3　国外基于 CD47 临床获批研究单抗/双抗药物

序号	药物名称	靶点	研发企业	适应证	药物分子类型	最高研发状态
1	Magrolimab	CD47	罗氏,吉利德,小野	实体瘤,血液瘤	融合蛋白	临床 3 期
2	ALX-148	CD47	Alx Oncology	实体瘤,血液瘤	融合蛋白	临床 3 期
3	AO-176	CD47	Arch oncology	实体瘤,多发性骨髓瘤	抗体	临床 2 期
4	DSP-107	CD47	KAHR Medical,罗氏	非小细胞肺癌,实体瘤	双功能融合蛋白	临床 2 期
5	TTI-621	CD47	Trillium	多发性骨髓瘤,淋巴瘤	融合蛋白	临床 2 期
6	TTI-622	CD47	Trillium	淋巴瘤,卵巢癌,腹膜癌,多发性骨髓瘤,AML	融合蛋白	临床 2 期
7	SGN-CD47M	CD47	SEAGEN	乳腺癌,结直肠癌,非小细胞肺癌	ADC	临床 1 期
8	SRF-231	CD47	Surface oncology	实体瘤,血液瘤	单抗	临床 1 期
9	CC-90002	CD47	INHIBRX,BMS	血液瘤	单抗	临床 1 期
10	STI-6643	CD47	Sorrento Therapeutics	实体瘤	单抗	临床 1 期
11	SIRPα-Fc-CD40L	CD47,CD40L	Shattuck Labs,武田	卵巢癌,腹膜癌,MDS,AML	双特异融合蛋白	临床 1 期
12	PF-07257876	CD47/PD-L1	Pfizer	卵巢癌,非小细胞肺癌,头颈部鳞状细胞癌	双抗	临床 1 期
13	TG-1801	CD47/CD19	TG Therapeutics	B 细胞淋巴瘤	双抗	临床 1 期
14	CD47/CD20 双抗	CD47/CD20	BMS	血液瘤	双抗	临床 1 期
15	sB24M	CD47	SWISS biopharma	坏疽性脓皮病	单抗	临床 I 期

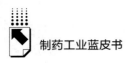
表 4　国内基于 CD47 临床获批研究单抗/融合蛋白药物

序号	药物名称	靶点	研发企业	适应证	药物分子类型	最高研发状态
1	letaplimab	CD47	信达	实体瘤,血液瘤	抗体	临床 3 期
2	TJ-011133	CD47	天境生物,艾伯维	实体瘤,血液瘤	抗体	临床 2 期
3	ligufalimab	CD47	中山康方	实体瘤,血液瘤	抗体	临床 2 期
4	IMM01	CD47	宜明昂科	血液瘤	融合蛋白	临床 Ib/2 期
5	ZL-1201	CD47	再鼎	实体瘤,血液瘤	抗体	临床 1 期
6	MIL-95	CD47	北京天广实,康诺亚	实体瘤,血液瘤	抗体	临床 1 期
7	GenSci-059	CD47	长春金赛	实体瘤,血液瘤	抗体	临床 1 期
8	IMC-002	CD47	思路迪和 ImmuneOncia	实体瘤,血液瘤	抗体	临床 1 期
9	TQB2928	CD47	正大天晴	实体瘤,血液瘤	抗体	临床 1 期
10	CD47 单抗	CD47	鲁南制药	复发或难治性淋巴瘤	抗体	临床 1 期
11	SG404	CD47	杭州尚健	恶性肿瘤	融合蛋白	临床 1 期
12	SHR-1603	CD47	恒瑞	实体瘤,血液瘤	抗体	临床 1 期终止
13	HMPL-A83	CD47	和记黄埔医药	晚期恶性肿瘤	抗体	临床 I 期

表 5　国内基于 CD47 临床获批研究双抗药物

序号	药物名称	靶点	研发企业	适应证	药物分子类型	最高研发状态
1	JMT-601	CD47/CD20	上海津曼特	B 细胞淋巴瘤	双抗	临床 2 期
2	HX-009	CD47/PD1	杭州翰思生物	实体瘤	双抗	临床 2 期
3	IBI-322	CD47/PD-L1	信达	实体瘤	双抗	临床 1 期
4	SG-12473	CD47/PD-L1	杭州尚健生物	实体瘤	双抗	临床 1 期
5	IMM0306	CD47/CD20	宜明昂科	B 细胞淋巴瘤	双抗	临床 1 期
6	IMM2505	CD47/PD-L1	盛禾生物	实体瘤	双抗	临床 1 期
7	IMM2902	CD47/HER2	宜明昂科	实体瘤	双抗	临床 1 期
8	6MW3211	CD47/PD-L1	迈威生物	晚期恶性肿瘤	双抗	临床 1 期
9	BAT7104	CD47/PD-L1	百奥泰	晚期恶性肿瘤	双抗	临床 1 期

4. 生物导弹的冷饭热炒

（1）抗体偶联药物（ADC）

随着技术的进步，高亲和力、低免疫原性、高内噬特性的抗体，细胞毒剂和 linker 开发均获得巨大进步。常用的毒剂有美登素类（DM1\DM4）、奥瑞他汀类（MMAE、MMAF）。目前新生物导弹-ADC 药物也经历了三次技术层面优化。

第一次，使用更有效的细胞毒剂和人源化单抗，提高了疗效和安全性。以吉妥单抗（Mylotag, gemtuzumab ozogamicin）为代表，2000 年被批准上市。

第二次，优化了抗体同种型、有效载荷以及 linker。以安适利单抗（Adcetris，Brentuximab vedotin）和 Ado-trastuzumab emtansine 为代表，其特点包括：①使用 IgG1 同种型 mAb，更适合具有小分子有效载荷和高癌细胞靶向能力的生物偶联；②毒性更高的有效载荷，提高了水溶性和偶联效率。可以将更多有效负载分子加载到每个 mAb 上，而不会诱导抗体聚集；③linker 的改进实现了更好的血浆稳定性和均匀的药抗比（DAR）分布。

第三次，优化 linker 和工艺技术，使 ADC 分子有更少的脱靶毒性和更好的药代动力学效率。以 polatuzumab vedotin 为代表，其特点是：①均一药抗比（DAR=2 或 4），药物成分稳定、纯度高；②药物和单抗结合更稳定；③亲水性 linker 减少药物聚集体，同时避免对免疫系统的干扰，增加在血液循环中的保留时间。因此 ADC 具有更低的毒性和更高的抗癌活性以及更高的稳定性，使患者能够接受更好的抗癌治疗。

新技术下的抗体、linker 和细胞毒剂形成抗体偶联药物（ADC），使生物导弹这一老的机理，焕发新的生命力。截至 2021 年，抗体偶联药物批准上市的产品见表 6。

表 6　FDA 批准上市的抗体偶联药物（ADC）

	Technique	INN	Brand name	Target；Format	DAR	1st indication approved	1st US approval year
1	第三代	Tisotumab vedotin	Tivdakt	Tissue factor；Human IgG1 ADC	4	Cervical cancer	2021
2	第三代	Loncastuximab tesirine	Zynlonta	CD19；Humanized IgG1 ADC	2.3	Diffuse large B-cell lymphoma	2021
3	第三代	Belantamab mafodotin	Blenrepb	BCMA；Humanized IgG1 ADC	4.0	Multiple myeloma	2020

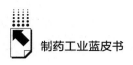
续表

	Technique	INN	Brand name	Target；Format	DAR	1st indication approved	1st US approval year
4	第三代	Sacituzumab govitecan	Trodelvy	TROP-2；Humanized IgG1 ADC	7.6	Triple – negtivr breast cancer	2020
5	第三代	［fam］- trastuzumab deruxtecan	Enhertu	HER2；Humanized IgG1 ADC	8.0	HER2 + breast cancer	2019
6	第三代	Enfortumab vedotin	Padcev	Nectin – 4；Human IgG1 ADC	3.8	Urothelial cancer	2019
7	第三代	Polatuzumab vedotin	Polivy	CD79b；Humanized IgG1 ADC	3.5	Diffuse large B – cell lymphoma	2019
8	第一代	Moxetumomab pasudotox	Lumoxiti	CD22；Murine IgG1 dsFv immunotoxin ADC	–	Hairy cell leukemia	2018
9	第一代	Gemtuzumab ozogamicin	Mylotarg	CD33；Humanized IgG4，ADC	2~3	Acute myeloid leukemia	2017
10	第一代	Inotuzumab ozogamicin	Besponsa	CD22；Humanized IgG4，ADC	6	Hematological malignancy	2017
11	第二代	Ado – trastuzumab emtansine	Kadcyla	HER2；Humanized IgG1，ADC	3.5	Breast cancer	2013
12	第二代	Brentuximab vedotin	Adcetris	CD30；Chimeric IgG1，ADC	4	Hodgkin lymphoma, systemic anaplastic large cell lymphoma	2011
13	第一代	Gemtuzumab ozogamicin	Mylotarg	CD33；Humanized IgG4，ADC	2~3	Acute myeloid leukemia	2000

（2）抗体导向细胞毒 T 细胞或 NK 细胞

以抗体为制导，以 T 细胞或 NK 细胞为弹药，制导抗体镶嵌在炸弹细胞膜上的形式称为 CAR-T 或 CAR-NK 细胞治疗。已批准上市的产品见表 7。

　　制导抗体（双功能抗体）挂载在炸弹细胞膜上的特定蛋白的形式称为双功能抗体导向细胞治疗。已批准上市的产品见表8。

表7　FDA批准上市的CAR-T

药品名称	商品名	靶点	适应证	研发企业	时间
tisagenlecleucel	Kymriah	CD19	急性淋巴细胞白血病（ALL）	诺华	2017年8月
axicabtagene ciloleucel	Yescarta	CD19	成人大B细胞淋巴瘤	吉利德,凯特	2017年10月
brexucabtagene autoleucel	Tecartus	CD19	套细胞淋巴瘤	吉利德,凯特	—
lisocabtagene maraleucel	Breyanzi	CD19	B淋巴细胞瘤	百时美施贵宝,新基	2022年2月
idecabtagene vicleucel	abecma	APRIL	治疗复发性/难治性多发性骨髓瘤	百时美施贵宝,蓝鸟	2022年3月
ciltacabtagene autoleucel	CARVYKTI	BCMA	治疗复发性/难治性多发性骨髓瘤（r/r MM）	传奇生物	2022年2月
阿基仑赛注射液	奕凯达	CD19	既往接受二线或以上系统性治疗后复发或难治性大B细胞淋巴瘤（r/r LBCL）成人患者,包括弥漫性大B细胞淋巴瘤（DLBCL）非特指型（NOS）、原发纵隔大B细胞淋巴瘤（PMBCL）、高级别B细胞淋巴瘤和滤泡性淋巴瘤转化的DLBCL	复星凯特	2021年6月
瑞基奥仑塞注射液	倍诺达	CD19	用于治疗经过二线或以上系统性治疗后成人患者的复发或难治性大B细胞淋巴瘤（r/r LBCL）	药明巨诺	2021年9月

表8　FDA批准上市的双功能抗体（导向T细胞）

INN	Brand name	Target；Format	1st indication approved / reviewed	1st US approval year
Tebentafusp	KIMMTRAK	gp100, CD3；Bispecific immunoconjugate（TCR-scFv）	Metastatic uveal melanoma	2022
Blinatumomab	Blincyto	CD19, CD3；Murine bispecific tandem scFv	Acute lymphoblastic leukemia	2014

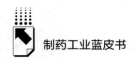

5.双靶/多靶

一个疾病在发生发展过程中，①可能有多个病理和发病机制同时存在。②空间需求和效应叠加。③药物经济学优势，比双药或多药联用经济。

挑战：①潜在的机理相关副作用；②免疫原性；③真正比双靶单药联合使用有更好的疗效，这种叠加机理较难寻找。

目前，双/多靶批准上市和临床在研的产品和项目如表9所示。

表9　FDA批准上市的双功能抗体

INN	Brandname	Target；Format	1stindicationapproved/reviewed	1stUSapprovalyear
Faricimab	Vabysmo	VEGF－A，Ang－2；Human/humanizedIgG1kappa/lambda，withdomaincrossover，Bispecificantibody	wAMD，DME	2022
Amivantamab	Rybrevant	EGFR，cMET；HumanbispecificIgG1	NSCLCw/EGFRexon20insertionmutations	2021
Emicizumab	Hemlibra	FactorIXa，X；HumanizedIgG4，bispecific	HemophiliaA	2017

四　抗体药未来展望

（一）靶点

如果把抗体药的靶点比作果树上的水果，那么经过30多年的摘取，大家会问一个问题，树上还有没有水果？回答A：基本没有了；回答B：还有很多。我们坚信答案B，只是低处的、比较容易摘取的已经被拿走了，还有很多在高处。

1.疾病环境特异性靶点

肿瘤组织和正常组织微环境不同，可以考虑开发前体药物。

2.屏障内的靶点宝库

血脑屏障高效通过后，颅内靶点。

3.细胞内的靶点金山

从传统来说，抗体和蛋白质药物的靶点都在细胞膜和细胞外。未来的技术进步可能可以让抗体和蛋白质药物进入细胞内和核膜内，那里有大量未开发的靶点。

4.多靶点联合

很多疾病可能是多病理机制介入，有很多信号通路，需要空间协调双分子同时结合改构才能有更好的激活。

（二）分子

1.未来 AI 将在抗体研发中广泛使用

根据 MOA 机理，AI 来设计蛋白质分子达到药物需要的各种结构、功能的要求，但完全不需要实验科学筛选验证，还是有特别漫长的道路要走。AI可以极大地帮助我们按照目前常规实验室路径研发抗体蛋白质大分子药物。数据的积累可提升 AI 能力，AI 进步可产生更多经验证的数据，如此循环，AI 技术很可能在本领域呈指数模式飞速前进。

2.未来抗体蛋白质药物分子可能具有的能力

保有各种功效甚至功效很好的小型化；可调控的半衰期；更长的药物效期；将可以区分正常细胞和肿瘤细胞或病毒感染的宿主细胞，可选择性杀伤；将会有更好的药械组合能力；将可以口服递送，并可以有和皮下注射/肌肉注射/静脉注射一样的生物利用度；将会有更多的灵活的前药形式。

B.15
中国创新药出海的现状与发展趋势

张自然*

摘　要： 我国创新药高速发展之际，遭遇了研发同质化、医保砍价等挑战，但以美国为主的海外市场，不但创新药市场规模大，而且药价高，非常利于创新药的发展。近年来，我国批准上市的创新药和我国药企开展的国际多中心临床试验不断增多，为我国创新药出海配备了资源条件，我国创新药海外授权（License-out）的交易数量和金额也在不断增多，我国创新药逐渐被发达国家市场所认可，创新药出海大有可为，我国医药创新之路越走越宽广。

关键词： 创新药　临床试验　海外授权

中国医药出海已由传统中药、原料药、仿制药，跨进创新药时代。2020年，中国创新药已迈入"出海"爆发期。

一　海外营收现状

据 BCG 分析，国际领先药企海外营收平均占比都超过 60%，我国领先药企海外营收只占 15%。

2021年，日本武田海外营收占比高达 82%（见图 1），法国赛诺菲、英

---

* 张自然，博士，制药高级工程师，中投中财执行董事。

国阿斯利康（欧洲之外占比）和美国辉瑞海外营收占比也都超过 60%，分别为 74%、70% 和 63%。瑞士罗氏（含非药品）和美国默沙东海外营收占比也都超过一半，分别为 58% 和 54%。

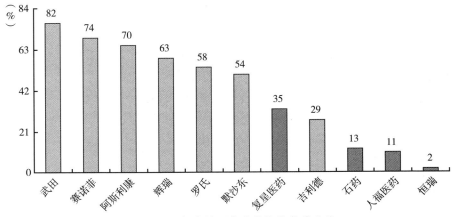

图 1　2021 年中外医药企业海外营收占比

注：中国企业含海外授权收入。

资料来源：公司年报，BCG 分析，张自然整理。

我国只有复星医药的海外营收占比高些，为 35%，主要由复必泰（mRNA 新冠疫苗）在港澳台地区的收入以及境外子公司 Gland Pharma 和复锐医疗科技（Sisram）的销售所贡献。石药集团和人福医药的海外营收占比刚超过 10%，分别为 13% 和 11%。恒瑞的海外营收只占 2%。目前，我国药企海外营收占比还很小，如果去除海外授权的收入，单纯创新药的海外营收占比更小。

二　原因分析

（一）国内：同质化+灵魂砍价

我国医药研发同质化严重，医保谈判灵魂砍价致药价降低，创新药回报堪忧。

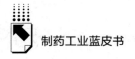

（二）海外市场大

全球创新药销售主要集中在美国、欧洲及日本、韩国等发达经济体市场。

2021年，美国占了全球创新药市场销售额的一半以上（55%）（见图2），欧洲5国（英、法、德、意及西班牙）占了近1/6（16%），日本、韩国合计占8%，我国只占3%。除上述发达经济体外，共建"一带一路"国家等新兴市场也不容小觑。2022年6月14日，信达的达攸同在印度尼西亚获批。

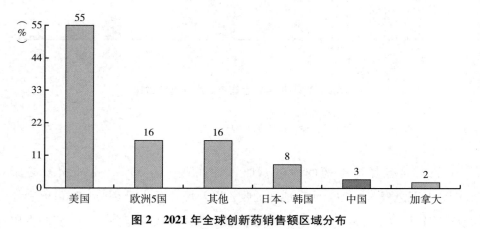

图2　2021年全球创新药销售额区域分布

资料来源：BCG分析，张自然整理。

（三）海外药价高

美国是药价最高的国家，据BCG分析，以目前全球最畅销的25个药品为例，如果以美国药价为100%的话（见图3），欧洲13国的药价都只有其15%~26%，欧洲药价最高的德国，药价也只有美国的26%。除阿联酋（为美国的26%）和日本（为美国的22%）外，其他国家的药价都低于美国的1/5，如沙特阿拉伯、阿根廷、巴西和澳大利亚的药价分别只有美国的19%、18%、16%和15%。

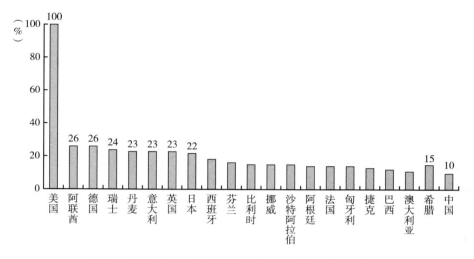

图 3　全球 TOP 25 畅销药在各国/地区的平均相对价格

注：假定美国价格为 100%。

资料来源：BCG 分析，张自然整理。

创新药在第一上市国的定价决定了在其他国家的价格，美国不但创新药市场规模大而且药价最高，这是药企出海首选美国的原因。

我国的药价更低，只相当于美国的 1/10。

国内新药研发同质化，药价又低，海外创新药市场不但规模大而且药价高，创新药出海势在必行。

三　发展条件

近年来，在国务院发布 44 号文（2015 年）、加入 ICH（2017 年）、新《药品管理法》颁布（2019 年）等新政保障，港交所 18A 和科创板等资本的加持下，我国创新药研发得以快速发展。

创新药"出海"虽屡遭碰壁，但也不乏好消息，继 2019 年百济神州的泽布替尼首获 FDA 批准，实现我国创新药出海零的突破后，2022 年 2 月，传奇生物的 CAR-T 疗法——西达基奥仑赛又获 FDA 批准。

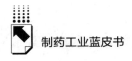
2022 年上半年，至少有 51 家中国创新药企推进"出海"业务。5 月 18 日，恒瑞医药宣布设立全资子公司，大举进军海外市场。

（一）获批新药多

要想出海，必须有足够多且质量高的创新药获批上市。

10 年前的 2012 年，我国首次批准上市的创新药数量只占全球的 8%（见图 4），到 2018 年前都没太大变化，2018 年开始陡然上升，到 2021 年，我国首次批准上市的创新药已经占到了全球上市新药总数的近 1/3（30%），并超过欧洲和日本，跃居全球第二位。

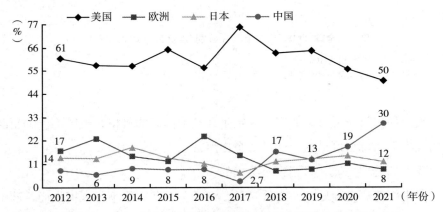

图 4　2012~2021 年全球创新药在主要地区首次获批上市品种数占比

注：本数据不含港澳台地区数据。
资料来源：医药魔方，张自然整理。

（二）国际多中心临床试验增多

截至目前，除百济神州的泽布替尼和传奇生物的 CAR-T 细胞疗法已获美国 FDA 正式批准外，我国自主研发的创新药还都处于临床试验阶段。

2017 年 5 月底，我国正式加入 ICH（国际人用药品注册技术协调会），监管体系与国际接轨，国内外临床试验数据互认，大幅加快了我国开拓海外临床试验市场的进度。

我国药企开展的国际多中心临床试验已由 2016 年的 66 个增加到 2021 年的 165 个，增加了 1.5 倍，覆盖的国家/地区数也增加了 1 倍，由 2016 年的 25 个增加到 2021 年的 50 个（见图 5）。

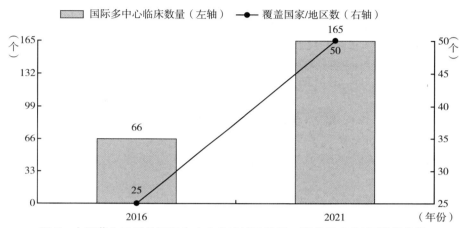

图 5　中国药企开展的国际多中心临床试验数量、覆盖国家/地区增长趋势

资料来源：BCG 分析，张自然整理。

截至 2021 年上半年，有 9 个国产 1 类新药处于全球Ⅲ期临床阶段，共计 41 项临床试验（见图 6）。

百济神州的泽布替尼胶囊（百悦泽）已在全球 28 个市场开展了 35 项临床试验，百济神州还有 100 多项临床研究正在进行或筹备中，试验已覆盖 45 个国家/地区。

2022 年 5 月 12 日，由 13 个国家和地区 95 家中心共同参与的恒瑞的两个创新药卡瑞利珠单抗联合阿帕替尼片的国际多中心Ⅲ期临床试验，达到预设优效标准。

亿帆医药的贝格司亭在美国和欧洲开展的两个Ⅲ期临床试验分别于 2018 年 1 月和 2020 年 6 月完成，均达到预设目标。

贝达药业的恩沙替尼一线治疗全球多中心的Ⅲ期临床试验还在进行中。

和记黄埔的沃瑞沙®（赛沃替尼）与阿斯利康的泰瑞沙®（奥希替尼）联合疗法全球Ⅲ期临床试验，将于 2022 年中开始患者招募。

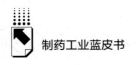
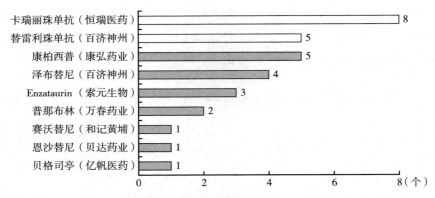

图 6　国产 1 类新药进入全球Ⅲ期临床的适应症数量

注：□为 PD-1。
资料来源：羊城晚报，张自然整理。

（三）逐渐被认可

License-out 是指企业进行药物早期研发，然后将项目授权给其他药企做后期临床研发和上市销售，按里程碑模式获得各阶段临床成果以及商业化后的一定比例销售分成的合作模式。

近年来，我国通过 License-out 将创新药权益授权给国外药企的交易不断增多，也意味着国外药企对我国新药研发能力的肯定，成为创新药出海的最大依仗。

我国 License-out 交易数量已由 2017 年的 12 件增加到了 2020 年的 72 件（见图 7），2020 年一年的交易数量比之前三年的总和还多，2021 年略有下降，为 53 件，但交易金额仍继续增加，由 2020 年的 125 亿美元增加到 2021 年的 145 亿美元，增长了 16%。

16 年前（2006 年），鲁先平博士创建的微芯生物将西达本胺海外权益以 2800 万美元转让给沪亚生物，实现了我国创新药出海零的突破。

15 年后（2021 年），同样是授权给沪亚，但交易额提升了 10 倍，左敏总裁领衔的上海医药将 SPH6162 海外权益以 2.90 亿美元转让给沪亚生物（HUYA Bio）（见图 8）。

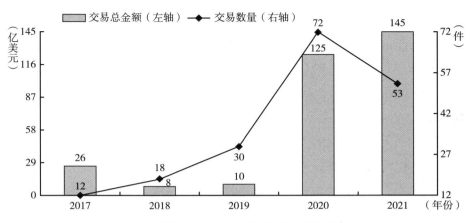

图7 我国 license-out 交易数量、交易金额

资料来源：医药魔方，张自然整理。

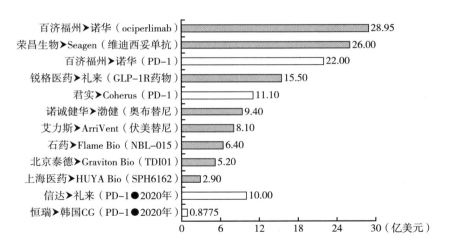

图8 2021 年中国创新药境外 License-out 交易总额 TOP 10

注：白色柱为 PD-1。
资料来源：医药魔方，张自然整理。

近年来，我国创新药 license-out 的单项交易总额屡创新高。

2021 年 8 月，房健民博士创立的荣昌生物与 Seagen 达成全球独家许可协议，共同开发和推广荣昌生物的抗体偶联药物——维迪西妥单抗，荣昌生

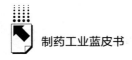

物获得 26 亿美元的潜在收入。

2021 年 12 月，百济神州将在研新药 ociperlimab 独家授权给诺华，交易总额为 28.95 亿美元，创 License-out 交易额之最。

饱受内卷之困，并因纳入医保而两遭"灵魂砍价"的 4 款国产 PD-1 悉数出海。

2021 年 1 月，百济神州与诺华就在多国共同开发 PD-1（替雷利珠单抗，百泽安）达成协议，并获得 22 亿美元款项。

2021 年 2 月，君实生物将 PD-1（特瑞普利单抗，拓益）在美国和加拿大的开发和商业化与 Coherus 达成合作，并获得 11.1 亿美元款项。

2020 年 4 月，恒瑞将 PD-1（卡瑞利珠单抗，艾瑞卡）在韩国的权益以 8775 万美元授权给韩国 Crystal Genomics 公司。

2020 年 8 月，信达生物将 PD-1（信迪利单抗，达伯舒）的海外权益以 10 亿美元授权给礼来。

近年，随着我国创新药获批上市、开展的国际多中心临床试验、创新药海外授权数量以及交易额都在不断增加，我国创新药出海正在加速。

四　结语

BCG 分析经充分调研，对创新药出海总结如下。

（一）出海模式

海外授权/许可输出仍是创新药出海的主要途径，商业国际化是发展方向，包括多国尤其是美国患者在内的国际多中心临床试验或成为出海必备条件，差异化的产品、扎实的临床/注册能力、适合的商业化模式和国际化人才储备将是创新药出海的制胜因素。百济神州已在美国自建 200 人的商业化团队，负责泽布替尼（BTK）的在美销售，和记黄埔在美国将建立 84 人的商业化和医学事务团队，支持索凡替尼和呋喹替尼上市。

（二）出海市场

BIC/FIC 产品首选发达市场，Me-too/Me-better 要根据产品创新程度和上市时间平衡美国、欧洲和其他市场的投入。

（三）出海合作伙伴

成熟市场应优先选择大型跨国药企，新兴市场应同时考虑当地龙头。

我国创新药研发正在不断增量、提质，并集群出海，创新药回报可期。

B.16
新冠肺炎疫情下世界抗病毒
新药研发加速

摘　要： 病毒性疾病一直困扰着人类并对人类健康构成重大挑战。过去几十年里，抗病毒新药开发（尤其是抗艾滋病新药）取得了重大进展。而席卷全球的新冠肺炎疫情暴发后新药开发（含疫苗）已初见成效。随着越来越多抗新冠病毒新药的陆续上市，新冠肺炎这一全球性疫情有望很快得到控制。

关键词： 病毒性疾病　抗病毒药物　新冠肺炎

一　抗病毒药物研发的历史

2020 年初暴发的新冠肺炎疫情再次成为人类的灾难。纵观人类历史，病毒曾给人类带来极大的灾祸。例如，据西方医学史记载，公元 19 世纪在欧洲暴发的"西班牙流感"曾夺去 5000 多万人的生命，而 19~20 世纪流行的天花疫病使全球人口减少了 3 亿（直到牛痘的发明才终结了天花肆虐全球的历史）。而始于 20 世纪 80 年代初的艾滋病（AIDS），一度令世人谈虎色变，并造成各国民众的极大恐慌。继艾滋病之后，登革热、SARS、埃博拉病毒、中东呼吸道综合征（MERS）等多种病毒性疾病轮番登场，从而给很多国家造成重大经济损失和人员死亡。故开发抗病毒药物一直是国际医药

---

* 徐铮奎，原无锡市医药科技情报站情报翻译。

工业界的重点课题之一。

在过去几十年里，抗病毒药开发工作取得了令世人瞩目的重要进展，最值得新药研发工作者自豪的是，当初被医学界视为不治之症的艾滋病，在过去几年里国外公司已开发上市了 40 多种能有效抑制 HIV 病毒的新药，现在很多艾滋病人得到有效治疗。再如因十年前美国吉利德科学公司首创的治疗丙型肝炎病毒（HCV）感染新药 SOVALDI（索福布韦）的上市，西方各国的丙型肝炎患者数量大幅度减少，从而使这种一度被认为无药可治的病毒性疾病得到有效治疗。目前国际医药市场上已有越来越多的抗病毒药物，其治疗范围涵盖从流感、丙型肝炎、水痘、艾滋病（HIV 感染）、"人乳头样病毒"（HPV）感染症到各种疱疹病毒感染及其他病毒性感染疾病。据西方医药媒体介绍，2015 年全球抗病毒药物市场总销售额已达 411 亿美元，2018年为 528 亿美元。2020 年以来因新冠肺炎疫情蔓延，全球抗病毒药物市场规模估计已突破 800 亿美元，增长速度十分惊人。总之，抗病毒药物已从50 年前国际医药市场上的小品种快速成长为主要大类品种药物。

二　抗病毒药物的主要品类

迄今为止已上市的抗病毒药物有很多种，从早期上市的吗啉胍类、金刚烷胺到随后上市的世界抗病毒药物"三剑客"（利巴韦林、阿昔洛韦与金刚乙胺）以及 20 世纪 80 年代风靡全球的 β 干扰素等重组 DNA 蛋白质类药物及形形色色的各种抗艾滋病药物（如齐多夫定等共计 40~50 种抗 HIV 药物）。为便于阐述起见，现将国际医药市场上的各种抗病毒药物按其治疗范围进行划分，如下。

①抗疱疹病毒药物（如利巴韦林、阿昔洛韦、伐昔洛韦等）。

②抗肝炎病毒药物（如干扰素、白细胞介素、索福布韦、恩替卡韦、阿糖胞苷和替诺福韦等）。

③抗艾滋病药物（已上市的抗 HIV 药物总数超过 40 种，它们分为核苷抑制剂类、逆转录酶抑制剂类和蛋白酶抑制剂类等）。

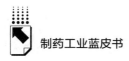
④抗流感病毒药物（不算疫苗，主要是口服抗流感药物，即奥司他韦、扎那米韦、帕拉米韦等）。

⑤其他抗病毒药物（如盐酸吗啉胍、金刚烷胺等）。

据国外医药媒体报道，以上5类抗病毒药物所占国际市场份额如表1所示。

表1　5类抗病毒药物所占国际市场份额

单位：%

序号	抗病毒药物类别	占国际市场份额
1	抗艾滋病药物（抗 HIV 药物）	32.5
2	抗疱疹病毒药物	23.0
3	抗肝炎病毒药物	21.5
4	抗流感病毒药物	16.0
5	其他抗病毒药物	7.0

（一）抗艾滋病药物

尽管艾滋病人数量并不在病毒性疾病中占首位（据世界卫生组织报道，目前全球约有 4000 万人患艾滋病，全球肝炎病人总数约有 2 亿多人），但 2018 年国际市场上抗 HIV 药物销售额却高达 250 亿美元。

（二）抗疱疹病毒药物

疱疹是一种广发性病毒病，其中之一的唇疱疹系由"单纯疱疹病毒"感染所引起，通常无须治疗就会自愈，而更严重的是带状疱疹，它不仅使人痛得无法入眠，而且还会有后遗症。生殖器疱疹则比带状疱疹更严重。目前，治疗疱疹病毒的 3 种最畅销药物为：①阿昔洛韦；②伐昔洛韦；③泛昔洛韦。上述 3 种抗病毒药物对普通疱疹都有很好的治疗效果（但它们对生殖器疱疹基本无效）。由于疱疹是一种高发性疾病，发病人数巨多，故在今后几年里抗疱疹病毒药物仍将保持增长态势。

另一种并不属于抗病毒药物，但可用于疱疹辅助治疗的产品是赖氨酸。赖氨酸也是一种广为人知的氨基酸产品，因为医学界很早发现：赖氨酸具有协助提高儿童智力发育作用，故 20 世纪 80 年代赖氨酸类制剂曾一度风靡全球（儿童增智药）。90 年代西方研究人员发现了赖氨酸的新作用，即老年人群补充摄入赖氨酸能有效预防带状疱疹。因为很多老年人饮食中缺乏赖氨酸摄入导致体内赖氨酸含量过低而易被带状疱疹病毒感染。这一新发现大大推动了赖氨酸销售新热潮。目前，在欧美国家市场上，作为防病补充剂的赖氨酸口服制剂有上百个品种之多。其年销售额高达十几亿美元，这也是许多业内人士未曾料到的。

（三）抗肝炎病毒药物

肝炎可分为甲、乙、丙、丁、戊 5 类，以乙肝（带菌者）人数为全球最多，其中约 3%~5% 的乙肝带菌者会发展成为肝硬化和肝癌。绝大多数人无碍（可以带菌生存）。而丙型肝炎（简称"丙肝"）则最为凶险，发病后死亡率很高，故必须及时治疗。十几年前美国吉利德科学公司率先在世界上开发上市了能有效治愈丙型肝炎的新药 SOVALDI（索福布韦），从而改变了临床医学界治疗丙型肝炎的模式。在其上市当年，索福布韦即创下了年销售 27 亿美元的骄人业绩。2015 年吉利德公司又推出一只抗丙肝新药 HARNONI，这一年全球抗丙肝药物市场达到惊人的 240 亿美元规模。但据西方医药媒体报道，最近 2 年里抗丙肝药物市场销售开始下滑。如 2021 年世界抗丙肝药物市场总销售额仅 195 亿美元，比其巅峰时期下降近 20%。据西方市场分析师分析，这一情况主要与西方丙肝病人并不是很多有关，而索福布韦等抗丙肝新药疗效很好，通常在治疗半年后病人体内的丙肝病毒就基本消失，故无须再服药。

西方国家对抗丙肝病毒治疗药需求数量减少导致吉利德公司销售业绩不佳，近悉吉利德公司已将目光转向中国，吉利德公司的几种抗丙肝新药均已被列入中国国家医保目录，这将确保吉利德公司开发的抗丙肝新药在中国找到了市场。目前世界上最畅销的几种抗丙肝新药（索福布韦，Harvoni，Epelua 和 Vosavi）均为吉利德公司生产，另一种新上市的抗丙肝药物为

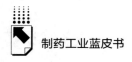

Mavyret，系艾伯唯公司生产。但该新药后来居上，2021 年全球销售额高达 59 亿美元，力压吉利德公司任何一种抗丙肝药物。据西方市场分析师估计，今后几年里世界抗丙肝药物市场只会有小幅增长。

（四）抗流感病毒药物

抗流感药物在过去 20 年里已发展成为一大品种药物。据微生物学家的分类法，流感病毒可分为甲、乙、丙、丁 4 类，以甲型和乙型流感病毒发病人数为最多。其他 2 种流感发病人数稀少。造成最高死亡率的是甲型流感和乙型流感。但自从罗氏公司在十几年前开发上市了抗流感新药奥司他韦以后，此药一直是世界抗流感药物市场上的头号畅销品种，据西方医药媒体报道，2019 年奥司他韦全球总销售额高达 180 亿美元（其中半数为各国政府采购作为对抗流感的政府储备药物）。

除奥司他韦口服抗流感药物外，抗流感疫苗也是国际医药市场上的畅销产品。据保守估计，目前全球抗流感疫苗销售额高达上百亿美元。目前，国外市场上主要有以下几类流感疫苗即密歇根 A 型毒株灭活疫苗、新加坡 A 型毒株灭活疫苗、科罗拉多 B 型毒株灭活疫苗。近年来，国外又开发上市了几只流感疫苗，其中包括普吉岛 B 型毒株灭活疫苗和（日本）山崎 B 型灭活疫苗等，全球抗流感疫苗年产量估计有十几亿人份。抗流感口服药除奥司他韦外，还有其他几只药物即扎那米韦、帕拉米韦和新上市的巴洛沙韦（Baloxavir Marboxil）等，但目前看来这些抗流感新药的销量均不如奥司他韦高。总之，抗流感病毒药物已崛起成为世界药物市场上一大类品种，其市场年增长率保持在 6% 以上。

三 抗新冠病毒药物研发情况

（一）国外抗新冠病毒药物研发情况

突如其来的新冠病毒呼吸道疾病迅速席卷全球，使临床医学界面临新问题，因为国际市场上还没有一只可治愈新冠病毒感染的药物。在临床急需新冠治疗药的推动下，各国医药科研人员均在全力研发抗新冠病毒新药。至2021年末，已有多只抗新冠病毒新药获准在美国等发达国家上市，首先上市的是吉利德公司研制的伦德西韦（lemdesivir），紧随其后上市的是默克公司研制的新药莫诺匹那韦（monuprinavir）和辉瑞公司研制的Paxlovir。它们均已获得美国FDA的紧急授权上市新药批准书。其中默克研发的抗新冠病毒新药莫诺匹那韦，据公司发言人介绍，病人在服药后可在1周内将体内病毒载量降低70%~85%，从而可缩短住院时间及大大降低死亡率。

此外，据国外媒体报道，由西方新药研发部门开发的抗新冠病毒新药正处在Ⅰ-Ⅱ期临床阶段的产品还有十几只，它们中肯定将有不少品种会获准上市。我国的重要邻国日本也是世界制药大国，日本科研人员另辟蹊径，他们努力在植物药里寻找具有抗病毒作用（尤其是抗新冠病毒）的活性成分。据PubMed（美国医学会网上图书馆）报道，日本新药研究人员对来自中国、日本、印度、印度尼西亚、墨西哥等多个国家的250种药用植物的水提取物进行了动物试验。结果发现：有12种药用植物的热水提取物显示出具有抑制新冠病毒的作用，其中以日本大根草，中国五味子，印度尼西亚丁香花蕾和印度柯子（柯黎勒）等4种药用植物水提取物的抗新冠病毒和其他病毒如1型疱疹病毒等的作用最强，且这4种植物提取物均无毒副作用。因此，上述药用植物的水提取物今后可望被开发成为能有效治疗新冠肺炎的新型口服药。且这些植物药易得，加工工艺简单，容易上马生产。

（二）中国抗新冠病毒药物研发情况

这次新冠肺炎疫情发生大大推动了中国国内抗病毒新药的研发速度。如据媒体最新报道，迄今为止，除科兴公司和国药等大企业牵头研发的新冠病毒疫苗已生产了几千亿支，并向世界数十个国家出口外，我国在开发抗新冠病毒新药方面已取得重大突破。如据媒体报道，中国科学院微生物研究所自主开发的"新冠抗体"类新药JS016已获准在国内上市，用于临床救治严重新冠患者。此外，美国已批准JS016在美国紧急上市使用。据悉该抗新冠病毒新药的全球订单已突破 100 万剂。由苏州开拓制药公司研发的新冠新药"普克鲁胺"已进入Ⅲ期临床试验并有望在 2022 年上市。此外，此药 2021 年初即已获准在美国和巴西等疫情极其严重的北美洲国家医院做临床并很有可能在 2022 年获准上市。由清华大学研发的"中和抗体"类新药 BRⅡ-196 与 BRⅡ-198 已在上年末获国家药监局紧急批准用于临床用药抢救危重新冠病人。此外，中国科学院上海药物研究所和河南的一家企业研发的抗新冠病毒新药 FB2007 VV116 等亦已进入Ⅰ-Ⅱ期临床试验并很有可能在年内上市。总之，我国以开发抗新冠病毒新药为契机，各科研部门已开始加快抗病毒新药的研发速度。可以预期在今后几年里，我国自主开发的抗病毒新药产品数量将大增。

四　世界抗病毒新药研发展望

据临床医学界的报道，病毒非常容易发生变异。以新冠病毒为例，它在短短 2 年期间即发生了很多次变异。相比之下，细菌结构则非常稳定，因为病毒无细胞膜，它们只有一层蛋白质外膜包裹着 RNA 或 DNA，其外膜很容易在传播过程中发生变化。细菌则有固定的细胞膜，故细菌不会轻易发生变异，故开发抗病毒药相对来说难度很大。这就是为何国际市场上抗病毒药物品种较少的主要原因。以这场席卷全球的新冠肺炎疫情为契机，国际医学界对病毒的作用方式了解越来越深，而世界各国的新药研发部门正在不断摸索开发抗病毒新药的全新途径。如据西方医药媒体报道，过去 20 年里已取得重大成效的抗病毒新药如下。

①"反义药物类"（anti-sense drugs）如磷酸二氨基甲酰胺吗啉低聚物等。

②乙肝病毒表面抗原分泌抑制剂类抗乙肝新药。

③"噬菌体-真核细胞络合物"抑制爱泼斯坦-巴尔病毒感染。

④vemurafenib 抑制甲型流感病毒传播。

⑤从生菜里提取的"木犀草素"可抑制乙肝病毒表面抗原。

⑥Ibalizumab 可靶向治疗 HIV 感染者。

⑦抗流感新药 BAY81-8781（HF-K8 抑制剂）取得重大研发进展。

⑧"甲酰肽受体 2"（FPR2）有望成为治疗流感新药靶向药物开发目标。

⑨"乙肝病毒表面抗原分泌抑制剂"类新药正在加快研发速度。

⑩"Bromudomalin 抑制剂"能与 RD4 特异靶点结合，从而能促进 HIV 病毒体内快速转阴。这也是近年来抗艾滋病毒新药研究最令人振奋的重大新进展。

以上报道仅为抗病毒新药研发的一小部分，欧美国家新药开发部门正在开发中的抗病毒新药还有很多，限于篇幅不能详细摘录。

综上所述，以新冠肺炎疫情为契机，因该病毒的易感性以及对人类健康构成巨大威胁，故世界各地的新药研发机构已将开发抗病毒新药作为重点研究新课题。相信在未来几年里，世界市场将迎来更多的抗病毒新药，国际抗病毒药市场前景十分光明。

B.17
靶向小分子抗肿瘤药物研究与市场开发

蔡德山*

摘　要： 近年来，国内外新上市的抗肿瘤小分子靶向药物呈现井喷的态势。国家药监局药品审评中心（CDE）审评数字不断刷新，推动了医院抗肿瘤处方药市场增长。2021年中国重点省市公立医院抗肿瘤靶向药物达到300亿元规模，抗肿瘤靶向药物包括单克隆抗体类药物和小分子靶向药物，抗肿瘤小分子靶向药物达到168.50亿元市场规模，占据抗肿瘤免疫类靶向用药的55.30%。随着临床用药总结性研究逐年更新，市场中药品不断更新迭代。在中国医药经济新常态下进行新一轮重构大趋势下，创新药已成为推动医药市场增长的重要动力。

关键词： 抗肿瘤　小分子靶向药　创新药

一　2021年新批准的小分子靶向药物概况

在国家药品集采常态化稳步推进、仿制药质量一致性评价不断提速的大趋势下，中国新药审评从数量到质量进一步向规范化纵深拓宽。2021年国家药监局药品审评中心（CDE）审评工作已悄然落下帷幕，成为中国药品发展史上的又一个里程碑。

随着CDE优化临床试验审批程序、接受境外临床试验数据、加快临床

---

* 蔡德山，北京嘉林药业股份有限公司高级工程师。

急需药品审评审批、支持罕见病治疗药品研发、实行药品与药用原辅料和包装材料关联审批等改革措施的全面落实，以及新修订的《药品注册管理办法》正式实施，新的药品注册管理体系的构建，申请临床的Ⅰ类新药数量快速增长。

2021年，Ⅰ类新药IND申请的受理批文达1765个，较上一年增长了75%，其中Ⅰ类化学新药的受理批文占据了63.46%。分析显示，国内新药申请的受理批文占比达到了78%。

中国国家药监局"官宣"2021年批准83个重磅新药上市，其中，化学药物占据45.78%，在38款化学药物中，首次批准的小分子靶向药物为15款，国产Ⅰ类创新小分子靶向药物为6款，注册进口小分子靶向药物为9款，比2020年有了大幅增长。

截至2022年4月27日，NMPA新批准小分子靶向药物6款，抗肿瘤药物是布格替尼、佩米替尼、拉罗替尼、洛拉替尼，用于特应性皮炎的小分子靶向药物是乌帕替尼和阿布昔替尼。

表1　2021年至2022年4月国家药监局批准注册进口的小分子靶向药物

No	品名	商品名	英文名	厂商	靶向	适应证	日期
1	吉瑞替尼片	适加坦	Gilteritinib Xospata,	安斯泰来	FLT3	急性髓系白血病	2021年1月30日
2	普拉替尼胶囊	普吉华	Pralsetinib, Gavreto	蓝图医药,康泰伦特	RET	非小细胞肺癌	2021年3月23日
3	瑞派替尼片	擎乐	Ripretinib, Qinlock	Deciphera, Rend Research	KIT, PDGFRA	晚期胃肠道间质瘤	2021年3月30日
4	阿伐替尼片	泰吉华	Avapritinib, Ayvakit	蓝图医药,康泰伦特	KIT, PDGFRA	转移性胃肠道间质瘤	2021年3月30日
5	利司扑兰口服散	艾满欣	Risdiplam, Evrysdi	罗氏	RNA	脊髓性肌萎缩症	2021年6月16日
6	卡非佐米注射剂	凯洛斯	Carfilzomib, Kyprolis	安进奥尼克斯,蒙沙培森	Proteasome	复发性多发性骨髓瘤	2021年7月6日

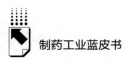
续表

No	品名	商品名	英文名	厂商	靶向	适应证	日期
7	索立德吉胶囊	奥昔朵	Sonidegib, Odomzo	太阳药业, Patheon	SMO	皮肤基底细胞癌	2021 年 7 月 20 日
8	阿普米司特片	欧泰乐	Apremilast Otezla	安进, Patheon	PDE-4	中重度斑块型银屑病	2021 年 8 月 12 日
9	塞利尼索片	希维奥	Selinexor Xpovio	Karyopharm Catalent	XPO1	复发性、多发性骨髓瘤	2021 年 12 月 14 日
10	布格替尼	安伯瑞	Brigatinib, Alunbrig	Penn/Takeda	alk	晚期转移非小细胞肺癌	2022 年 3 月 22 日
11	佩米替尼	达伯坦	Pemigatinib, Pemazyre	Xcelience/ Incyte	FGFR1/ 2/3	胆管癌	2022 年 3 月 29 日
12	拉罗替尼	维泰凯	Larotrectinib, Vitrakvi	Penn/Bayer	NTRK	乳腺癌、肺癌等 17 种癌	2022 年 4 月 8 日
13	洛拉替尼	解码乐	Lorlatinib, Lorbrena	辉瑞	ALK	非小细胞肺癌肺腺癌	2022 年 4 月 27 日

资料来源：据公开数据整理。

表 2　2021 年国家药监局批准注册国产 I 类小分子靶向药物

No	品名	商品名	英文名	厂商	靶向	适应证	日期
1	伏美替尼片	艾弗沙	Furmonertinib	上海艾力斯医药科技	EGFR-TKI	转移性非小细胞肺癌	2021 年 3 月 2 日
2	帕米帕利胶囊	百汇泽	Pamiparib	百济神州	PARP	卵巢癌、腹膜癌	2021 年 4 月 30 日
3	多纳非尼片	泽普生	Donafenib	苏州泽璟制药	VEGFR、PDGFR	肝细胞癌多靶点药物	2021 年 6 月 8 日
4	赛沃替尼片	沃瑞沙	Savolitinib	和记黄埔医药/上海合全	MET14	转移性非小细胞肺癌	2021 年 6 月 22 日
5	奥雷巴替尼片	耐立克	Olverembatinib	广州顺健生物、江苏宣泰	BCR-ABL	慢性粒细胞白血病	2021 年 11 月 24 日
6	达尔西利片	艾瑞康	Dalpiciclib	江苏恒瑞医药	CDK4/6	HR 阳性、HER2 阴性乳腺癌	2021 年 12 月 31 日

资料来源：据公开数据整理。

二 国内抗肿瘤小分子靶向药物迅猛发展

癌症是临床上难治性的肿瘤，随着医学的发展，靶向药物已是恶性肿瘤的重要克星。靶向药物市场由单克隆抗体类生物制品和小分子靶向药物构成。在国内抗肿瘤及免疫市场中，小分子靶向药物以口服制剂的优势与单克隆抗体注射剂平分秋色。

据中国Ⅰ类新药靶点白皮书的热门靶点分析，在目前上市和在研药物靶点中，2021 年有五大热门靶点，吸引药企纷纷布局，分别为 PD-L1、PD-1、VEGFR、Claudin 18.2、CD3。不容置疑，在上市的药物中，酪氨酸激酶（TKI）抑制剂占据了主要份额。

在处方药市场上，以针对内皮细胞生长因子受体的酪氨酸激酶抑制剂较多。此外是针对血管内皮细胞生长因子受体的一类小分子的靶向药物。随着对肿瘤发生癌变机理研究的纵深进展，特异性治疗靶点的药物和多靶点的多激酶抑制剂进入市场。

米内网数据显示，2021 年中国重点省市公立医院抗肿瘤小分子靶向药物终端市场为 168.50 亿元，同比增长 10.75%（见图 1），其中蛋白激酶抑制剂占据小分子靶向药物市场，规模为 84.54 亿元，同比增长 13.41%。在国家药品谈判、进入医保和降价的形势下，受益群体增加，市场持续增长，预计 2022 年中国抗肿瘤小分子靶向药物将超过 200 亿元市场规模。

近年来，新上市的抗肿瘤小分子靶向药物高歌猛进，面对巨大的市场和开发潜力，抗肿瘤靶向药物市场吸引了越来越多的制药厂商的目光。在加大研发力度、合作开发和大中华地区总代理等多种方式的引导下，制药厂商成功地寻找并开发出更多新的抗肿瘤靶向药物，推动特异性靶点、多靶点及多激酶抑制剂靶向治疗药物在治疗中发挥了重要作用。尤其是针对非小细胞肺癌的研究比较透彻，治疗乳腺癌、白血病、多发性骨髓瘤的靶向治疗药物实现了国产化，针对肝癌、胃癌和卵巢癌的小分子靶向药物取得长足进步（见图 2）。

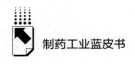

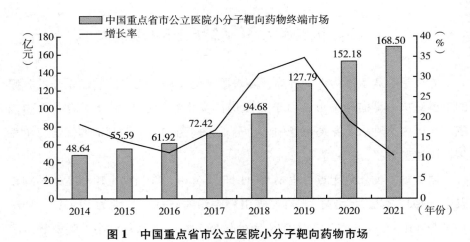

图1　中国重点省市公立医院小分子靶向药物市场

资料来源：米内网。以下图表若无特别说明，资料来源均为米内网。

图2　中国重点省市公立医院非小细胞肺癌小分子靶向药市场

三　19个小分子靶向肺癌药竞逐国内300亿元市场

近年来，靶向和免疫药物势如破竹地研发和上市，让肺癌的治疗效果不断提升。2022年CSCO指南公布，全球肺癌的发病概率越来越高，肺癌靶向药物研发管线的新产品不断问世，完善了化药、抗体免疫类临床药物。肺癌靶向药物已从第一代发展到第三代，从而使晚期或转移性非小细胞肺癌获得了医治。

截至 2022 年 4 月底国家药监局官网数据显示，中国已批准 19 个非小细胞肺癌靶向小分子药物。2022 年 1~4 月 NMPA 新批准了 3 个治疗非小细胞肺癌靶向小分子药物，分别是布格替尼（安伯瑞）、拉罗替尼（维泰凯）和洛拉替尼（解码乐）。

众所周知，吉非替尼（易瑞沙）是 2004 年我国上市的首个第一代非小细胞肺癌靶向小分子药物，随后抗非小细胞肺癌靶向药物竞相开发上市。迄今，批准的进口注册非小细胞肺癌靶向小分子药物总数已达 13 个。

分析表明，中国自主研发的 I 类新药 6 个，分别是贝达药业的埃克替尼（凯美纳）、恩沙替尼（贝美纳），正大天晴药业的安罗替尼（福可维），江苏豪森的阿美替尼（阿美乐），上海艾力斯的伏美替尼（艾弗沙），和记黄埔的赛沃替尼（沃瑞沙）。

此外，国内 14 家非小细胞肺癌靶向小分子药物仿制获得批准。随着肺癌领域靶向新药爆发式地开发上市，相对罕见的靶点取得了突破，推动肺癌的治疗迈进了一大步。

米内网数据显示，2021 年中国重点省市公立医院非小细胞肺癌小分子靶向药物终端市场为 45.67 亿元，同比增长了 5.24%。2019 年在国采降价前，这一类药物增长达到顶峰，其增长率达到 118.61%。由于小分子靶向药物是口服药物，在各级医院及零售药店有着广泛的销售渠道，估计国内总体市场已达 300 亿元规模。

2021 年中国重点省市公立医院非小细胞肺癌（NSCLCs）小分子靶向药物终端市场中居于首位的品种是阿斯利康的奥希替尼片（泰瑞沙），占据了 NSCLCs 小分子靶向药的 30.11%，居第 2 位的是正大天晴药业的安罗替尼胶囊（福可维），为 19.46%（见图 3）。

CSCO 最新指南中，安罗替尼被推荐为 IV 期 EGFR 突变 NSCLC 靶向及含铂双药治疗失败后治疗的 II 级推荐之一，以及 IV 期 ALK 融合 NSCLC 靶向及

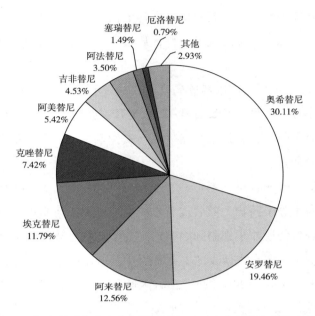

图 3 2021 年中国重点省市公立医院 NSCLCs 小分子靶向药物市场格局

含铂双药治疗失败后治疗的Ⅲ级推荐。

据中康 CHIS 系统数据，2021 年，国内安罗替尼胶囊市场销售额已近 50 亿元规模，是国产 NSCLCs 小分子靶向药中的佼佼者（见图 4）。尽管受国谈降价影响，安罗替尼在国内公立医院销售额稍有下滑。但是，未来有望从多维度进行市场学术领航，进一步推动放量突破。

米内网数据显示，非小细胞肺癌（NSCLCs）小分子靶向药物终端市场中增长快的品种是贝达药业的恩沙替尼、罗氏的阿来替尼、辉瑞的达可替尼和豪森药业阿美替尼。这主要是这些药品进入医保目录和大幅降价后，拉动了市场快速增长。豪森药业自主研发的国产Ⅰ类 NSCLCs 小分子靶向新药阿美替尼片（阿美乐）增长率最高，2021 年中国重点省市公立医院增长率为 2556.77%，占据这一类药物市场的 5.42%。

MED 中国药品审评数据库 2.0 显示，截至 2022 年 4 月底数据，已有多款 NSCLCs 小分子靶向药物处于开发中，如贝达药业的贝福替尼、艾森生物

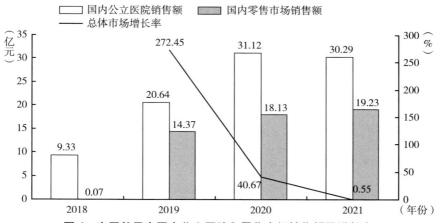

图 4 安罗替尼在国内公立医院和零售市场销售额及增长率

资料来源：中康 CHIS 系统。

的艾维替尼、默克雪兰诺的特泊替尼等进入报产阶段。此外，NSCLCs 小分子靶向药物有 9 家厂商的 6 个品种已进入审评审批程序中（见表 3）。获批后的 NSCLCs 小分子靶向药物赛道将倍显拥挤，加速了医疗保障的红利的释放。

表 3 非小细胞肺癌（NSCLCs）小分子靶向药物审评审批中的品种

No	受理号	药品名称	企业名称	注册类型	承办日期
1	CYHS2101144	甲磺酸奥希替尼片	江苏万邦生化医药集团	仿制 4	2021 年 5 月 12 日
2	CYHS2100053/4	克唑替尼胶囊	江苏万邦生化医药集团	仿制 4	2021 年 1 月 13 日
3	CYHS2101266	盐酸厄洛替尼片	山东朗诺制药	仿制 4	2021 年 6 月 7 日
4	CYHS2101260	盐酸厄洛替尼片	吉林敖东洮南药业	仿制 4	2021 年 6 月 4 日
5	CYHS2000703	吉非替尼片	四川美大康华康药业	仿制 4	2020 年 10 月 10 日
6	JXHS2000064	吉非替尼片	NatcoPharma Limited；重庆嘉士腾	进口 5.2	2020 年 5 月 27 日

No	受理号	药品名称	企业名称	注册类型	承办日期
7	CYHS2100221	塞瑞替尼胶囊	江苏奥赛康药业	仿制4	2021年2月23日
8	CYHS2101055	马来酸阿法替尼片	上海创诺制药	仿制4	2021年4月19日
9	CYHS2101073/4	马来酸阿法替尼片	甘肃兰药药业	仿制4	2021年4月19日

资料来源：MED 中国药品审评数据库 2.0 数据。

四 靶向口服小分子白血病药物日新月异

人类迈入 21 世纪后，世界上第一个针对癌细胞基因突变的靶向药伊马替尼—格列卫问世了！迄今为止，这是长期疗效最好的靶向药物之一，它让《我不是药神》中的慢粒白血病患者五年存活率从 30% 飞跃到了 90%。随后 20 年中，针对白血病靶点的 TKI、BTK、FLT3、BCL-2 和 BCR-ABL 等多个靶向药逐渐问世。

我国有 400 万左右的白血病生存者，每年新生按 5/10 万的比例递增。根据主要受累细胞的系列，急性白血病分为急性髓系白血病和急性淋巴细胞白血病，慢性白血病分为慢性粒细胞白血病和慢性淋巴细胞白血病。靶向小分子口服药物具有服用方便和通常日服一次的特点，已成为白血病患者重要选择之一。

截至 2021 年 11 月 24 日，NMPA 批准亚盛医药子公司广州顺健生物医药的原创 I 类新药奥雷巴替尼片（耐立克）后，国内已有 10 个小分子靶向药品注册。治疗慢性粒细胞白血病的小分子蛋白激酶抑制剂已从第一代药物发展到第三代，分别是伊马替尼、尼洛替尼、达沙替尼、氟马替尼、奥雷巴替尼，以及最新批准的 FLT3 突变难治性或复发性急性髓系白血病靶向药物吉瑞替尼。国内批准上市的慢性淋巴细胞白血病药物是伊布替尼、泽布替尼、奥布替尼、维奈克拉。

米内网数据显示，2021 年中国重点省市公立医院白血病小分子靶向药市场近 15 亿元，同比增长 12.22%（见图 5）。粒细胞白血病和慢性淋巴细胞白血病靶向药物的 13 个品牌比例见图 6，用量较大的是诺华的格列卫，占 25.18%；康泰伦特的亿珂占据了 22.06%；诺华的达希纳占 18.79%；百济神州的百悦泽占 9.03%；江苏豪森的昕维占 7.67%。

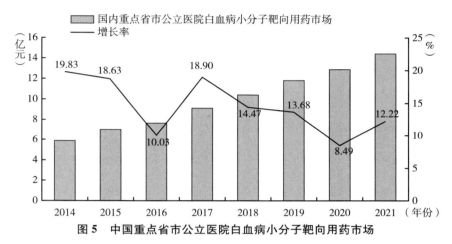

图 5　中国重点省市公立医院白血病小分子靶向用药市场

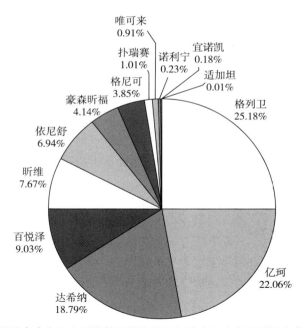

图 6　中国重点省市公立医院粒细胞和淋巴细胞白血病小分子靶向药品牌市场

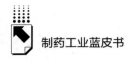

已在国家药监局 CDE 审批审评中的仿制 4 类报产药物有先声药业的伊布替尼胶囊，山东新时代药业的达沙替尼片，齐鲁制药和苏州特瑞药业尼洛替尼胶囊、江尖峰药业、福建南方制药、重庆圣华曦药业和上海创诺制药的伊马替尼片（见表 4）。

表 4　审批审评中的白血病小分子靶向药物

No	企业名称	药品名称	注册类型	受理号	承办日期
1	先声药业	伊布替尼胶囊	仿制 4	CYHS2101039	2021 年 4 月 7 日
2	山东新时代药业	达沙替尼片	仿制 4	CYHS2101524	2021 年 8 月 5 日
3	齐鲁制药	尼洛替尼胶囊	仿制 4	CYHS2101980	2021 年 11 月 8 日
4	苏州特瑞药业	尼洛替尼胶囊	仿制 4	CYHS2101732	2021 年 9 月 15 日
5	浙江尖峰药业	伊马替尼片	仿制 4	CYHS2000253	2020 年 4 月 21 日
6	福建南方制药	伊马替尼片	仿制 4	CYHS2000098	2020 年 2 月 14 日
7	重庆圣华曦药业	伊马替尼片	仿制 4	CYHS1900705	2019 年 10 月 23 日
8	上海创诺制药	伊马替尼片	仿制 4	CYHS1700689	2018 年 5 月 21 日

资料来源：MED 中国药品审评数据库 2.0 数据。

五　小分子靶向药物治疗乳腺癌

随着人类对乳腺癌生物学研究的推进，乳腺癌的治疗由手术治疗、放疗、化疗及内分泌治疗和中医药治疗进入综合性靶向药物治疗时代。在新版国家医保目录中，抗肿瘤化药进一步细化分类，包括烷化剂、抗代谢类、植物生物碱及其他天然药物、细胞毒类抗生素及相关药物、其他抗肿瘤药、内分泌治疗用药和治疗解毒药等七个亚类 92 个药物。

乳腺癌是人类最常见的恶性肿瘤之一，乳腺癌分期和分型是检查确诊中的重要环节，乳腺癌分为 Luminal A 型和 B 型、HER2 过表达型、基底样型四种类型。在原发性乳腺癌人群中 HER2 过度表达型占 25%~30%，其具有精准的治疗用药特点，从而通过药物精准地作用于肿瘤细胞的某一个环节，使肿瘤细胞停止生长。随着医疗水平的提高，乳腺癌中除了 HER2 靶点之外，还发现有 mTOR、CDK4、CDK6 等新的靶点，从而推出针对不同靶点的治疗药物研发。

近两年，抗体类药物、小分子靶向药物进入医保后，在乳腺癌治疗领域，可针对不同年龄阶段以及作用于细胞表面的人表皮生长因子Ⅱ型受体（HER2）表达的差异化，多种治疗方案进一步提高了患者存活率。

米内网数据显示，2021年中国重点省市公立医院乳腺癌治疗药物市场为178.58亿元，同比增长9.20%（见图7）。尤其是新一轮药品价格谈判成功后，新版医保目录增加了生物工程药物、小分子靶向药物和化学新药和新剂型。其中曲妥珠单抗、帕妥珠单抗、吡咯替尼、阿贝西利、阿帕替尼、奈拉替尼等治疗乳腺癌的靶向药物成为中流砥柱（见图8）。

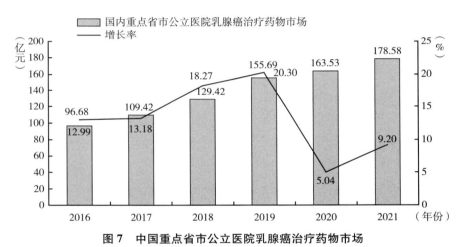

图7 中国重点省市公立医院乳腺癌治疗药物市场

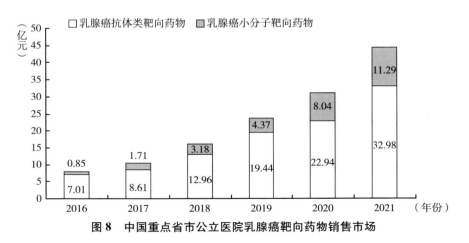

图8 中国重点省市公立医院乳腺癌靶向药物销售市场

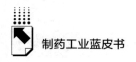

六 结语

癌症一直是人类在肿瘤治疗进程中的重大挑战。但生物工程抗体类药物问世后，改变了传统化药的治疗模式，抗肿瘤小分子靶向药物以治疗手段、给药方式比较方便和安全而得到患者的青睐。但是靶向药物的昂贵治疗费用，也让平民百姓望而却步。随着国采、降价和医保政策的调整，昂贵的药物进入寻常患者家，从而推动了抗肿瘤生物工程类药物和小分子靶向药物的快速发展。

B.18
实验设计在探针法研究凝胶膏
黏着力中的应用

陈华　陈光　马迅　徐代月[*]

摘　要： 本文采用实验设计（DoE）的方法研究了凝胶膏探针黏着试验的影响因素。采用46次响应面设计，考察了剥离速度、停留时间、接触力、膏层厚度、支撑剂用量和API含量对黏结性能的影响，确定了应力-应变曲线的最大值。结果表明，除停留时间外所研究的其他5个因素对响应都有显著影响，并且通过DoE方式发现支撑剂用量、接触力、膏层厚度和API含量之间的两个因子相互作用。黏着力与支撑剂用量呈现负相关。

关键词： 吲哚美辛凝胶膏　黏结力　探针

一　探针法研究介绍

透皮贴剂可以避免口服给药的许多不足，比如肝代谢引起的首过效应，酶降解，药品在酸性条件下的水解，胃肠道刺激等，因此其具有广泛的医疗用途[①]。

---

[*]　陈华，中国食品药品检定研究院化药室主任，主任药师；陈光，北京化工大学生命科学与技术学院副教授；马迅，中国食品药品检定研究院主管药师；徐代月，中国食品药品检定研究院实习生。

① Al Hanbali OA. KH, Sarfraz M., Arafat M., Ijaz S., Hameed A., "Transdermal patches: Design and current approaches to painless drug delivery", *Acta Pharm*, 2019, 69 (2): 197–215. Avinash Kumar S., Rizwana K., Bhawna S., Transdermal Drug Delivery System (PATCH)", *World Journal of Pharmaceutical Research*, 2019, 8: 325–43. Mastrangelo S. CM, Triarico S., Attinà G., Maurizi P., Romano A., Ruggiero A., "Opioid transdermal delivery system: a useful method for pain management in children", *Annals of translational medicine*, 2021, 9 (2): 185.

黏附性能是透皮贴剂的一个关键质量属性，除了影响患者的直接感受，更直接影响到药物的释放、渗透及最终的疗效[①]。黏附性能可以通过测定黏结力、剪切强度和剥离附着力来评价。黏结力是通过与表面简单接触形成可测量强度的黏结的能力[②]，一般可以用滚球法、小环法、探针法和快黏测量[③]。有研究表明，探针黏附试验作为一种体外工具应用，可以很好地预测透皮贴片的体内性能[④]。通过探针黏结试验可以观察到复合材料的脱黏过程。由此产生的应力-应变曲线的形状取决于停留时间以及接触力、黏合剂基体厚度和分离速度[⑤]。

与压敏胶类透皮贴剂不同，凝胶膏剂通过其亲水性 3D 结构可以保有大量的水分，存在黏附性好、致敏性和刺激性小等特点[⑥]。但也因为凝胶膏剂

① Davis D. A., M. P., Zamloot M. S., Kucera S. A., Williams RO 3rd, Smyth HDC, Warnken ZN., Complex Drug Delivery Systems: Controlling Transdermal Permeation Rates with Multiple Active Pharmaceutical Ingredients, *AAPS Pharm Sci Tech*, 2020; 21 (5): 165. Banerjee S., Chattopadhyay P., Ghosh A., Datta P., Veer V., "Aspect of adhesives in transdermal drug delivery systems", *International Journal of Adhesives and Adesives*, 2014, 50: 70-84. Venna D., Khan A. B. "Role of adhesives in transdermal drug delivery: a review", *International Journal of Pharmaceutical Sciences and Research*, 2012, 3 (10): 3559-64. Cilurzo F., Gennari C. GM, Minghetti P., "Adhesive properties: a critical issue in transdermal patch development", *Expert Opin Drug Deliv*, 2012, 9 (1): 33-45. Chen XaW., Yaxin and Cheng, Zhipeng and Wei, Jie and Shi, Yifeng and Qian, Jun. "Diffusion Behavior of Drug Molecules in Acrylic Pressure-Sensitive Adhesive", *ACS Omega*, 2020, 5 (16): 9408-19. Bozorg B. D. B. A., "Effect of Different Pressure-Sensitive Adhesives on Performance Parameters of Matrix-Type Transdermal Delivery Systems", *Pharmaceutics*, 2020, 12 (3): 209.
② Creton C., Fabre P. Chapter 14-Tack. In: Dillard DA, Pocius AV, Chaudhury M, editors. Adhesion Science and Engineering. Amsterdam: Elsevier Science B. V., 2002. p. 535-75.
③ Roberts BDSAaR., Measurement Good Practice Guide N o. 26 Adhesive Tack1999.
④ Gutschke E., Bracht S., Nagel S., Weitschies W., Adhesion testing of transdermal matrix patches with a probe tack test—in vitro and in vivo evaluation. European journal of pharmaceutics and biopharmaceutics: official journal of Arbeitsgemeinschaft fuer Pharmazeutische Verfahrenstechnik eV. 2010; 75 (3): 399-404.
⑤ Donatas Satas, Handbook of Pressure Sensitive Adhesive Technology, 3rd Edition, *International Journal of Adhesion & Adhesives*. 2000, 20 (5): 427-427.
⑥ 侯雪梅、丁宝月、张纬、李卫华、高申：《水凝胶贴剂的研究进展及目前存在的问题》，《药学服务与研究》2012 年第 6 期。Jung H., Kim M. K., Lee J. Y., et al., Adhesive Hydrogel Patch with Enhanced Strength and Adhesiveness to Skin for Transdermal Drug Delivery. Advanced Functional Materials. 2020, 30 (42): 2004407。

半固体的聚合物属性，导致其膏体厚度较大、背衬层的容易产生变形等，剪切强度和剥离附着力的测试方式比较难以应用到凝胶膏剂，而探针黏结试验更容易应用于柔性材料的黏附性能测试当中①。

虽然有一些使用探针法检测透皮贴剂黏附性能的报道，也有较为详细分析测试参数与处方参数对透皮贴剂黏附性能影响的报道②，但对于凝胶膏剂这一特殊剂型来说，很少看到系统性的研究报道。本文以含吲哚美辛的凝胶膏剂为研究对象，采用实验设计（DoE）方法，对影响探针黏性测试结果的所有重要因素和可能的相互作用进行了系统性分析。

响应曲面设计是利用合理的试验设计方法并通过实验得到一定数据，采用多元二次回归方程来拟合因素与响应值之间的函数关系，通过对回归方程的分析来寻求最优工艺参数，解决多变量问题的一种统计方法。传统的试验设计与优化方法都不能给出直观的图形，因而也不能凭直觉观察其最优化点，虽然能找出最优值，但难以直观地判别优化区域。为此响应面分析法（也称响应曲面法）应运而生。响应面分析也是一种最优化方法，它是将体系的响应作为一个或多个因素的函数，运用图形技术将这种函数关系显示出来，以供我们凭借直觉的观察来选择试验设计中的最优化条件。响应曲面设计可用于对连续因子构建二次曲面模型。若因子区域中存在最小或最大响应，响应曲面模型可将其精确定位。

二　材料和方法

（一）材料

研究中使用了以下材料，见表1。

---

① Creton C., Ciccotti M., "Fracture and adhesion of soft materials: a review", *Reports on Progress in Physics*, 2016, 79 (4): 046601.

② Michaelis M., Leopold C. S., "A measurement system analysis with design of experiments: Investigation of the adhesion performance of a pressure sensitive adhesive with the probe tack test", *International Journal of Pharmaceutics*, 2015, 496 (2): 448-456.

表1　实验所用试剂

试剂	规格	厂家
吲哚美辛	分析纯	上海麦克林生化科技有限公司
柠檬酸	化学纯	北京华威锐科化工有限公司
聚丙烯酸钠	化学纯	北京百灵威科技有限公司
卡波姆	化学纯	北京伊诺凯科技有限公司
甘油	化学纯	光复精细化工有限公司
甘羟铝	化学纯	北京化工厂
水	纯化水	自制

（二）方法

1. 实验设计

为了检验潜在影响因素的显著性和探针黏结试验结果的线性，参考文献及前期实验结果[①]，选择了6个因素：剥离速度（A）、停留时间（B）、接触力（C）、膏层厚度（D）、API含量（E）和支撑剂用量（F）。为了评估这6个因素的主要影响、它们之间的相互作用和二次效应，采用JMP 13软件（SAS Institute Inc.，USA）建立了一个随机响应面设计，将Tack force作为最终响应，将6个因素作为连续因子，数值变化范围分别设定为：Detachment speed（剥离速度）（A）为1~5、Dwell time（停留时间）（B）为1~10、Contact force（接触力）（C）为10~200、Matrix thickness（膏层厚度）（D）为150~450、API content（API含量）（E）为0~4、Tackifier（支撑剂

---

① Michaelis M. Leopold C. S.，"A measurement system analysis with design of experiments：Investigation of the adhesion performance of a pressure sensitive adhesive with the probe tack test"，*International Journal of Pharmaceutics*，2015；496（2）：448-56. 陈倩倩、刘杰、徐鑫、朱冬梅、陈俊亮、陈建英：Effect of Carbomer 980 and Carbomer 981 with Different Addition Proportions on the Rheological Property of Metronidazole，Clotrimazole and Chlorhexidine Acetate Gel，《中国药师》2019年第1期。李玉凤、邢绍荣、左宁、陈华：Study on the adhesion of indomethacin cataplasm by probe method，《药物分析杂志》2020年第5期。

用量）（F）为 0.5~2.5。按照响应曲面中心复合设计，采用随机试验顺序，通过制表后共生成 46 次实验（见表 2）。

表 2　探针黏结试验的实验设计

No.	Detachment speed （A，mm/min）	Dwell time （B，s）	Contact force （C，gf）	Matrix thickness （D，μm）	API content （E，%）	Tackifier （F，%）
1	1	1	10	450	4	2.5
2	5	10	200	150	0	0.5
3	3	5.5	105	300	2	1.5
4	1	1	10	150	4	0.5
5	1	10	200	450	4	2.5
6	1	10	200	450	0	0.5
7	5	10	10	150	4	0.5
8	1	10	10	450	4	0.5
9	1	1	200	450	0	2.5
10	3	5.5	105	150	2	1.5
11	3	5.5	200	300	2	1.5
12	1	1	10	450	0	0.5
13	3	10	105	300	2	1.5
14	5	1	10	450	0	2.5
15	3	5.5	105	300	2	0.5
16	1	1	200	150	0	0.5
17	5	10	200	150	4	2.5
18	5	1	10	450	4	0.5
19	5	5.5	105	300	2	1.5
20	1	5.5	105	300	2	1.5
21	3	5.5	105	300	0	1.5
22	5	10	200	450	4	0.5

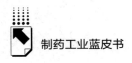
续表

No.	Detachment speed (A,mm/min)	Dwell time (B,s)	Contact force (C,gf)	Matrix thickness (D,μm)	API content (E,%)	Tackifier (F,%)
23	5	1	200	450	0	0.5
24	3	1	105	300	2	1.5
25	5	1	200	450	4	2.5
26	5	1	200	150	4	0.5
27	1	10	10	150	0	0.5
28	3	5.5	105	300	4	1.5
29	3	5.5	10	300	2	1.5
30	1	10	200	150	0	2.5
31	5	1	10	150	4	2.5
32	3	5.5	105	450	2	1.5
33	5	10	10	150	0	2.5
34	5	1	10	150	0	0.5
35	3	5.5	105	300	2	1.5
36	3	5.5	105	300	2	2.5
37	5	1	200	150	0	2.5
38	1	1	200	450	4	0.5
39	1	1	10	150	0	2.5
40	1	10	200	150	4	0.5
41	5	10	10	450	0	0.5
42	1	10	10	450	0	2.5
43	5	10	200	450	0	2.5
44	1	10	10	150	4	2.5
45	5	10	10	450	4	2.5
46	1	1	200	150	4	2.5

2. 胶黏剂基体的制备

为了进行探针黏着试验，根据表2的实验设计制备了不同厚度、不同支撑剂含量和吲哚美辛含量的吲哚美辛巴布剂。其中巴布剂处方为：吲哚美辛0%~4%，支撑剂卡波姆0%~2.5%，甘羟铝0.4%，柠檬酸0.35%，聚丙烯酸钠12%，甘油60%，其余部分为水。

其制备方法如下。

精密称取处方中药物后，将吲哚美辛溶解于甘油、柠檬酸和聚丙烯酸钠制备得A相，再将卡波姆以及甘羟铝混合入水中制得B相，将A相和B相混合搅拌混匀，使药物充分溶解分散，除泡，涂布，剪切。再将新制备的巴布剂放入干燥箱中熟化2小时后即得巴布剂成品。

因为凝胶膏剂容易变形，难以直接测量其厚度，使用精密电子游标卡尺来测量涂布机上膏体涂布刀口的位置，进而控制凝胶膏剂基质的厚度。

3. 流变仪

巴布剂中吲哚美辛含量分别为0%、2%和4%。将膏体转移至直径为20毫米的圆盘并转移到旋转流变仪平行板几何结构上。

实验采用旋转流变仪，配备20.0 mm一次性铝平行板。使用TRIOS软件对实验数据进行采集和处理。

在100 rad/s应变扫描确定线性黏弹性区（LVR）后，每个样品在21℃下，在0.1到100 rad/s的5%应变下进行频率扫描。

4. 探针黏性试验

使用配备有直径7mm不锈钢探针的Instron通用材料试验机（Instron Inc. USA）进行探针黏附试验。探针的开发是为了在接触过程中对试样施加恒定的垂直应力，其上端连接到材料实验机上的应力传感器。对于探针黏性测试测量，将干黏合剂基质从释放衬垫转移到铝样品支架上，然后移除释放衬垫。应力传感器可以双向感知应力，在探针下降接触样品并达到指定压力后，传感器控制探针停止下降，停留到指定时间后探针开始上升，传感器同时测量应力。作为黏结，确定了应力－应变曲线（见图1）的最大值（σ_{max}）。所有测量重复2次。

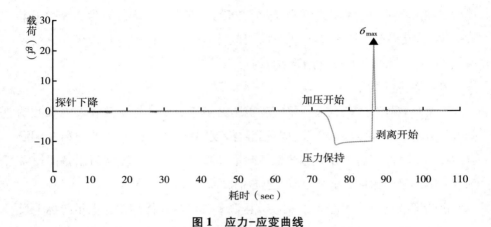

图 1　应力–应变曲线

三　结果与讨论

（一）流变仪

描述机械剪切变形总阻力的模量 G * 随着扫描频率的增加而增大（见图 2），并且随着吲哚美辛含量的增加，模量 G * 在所有研究频率下都增大。

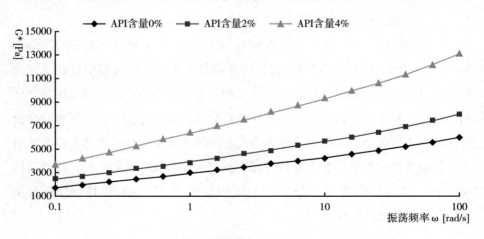

图 2　振荡频率扫描结果

（二）方法

1. 探针黏性试验结果的方差分析

探针黏性试验的结果如表 3 所示。

表 3　探针黏性试验的结果

No.	Tack force(gf)	No.	Tack force(gf)	No.	Tack force(gf)	No.	Tack force(gf)
1	14.632	13	29.160	25	18.927	37	27.128
2	34.885	14	23.831	26	100.490	38	20.971
3	25.408	15	40.136	27	23.157	39	19.532
4	18.928	16	34.034	28	27.606	40	65.845
5	15.362	17	35.095	29	32.401	41	27.463
6	27.252	18	26.261	30	21.566	42	19.107
7	55.644	19	26.655	31	26.938	43	24.350
8	24.418	20	22.856	32	22.834	44	21.057
9	12.632	21	28.536	33	30.073	45	28.070
10	50.570	22	44.683	34	26.559	46	19.821
11	27.870	23	32.200	35	39.658		
12	26.320	24	32.430	36	22.648		

采用 JMP 13 软件经过降阶后得到了一个非常显著的模型，调整后的 R^2 为 0.83，拟合模型周围数据的变化，即所谓的失拟检测（LOF）不显著（$P = 0.6913$）。根据该模型对所有影响因素及因素间交互影响的显著性进行了统计分析，结果表明，除停留时间外所研究的其他 5 个因素对响应都有显著影响（$P < 0.05$），并且发现支撑剂用量、接触力、膏层厚度和 API 含量之间的两个因子相互作用也都有显著影响（$P < 0.05$）。

2. 主效应区评价

剥离速度（A）、停留时间（B）、接触力（C）、膏层厚度（D）、API 含量（E）和支撑剂用量（F）等因素的主要影响曲线如图 3 所示。

（1）因素 A：剥离速度。从图 3 可以明显看出，剥离速度对 σ_{max} 有显著影响。黏性取决于探针和黏合剂之间的黏结和脱黏过程，因此取决于储能模

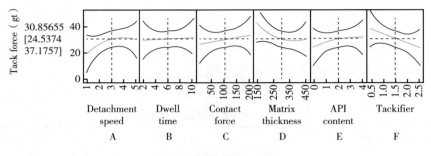

图3　各因素影响曲线

量 G'，G' 越大，则黏性越高[1]。然而，G' 取决于所用的实验参数，如以剥离速度表示的应变速率。剥离速度（v）与应变速率（γ）成正比，流变实验结果表明，在剥离阶段以切割剥离速度经历了所谓的应变硬化（G*增大），这也是剥离速度与黏性呈现正相关的原因。

（2）因素 B：停留时间。如图 3 所示，与压敏胶的结果不同，停留时间对响应 σ_{max} 几乎没有影响。黏性也是润湿的一种功能，良好的润湿性一方面要求黏合剂有足够的流动性，另一方面要求黏合剂有足够的时间在接触区域上扩散。凝胶膏由于其本身良好的润湿性，黏性可以非常快地产生，以至于 1~10s 的停留时间范围内黏性只有略微的上升，而无法体现出显著性的作用。

（3）因素 C：接触力。施加的接触力对黏结有显著影响，随着接触力的增加，σ_{max} 增加（见图3）。在高接触力下，由于接触面积 Ac 和接触力 Fc 之间的正相关关系，扩散和润湿更为明显。

$$Ac \approx \beta \frac{Fc}{Ea}$$

（4）因素 D：膏体厚度。探针黏结试验获得的数据表明，σ_{max} 与膏体厚度有显著相关。膏体厚度 h 的增加，脱黏阶段的应变速率 γ 将降低。

① Gutsche C. Pressure – sensitive adhesives and applications. István Benedek，second edition，2004 Marcel Dekker，Inc.，New York，2005.

$$\gamma = \frac{v}{h}$$

如上所述，σ_{max} 取决于应变速率，膜厚增加会对黏结产生负面影响，因此应变率随着黏合剂基体厚度的增加而非线性降低（见图 3）。

（5）因素 E：API 含量。API 含量对 σ_{max} 有显著性影响，随着 API 含量的增加，σ_{max} 线性上升（见图 3）。根据流变学测量所得数据，模量（G＊）随着 API 用量的增加而在所有研究频率增大，进而导致黏性的增加。

（6）因素 F：支撑剂用量。支撑剂用量对 σ_{max} 有显著性负面影响，随着支撑剂用量的增加，σ_{max} 线性下降（见图 3）。这可能是由于支撑剂用量的增加，凝胶分子内的相互作用加强，结构更稳定，但同时提高了膏体的机械强度，降低了膏体的弹性模量进而引起了黏性的下降。

四 结论

通过合理数量的实验，具有统计功能的实验设计方法可以清楚地确定剥离速度、接触力、膏层厚度、API 含量和支撑剂用量等因素显著地影响了凝胶膏剂的黏附性能。探针法作为一种灵敏可靠的黏结力检测方法，完全可以应用到凝胶膏剂黏附性能的检测及处方筛选中。

B.19
我国维生素B6产销概况及前景展望

张 伦[*]

摘 要： 维生素B6为一种重要的水溶性B族维生素，是人类和动物不可或缺的营养补充剂。我国生产维生素B6已有几十年历史，改革开放以来，我国维生素B6产销呈现快速增长的态势，现已成为全球最大的生产和出口基地。目前我国企业生产规模庞大，工艺技术十分成熟，具有自主知识产权，上下游产业链配套完善，销售价格竞争力很强，在国际市场上占有举足轻重的地位。未来维生素B6国内外市场将长期看好，我国产销还会进一步提高。

关键词： 维生素B6 原料药 医药市场

维生素B6又称盐酸吡多辛、吡多醇等，为一种重要的水溶性B族维生素，参与机体生物氧化过程，是人类和动物不可或缺的营养补充剂。《中国药典》自1963年版以来，历版均收载了维生素B6，它亦被收入《美国药典》《英国药典》《日本药局方》《印度药典》等许多国家的药典以及《欧洲药典》和《国际药典》中。多年来，维生素B6国内外市场需求不断上升，我国产销一直保持快速增长态势，现已成为全球最重要的生产和出口基地，市场前景十分看好。

---

* 张伦，工程师，南京制药厂研究所，专注于药品生产工艺及市场发展等方面的研究。

一 我国生产状况

维生素 B6 最早于 1926 年被发现，科学家在对老鼠进行诱导糙皮病的饲料实验中发现，吡多醇缺乏可以使老鼠患糙皮病。1934 年，Gyorgy 等人将它与 B 族维生素中的其他成分区分开来，并将其命名为维生素 B6。1938 年，Kuhn 和 Harris 等人成功分离出维生素 B6，并确定了它的结构式。1958 年，Pollak 成功地进行了人工合成。自此以后，全球有许多企业开始工业化生产。瑞士罗氏公司是国际生产巨头，长期垄断着全球市场。

（一）我国生产起步迅速

我国最早于 1960 年由上海新亚制药厂研发成功维生素 B6 并投入工业化生产，之后全国有多家医药企业生产。当时生产工艺是用甲氧基乙烯丙酮与氰乙酸乙酯进行环合反应，再经过硝化反应、氧化反应、氯化反应和氢化反应等，制得 2-甲基-3-氨基-4-甲氧甲基-5-氨甲基吡啶，然后经过重氮化反应和成盐反应等工序，最后生成维生素 B6。由于那时的工艺步骤繁多，生产条件要求高，产量很少，全国年产量只有几十吨。

维生素 B6 的生产工艺较为复杂，早期我国企业采用的工艺技术不够先进，收率和质量达不到预定水平，以至于很多年里，企业规模不能进一步扩大，生产成本偏高，产品缺乏市场竞争力，只能供应国内市场。

20 世纪 80 年代中期，上海医药工业研究院的科研人员经过长期反复的研究，成功研发出维生素 B6 噁唑法合成新工艺。新工艺对老的合成方法进行了重大变革，以关键中间体 4-甲基-5-乙氧噁唑的合成法取代了以前的吡啶酮合成法。该工艺具有自主知识产权，不仅获得了国家发明专利，还获得了国家科学发明奖三等奖。

该工艺反应步骤少，收率高，质量易控，大大降低了生产成本，达到了国际先进水平，很快就在国内实现了产业化。全国有多家企业先后采用该工艺生产维生素 B6，使得我国的生产规模迅速扩大，产量快速提高，成本大

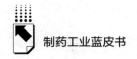

幅降低，市场竞争力极大提升，一跃成为全球维生素 B6 的生产大国，在国际市场上占据了有利地位。

（二）实力不足遭受打击

自 20 世纪 90 年代起，我国维生素 B6 的产量逐年快速增长，且增长幅度很大。由于工艺技术先进，生产成本较低，产品市场竞争力较强，国产原料药开始大举进军国际市场。

中国维生素 B6 在国际市场上迅速崛起，打破了原有的市场格局，吞食了国外公司多年经营占据的市场份额，触动了外国公司的利益。

1994 年，当时全球维生素 B6 的巨头罗氏公司凭借多年的市场运作经验，以雄厚的资金为后盾，经过精心策划和准备，突然发动了维生素 B6 价格大战，在全球市场上宣布大幅下调该公司产品的市场价格，矛头直指中国企业。

当时我国市场经济刚刚起步，国内企业各方面都还不成熟，企业的规模、实力等均较为弱小，也没有应对市场变化的经验，且各自为战，抱不成团。价格大战使中国企业维生素 B6 出口严重受阻，产品大量积压，巨额资金被占用，一些企业难以维持正常运转。

这场价格大战持续了 1 年多，当时全国几乎所有维生素 B6 生产线均被迫停产。在价格大战得手后，罗氏公司又选择了国内产量最大的上海新亚制药厂进行收购谈判。在当时的国内外市场环境下，谈判进展顺利，双方很快就签订了合作协议，罗氏公司将上海新亚维生素 B6 生产线收入麾下，成立了罗氏新亚（上海）维生素有限公司。2003 年，罗氏公司的维生素业务又被帝斯曼公司收购。

上海新亚被收购后的一段时间，全国大部分维生素 B6 产量均来自该企业。国内其他企业在遭受价格战的创伤后，元气大伤，有的停掉了生产线，有的虽然仍在生产，也是开开停停，产量很少。

（三）重整旗鼓再度腾飞

到了 20 世纪 90 年代末，我国一些企业重整旗鼓，再次进入维生素 B6 生产领域，并逐渐取得了生产主导权，产能和产量逐步增长。1998 年，全国维生素 B6 产量为 500 吨，1999 年达到 600 吨。

进入 21 世纪以来，我国维生素 B6 产量开始快速上升。2000 年全国产量达到 800 吨，2001 年突破 1000 吨大关，2003 年又突破 2000 吨大关，维生素 B6 成为当时全国化学原料药产量增长最快的品种之一。

2006 年，我国维生素 B6 生产能力为 4000 吨，2009 年增至 5000 吨，2015 年达到 7000 吨，2018 年上升到 9000 吨。目前全国维生素 B6 生产能力已达到万吨规模。

2016 年，我国维生素 B6 产量突破 7000 吨大关。2017 年大幅上升到 8170 吨。2019 年又上了一个台阶，达到 9370 吨，同比增长 15.5%。目前全国年产量已达万余吨。经过多年努力，我国已成为全球维生素 B6 第一大生产国，占据全球 90% 左右的市场份额。

（四）国内主要生产企业

国家药品监督管理局官方网站的数据显示，截至 2022 年 1 月 31 日，全国持有维生素 B6 原料药生产批准文号的企业有：浙江天新药业有限公司、江西天新药业有限公司、常州亚邦制药有限公司、湖北惠生药业有限公司、浙江瑞新药业股份有限公司、南京制药厂有限公司、大丰海嘉诺药业有限公司等。此外，还有一些企业也生产维生素 B6 原料药作为化工产品出口。

截至 2022 年 1 月 31 日，全国通过 GMP 医药级维生素 B6 原料药认证的企业有：大丰海嘉诺药业有限公司、江西天新药业有限公司和浙江天新药业有限公司。

目前我国维生素 B6 原料药的主要生产和出口企业有：浙江天新药业有限公司、江西天新药业有限公司、帝斯曼公司、山东新发药业有限公司、湖北华中药业股份有限公司、大丰海嘉诺药业有限公司、湖北惠生药业有限公

237

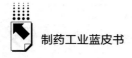

司、江西森泰药业有限公司等。

天新药业公司包括浙江天新药业有限公司和江西天新药业有限公司。浙江天新药业有限公司始建于 1996 年，是一家高新技术企业。2005 年 11 月，浙江天新药业有限公司通过了欧洲饲料添加剂和预混料生产规范（FAMI-QS）认证。2009 年 7 月，浙江天新药业有限公司的维生素 B6 获得 CEP（COS）证书。江西天新药业有限公司成立于 2004 年 10 月，重点产品有维生素 B6 和维生素 B1，主要用于原料药、食品添加剂、饲料添加剂等。

经过多年的发展，目前天新药业已成长为全球领先的维生素生产商之一，产品在国内外市场占有优势地位，其中维生素 B6 的生产能力已达 6000 余吨，年产量达到 5000 余吨，为全球第一，生产的产品大部分出口。

二 市场概况

（一）国内市场需求增加

维生素 B6 能促进氨基酸的吸收和蛋白质的合成，亦参与脂肪代谢，在临床上主要用于维生素 B6 缺乏症，异烟肼中毒，妊娠、放射病、抗肿瘤药物所引起的呕吐、贫血、白细胞减少以及脂溢性皮炎等。

长期以来，国内医药市场维生素 B6 用量稳定增长。现在，维生素 B6 的片剂和注射剂已被列入我国《国家基本医疗保险、工伤保险和生育保险药品目录》，它还与其他维生素品种一起构成复合维生素 B 和多种维生素产品，作为 OTC 药物广为销售。有关统计数据显示，维生素 B6 在我国大城市医院的用药普及率已达到 95%～100%。

多年来，我国市场维生素 B6 需求量不断增长。20 世纪 80 年代，国内市场年消耗量为十几吨，且应用面较窄，主要是医药用。20 世纪 90 年代起，需求量开始上升，至 90 年代中期，全国年消耗量已达几十吨。后来需求量上升加速，每年都以较大比例增长，年平均增幅超过两位数。到 20 世纪末，国内市场年应用量已达 100 余吨。进入 21 世纪的 20 余年里，市场需求持续增加，除了医药用，饲料添加剂的需求增长更快，目前年用量已达2000 多吨。

（二）我国出口强劲增长

多年来，我国维生素 B6 产量的大部分供应出口，出口量占产量的80%～90%。20 世纪 90 年代，年出口量为几百吨。进入 21 世纪，出口增长势头强劲，出口量和出口金额不断创出新高。

2000 年，我国维生素 B6 出口量为 600 多吨。2001 年突破 1000 吨大关，达 1100 吨，出口金额 1500 万美元。2002 年，出口又有较大增长，出口量达 1700 多吨，出口金额超过 2000 万美元。2004 年，出口量达 2000 多吨，出口金额 3000 多万美元。2007 年，出口量达 3000 多吨，出口金额 5000 多万美元。2010 年，出口量为 3850 吨，出口金额 7000 多万美元。2011 年，出口量为 3545 吨，出口金额突破 9000 万美元，达到 9212 万美元。

2012 年，我国维生素 B6 出口量为 4481 吨，同比增长 26.40%，出口金额首次突破 1 亿美元大关，为 11777 万美元，同比增长 27.84%，成为我国医药原料药出口金额增长最快的品种之一，成功跻身当年维生素四大亿元出口产品之一。

2014 年，我国维生素 B6 出口量为 4796 吨。2015 年增长到 4917 吨。2016 年越过 5000 吨大关，为 5015 吨。2017 年突破 6000 吨大关，为 6140吨。2018 年，出口量有小幅回落，为 5728 吨。2019 年，出口量增长到 6423吨。2020 年，出口量为 6996 吨，出口金额 16196 万美元，出口价格为 23.2美元/千克。

2021 年，我国维生素 B6 出口量达 7920 吨，同比增长 13.20%，出口金额为 19170 万美元，同比增长 18.36%，出口价格为 24.2 美元/千克。现在，维生素 B6 在我国维生素产品出口量和出口金额排序中均位列第五。

目前我国维生素 B6 已出口到全球几十个国家和地区，海关统计数据显示，2020 年 1～9 月，我国维生素 B6 出口量排名前十位的国家和地区依次为：美国（1149 吨）、荷兰（838 吨）、德国（442 吨）、新加坡（319 吨）、

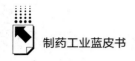

印度尼西亚（223 吨）、印度（209 吨）、越南（174 吨）、泰国（156 吨）、日本（136 吨）、孟加拉国（132 吨）。

现在我国维生素 B6 的主要出口企业为天新药业公司、帝斯曼上海维生素公司、山东新发药业有限公司、湖北华中药业股份有限公司、大丰海嘉诺药业有限公司等。

（三）市场价格上下波动

多年来，维生素 B6 行业的生产格局相对稳定且产能集中，使得国内市场维生素 B6 价格在通常情况下较为稳定，一般在 150 元/千克左右震荡。自 2010 年至今出现的几次价格大幅波动均与环保政策有关。

2011 年，我国部分维生素 B6 生产企业受到环保政策影响，使产量减少或转向供应出口，国内市场维生素 B6 短期出现供应不足的情况，价格因此一度上涨至 350 元/千克左右。2015 年中，广济药业曾因环保问题停产，带来了一波涨价行情。2016 年之后，全国开展环保督察对维生素 B6 生产企业造成了较大影响，价格一路飙升至 550 元/千克，后又逐渐回落。

长期以来，国际市场维生素 B6 的价格较为平稳，波澜不惊。21 世纪初期，我国维生素 B6 出口价格在 18 美元/千克左右浮动。近年来，价格在 23 美元/千克左右浮动。但其中也有一段时间市场价格波动幅度较大。

自 2011 年中期开始，我国维生素 B6 出口价格开始上升，到 2011 年 9 月突破 30 美元/千克，2011 年 12 月达到市场峰值，为 40 美元/千克。以后出口价格又急速下降，2012 年 4 月跌破 30 美元/千克，2012 年 8 月，又下降到 22 美元/千克，之后市场价格开始企稳。2013~2015 年，我国出口价格稳定在 22.5 美元/千克左右。

2016 年，我国维生素 B6 出口价格又开始上升，达到 29.3 美元/千克，同比上升了 30.4%。2017 年为 31.8 美元/千克，同比又上升了 8.5%。2018 年，出口价格大幅上升到 41.4 美元/千克，同比上升了 30.2%。

出口价格的大幅上升极大地促进了企业的生产积极性，产量和出口量都有大幅提升，市场竞争加剧，价格也开始回落。2019 年，维生素 B6 出口价格下降到 26.5 美元/千克,同比下降了 40%。2020 年,又回落到 23.2 美元/千克。2021 年,受疫情影响,全球市场供应紧张,我国出口价格小幅升至 24.2 美元/千克。

三 前景分析

据分析,今后维生素 B6 国内外市场仍将十分看好,发展前景广阔。

(一)临床应用取得进展

近年来,国内外医学专家对维生素 B6 进行了广泛深入的药理学研究,有不少新发现。它作为辅酶参与人体内许多生化代谢反应,临床用途在不断扩展。例如,维生素 B6 可用于治疗神经性皮炎、湿疹、荨麻疹及皮肤瘙痒症、痤疮、酒糟鼻、糙皮病、银屑病、口腔溃疡、新生儿破伤风、帕金森综合征、精神分裂症、儿童孤独症及多动症、迟发性运动障碍、经前期综合征、原发性痛经、妊娠糖尿病、高催乳素血证、动脉粥样硬化和血栓形成、肢端动脉痉挛症、哮喘、呃逆、止吐、腕管综合征、铁中毒、高锰酸钾中毒、胱硫醚尿症、甾体避孕药引起的精神抑郁症、维生素 C 引起的泌尿系结石等等,它还可以作为利尿剂的辅助药物以及减轻胺碘酮引起的光敏感反应等。

(二)国内市场需求旺盛

维生素 B6 主要用于医药品以及食品、饲料、化妆品、保健品等的添加剂。现在维生素 B6 已成为临床上应用面十分广泛、应用量很大的维生素产品,其片剂和注射剂已被列为我国《国家基本医疗保险、工伤保险和生育保险药品目录》中的甲类品种。

维生素 B6 制剂品种很多,有片剂、注射剂、软膏剂、复方片剂等。目前全国共有维生素 B6 制剂生产批准文号 800 余个,涉及生产企业几百家。21 世纪初,我国医药市场每年消耗的维生素 B6 片剂为 30 多亿片,目前已增长到 60

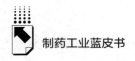

余亿片。以往用量较少的维生素 B6 注射剂近年来市场需求也在快速增加。

维生素 B6 也是第一批进入我国非处方药物的品种，涉及维生素 B6 的 OTC 药品就有 20 余个制剂品种，除单方片剂外还有复方的九维片、十维片、维铁片、小儿四维葡钙片等。

维生素 B6 也是"多种维生素"产品的成分之一，作为营养保健产品，现已走进千家万户，市场销售量非常大，全国年销售额已达近百亿元人民币。今后在 14 亿人口的中国市场中，其销售金额必定会稳步上升。

（三）价格低廉利于普及

目前，我国市场上销售的维生素 B6 制剂产品的价格十分低廉，10mg×100 片/瓶的维生素 B6 市场售价约为人民币 5~6 元，每片的价格约为 5~6 分。2ml：100mg×10 支/盒的维生素 B6 注射剂约为人民币 15~20 元，每支注射剂约为 1.50~2 元。低廉的价格将推动其今后在中小城市和广大农村地区的用量不断增加。

维生素 B6 也是常用药物"复合维生素 B"片剂的 5 种成分之一，目前，"复方维生素 B"片剂在我国已成为应用面广、量大的药品。据统计，它在城市医院的用药普及率已达近 100%。全国现有几百家企业生产"复合维生素 B"片剂，每年产销量高达几百亿片。"复合维生素 B"片剂的价格也十分低廉，目前国内市场销售价格为每瓶（100 片）人民币 5 元左右，每片仅为 5 分，预计今后市场还会有很大的发展空间。

（四）其他应用潜力巨大

作为重要的饲料添加剂，国外市场上大部分维生素 B6 应用于饲料添加剂，占到总量的 65% 左右。长期以来，维生素 B6 市场需求增长最快的也是该领域。

改革开放以来，我国养殖业一直处于快速发展阶段，家禽、牲畜、水产等的养殖量不断增长。目前全国大牲畜的饲养量已经超过 10 亿头，家禽的饲养量超过 60 亿头。除了牛的饲养量外，我国猪、马、羊、家禽等的饲养量现在都位列世界第一，成为全球名副其实的养殖大国。

国家统计局数据显示，2021 年全国猪牛羊禽肉的总产量为 8887 万吨，比上年增长 16.3%。其中猪肉产量大幅增长，2021 年全国猪肉产量为 5296 万吨，同比增长 28.8%，全年生猪出栏量为 67128 万头，同比增长 27.4%。2021 年末，全国生猪存栏量达到 44922 万头，同比增长 10.5%。此外牛存栏量为 9817 万头，羊存栏量为 31969 万头。

养殖业的高速发展促进了我国饲料产业的大发展，目前全国混合饲料生产企业有 4000 余家，各种饲料的年产量已达 23000 多万吨，且还在以年增加 800 余万吨的速度继续增长。饲料中以猪饲料占比最大，占总量的 45% 左右。

近年来，我国添加各种维生素等的饲料占饲料总量的比重呈现不断上升的趋势，已由 21 世纪初约占 20% 的份额上升到现在约占 50% 的份额，达 12000 万余吨。目前我国每年用于饲料添加剂的维生素 B6 为 2000 余吨，预计未来仍将稳步增长。

今后随着我国人民生活水平的不断提高，养殖业高速发展的步伐不会减慢。预计到 2030 年，我国饲料年产量将达 3 亿吨，为世界第一，今后该领域对维生素 B6 的需求还会稳步增长，需求量将是巨大的。

（五）全球市场依赖中国

维生素 B6 作为重要的维生素品种，无论是医药用还是饲料添加剂及其他应用，其市场需求的刚性特点十分明显。经过多年发展，目前我国已成为全球最大的维生素 B6 生产国和出口国，产能和产量占世界的 90% 左右。我国生产企业的工艺技术先进，拥有自主知识产权，上下游产业链配套齐全，具有明显的规模优势、成本优势和价格优势，市场主导地位十分稳固。今后国际市场维生素 B6 的需求还会稳定增长，对中国质优价廉产品的依赖还将延续。

B.20
微粒制剂产业化现状及前景展望

周建平　丁　杨　刘胜玉*

摘　要： 微粒制剂是由微米或纳米级的微粒组成的药物制剂，由于其具有提高药物稳定性、降低不良反应、延缓药物释放、提高靶向性等优势，成为近年来国内外医药领域的研究热点，作为新型给药系统的代表，在药物制剂中被广泛使用。本文综述了微粒制剂中微球、脂质体、纳米粒、聚合物胶束、微囊和亚微乳的产业化现状，同时对其市场前景进行了展望，旨在为我国微粒制剂的研发和产业化提供新思路。

关键词： 微粒制剂　产业化　给药系统

微粒制剂，也称微粒给药系统（Microparticle Drug Delivery System，MDDS），由于其能提高难溶性药物的溶解度，改善药物的稳定性，减少毒副作用，具有明显的缓释作用和一定的靶向性，近年来发展迅猛，成为国内外的研究重点[1]。根据分散系统分类原则，MDDS 直径为 $10^{-9} \sim 10^{-4}$ m，主要包括微囊、微球、亚微乳、脂质体、纳米粒和聚合物胶束[2]。随着现代制剂技术的发展，微粒制剂已逐渐用于临床，其给药途径包括外用、口服和注

---

* 周建平，中国药科大学药剂学教授、博士生导师；丁杨，中国药科大学药剂学教授、博士生导师；刘胜玉，中国药科大学药剂学博士。

[1] M. N. Singh，K. S. Y. Hemant，M. Ram，H. G. Shivakumar，Microencapsulation：A promising technique for controlled drug delivery"，*Research in Pharmaceutical Sciences*，2010，5（2）：65－77.

[2] 国家药典委员会：《中华人民共和国药典》，中国医药科技出版社，2020。

射。外用和口服途径有利于药物对皮肤、黏膜等的渗透，注射途径一般具有缓释、控释和靶向作用。微粒制剂具有众多优势，促进了药物制剂新技术的发展。本文就微粒制剂中常见的微球、脂质体、纳米粒、聚合物胶束、微囊、亚微乳的研发现状和制备技术进行综述，旨在为微粒制剂的研发和产业化提供新思路。

一 微粒制剂的分类及研发状况

（一）微球

微球指药物分散或吸附在高分子或聚合物基质中而形成的粒径为 1~250μm 的微小球体或类球体，可封装小分子、蛋白质和核酸等多种药物，并容易通过注射给药。与传统注射制剂相比，微球可高效封装药物，能长时间释放药物，减少体内药物浓度的波动，减少毒副作用，以此提高了患者的依从性[①]。如注射用醋酸曲普瑞林微球只需每月注射一次，就能治疗前列腺癌及性早熟等重大疾病，极大地提高了患者的依从性。

第一个微球产品诞生已有 30 余年，国内外对微球制剂的研究越来越深入，制备工艺也越来越成熟。随着老龄化及慢性疾病越来越普遍，如精神类疾病、激素依赖性疾病等均需要长期给药，而普通制剂半衰期较短，需要频繁给药，故患者依从性较低，而微球制剂以控制释药速度而达到长效目的，因此市场价值较高，前景广阔。目前全球上市的微球产品有 20 余种，国外上市的微球产品包括 Enantone®、Risperdal Consta®、Sandotain LAR®、Diphereline®、Bydureon® 等。国内微球制剂近年来同样发展迅猛，已有多种产品获批上市，如瑞欣妥®、抑那通®、百达扬®、恒德® 等，治疗领域涵盖肿瘤、糖尿病、关节炎、精神分裂症、心脑血管疾病等，主要用于需要长时

---

① V. T. Tran, J. P. Benoit, M. C. Venier‐Julienne, "Why and how to prepare biodegradable, monodispersed, polymeric microparticles in the field of pharmacy?", *International Journal of Pharmaceutics*, 2011, 407（1‐2）：1‐11.

间频繁给药的适应证（见表1）。2021年1月，中国首个具有自主知识产权，并开展全球注册的创新微球制剂瑞欣妥®上市，意味着国内高端复杂制剂的发展迈上新台阶。据华经产业研究院发布的《2021-2026年中国微球制剂行业发展监测及投资战略规划研究报告》，2019年我国微球制剂行业规模为47.4亿元，预计到2024年将达到116.1亿元。虽然存在高技术壁垒，如大规模生产困难，药品易失活，释药速度难控制等，但能保证较大的市场份额，所以国内诸多企业在微球领域布局多年，多个产品处于临床研究阶段。绿叶制药、丽珠医药、圣兆药物等都拥有多个在研微球产品，如注射用阿立哌唑微球、注射用醋酸奥曲肽微球、注射用醋酸曲普瑞林微球等，具有广阔的市场前景。

表1　国内外代表性微球上市产品

商品名	上市公司	给药途径	适应证	上市年份
Enantone®	武田制药	肌注	前列腺癌,乳腺癌	1985
Diphereline®	Ipsen	肌注	前列腺癌,子宫肌瘤	2000
Somatuline SR®	Ipsen-Beaufour	皮下注射	癌症	2001
Bydureon®	Lilly	肌注	Ⅱ型糖尿病	2012
Signifor LAR®	Novartis	肌注	肢端肥大症	2014
善龙®	诺华	肌注	肢端肥大症	2003
恒德®	杨森	肌注	精神分裂症	2005
博恩诺康®	博恩特	皮下注射	前列腺癌,乳腺癌	2009
示卓安®	GE Healthcare	静脉注射	乳腺疾病,乳腺肿瘤,肝脏疾病,冠状动脉疾病	2018
瑞欣妥®	绿叶制药	肌注	精神分裂症	2021

（二）脂质体

脂质体是由一个或多个脂质双层组成的微观球形结构，既可包裹亲水性药物，也可包裹疏水性药物。由于脂质体的两亲性和生物相容性，已被广泛用作模型生物膜以及各种生物活性材料的载体[①]。脂质体被称为最具前景的

---

① C. Has, P. Sunthar, "A comprehensive review on recent preparation techniques of liposomes", *Journal of Liposome Research*, 2020, 30 (4): 336-365.

药物载体之一，所涉及的产品可以治疗多种疾病，包括肿瘤、心脑血管疾病、精神疾病、细菌感染等，在基因治疗、疫苗开发、主动靶向制剂领域也具有广阔的发展前景①。

欧洲药品管理局（European Medicines Agency，EMA）和美国食品药品监督管理局（Food and Drug Administration，FDA）已批准上市 14 款专利药脂质体②，相关信息如图 1 所示。其主要用于肿瘤治疗，同时也用于感染、麻醉、疫苗、肺部疾病等领域，主要剂型为无菌混悬液和冻干粉。由于该行业起步晚，我国多数脂质体药物仍处于临床前和各期临床试验中，紫杉醇、两性霉素 B 和盐酸多柔比星是我国脂质体市场三大主流产品。《2019-2025全球与中国脂质体市场现状及未来发展趋势》显示，2021 年全球脂质体药物输送市场销售额达到 33 亿美元，预计 2028 年将达到 65 亿美元。现阶段，全球脂质体药物研发火热，多款药物已进入临床 II 期、III 期，这意味着未来会有更多的产品进入市场。

（三）纳米粒

纳米粒是指药物或与载体经纳米化技术分散形成的粒径<500 nm 的固体粒子。纳米粒结构可增强药物的渗透和滞留效果，跨膜效率高，载药量高，能提高药物稳定性。此外，纳米粒具有良好的生物相容性和生物可降解性，毒副作用较低。目前，市场上销售的纳米药物包括纳米晶体、脂质体和脂质纳米粒、聚合物纳米粒、白蛋白纳米粒、金纳米粒、二氧化硅纳米粒等③。

---

① G. M. Jensen, D. F. Hodgson, "Opportunities and challenges in commercial pharmaceutical liposome applications", *Adv Drug Deliv Rev*, 2020, 154-155: 2-12.

② P. Liu, G. L. Chen, J. C. Zhang, "A Review of Liposomes as a Drug Delivery System: Current Status of Approved Products, Regulatory Environments, and Future Perspectives", *Molecules*, 2022, 27（4）.

③ F. Farjadian, A. Ghasemi, O. Gohari, A. Roointan, M. Karimi, M. R. Hamblin, "Nanopharmaceuticals and nanomedicines currently on the market: challenges and opportunities", *Nanomedicine*, 2019, 14（1）: 93-126.

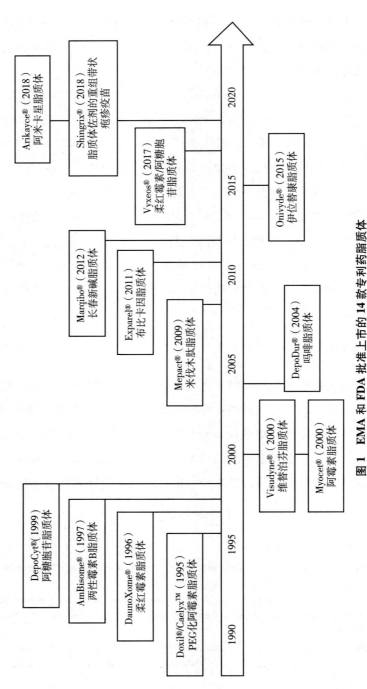

图 1　EMA 和 FDA 批准上市的 14 款专利药脂质体

据不完全统计，已经上市的纳米药物有 50 余种，包括多种纳米制剂，脂质纳米粒是其中的佼佼者①。自 20 世纪 60 年代发现脂质体以来，脂质纳米粒（Lipid Nanoparticles，LNP）就在药物递送中占据重要地位。LNP 是目前最先进的核酸药物载体，2018 年美国和欧盟批准 Onpattro® 用于治疗淀粉样变性就是明证②。脂质纳米粒在多种疾病中均具有广泛应用③，如用于治疗肿瘤的产品 Doxil®、Depocyt®、Thermodox®、Mypact®、Vyxeos® 等，用于抗真菌感染的产品 Abelcet®、Ambisome®、Fungizone® 等，用于免疫抑制的 Ikervis®、Rapamune® 等，并且在基因治疗、镇痛、疫苗等领域也有相应的产品上市。新冠肺炎疫情发生后，脂质纳米粒在新冠疫苗的开发中用于保护和递送 mRNA，发挥着至关重要的作用，已上市的产品包括 Comirnaty®、mRNA-1273。纳米脂质载体和可离子化阳离子脂质纳米粒的发展为脂质纳米粒的应用拓宽了范围，特别是在依赖于将核酸有效递送至细胞中的基因编辑、疫苗开发和免疫肿瘤学等领域④。

（四）聚合物胶束

聚合物胶束是由两亲性聚合物在水中自组装形成的一种热力学稳定的胶体溶液，具有疏水核心和亲水外壳，常用于递送难溶性药物，能提高药物溶解度和渗透性，延长药物循环时间⑤。

---

① V. Gadekar, Y. Borade, S. Kannaujia, K. Rajpoot, N. Anup, V. Tambe, K. Kalia, R. K. Tekade, "Nanomedicinesaccessible in the market for clinical interventions", *Journal of Controlled Release*, 2021, 330: 372-397.

② E. Samaridou, J. Heyes, P. Lutwyche, "Lipid nanoparticles for nucleic acid delivery: Current perspectives", *Advanced Drug Delivery Reviews*, 2020, 154: 37-63.

③ M. J. Mitchell, M. M. Billingsley, R. M. Haley, M. E. Wechsler, N. A. Peppas, R. Langer, "Engineering precision nanoparticles for drug delivery", *Nature Reviews Drug Discovery*, 2021, 20 (2): 101-124.

④ T. T. H. Thi, E. J. A. Suys, J. S. Lee, D. H. Nguyen, K. D. Park, N. P. Truong, "Lipid-Based Nanoparticles in the Clinicand Clinical Trials: From Cancer Nanomedicine to COVID-19 Vaccines", *Vaccines*, 2021, 9 (4).

⑤ D. Hwang, J. D. Ramsey, A. V. Kabanov, "Polymeric micelles for the delivery of poorly soluble drugs: From nanoformulation to clinical approval", *Adv Drug Deliv Rev*, 2020, 156: 80-118.

目前国外上市的聚合物胶束不多，绝大多数产品处于临床研究阶段[①]。这些聚合物胶束产品均用于肿瘤治疗，如奥沙利铂胶束 NC-4016，多柔比星胶束 SP1049C、NK911，紫杉醇胶束 Genexol®PM、NK105，多西他赛胶束 CPC634、Nanoxel®PM，顺铂胶束 NC-6004，目前都处于临床研究阶段，部分产品如表 2 所示。2015 年至今，国家食品药品监督管理总局药品审评中心（Center for Drug Evaluation，CDE）受理的胶束制剂有 21 项，涉及伊立替康、顺铂、多西他赛、前列地尔、多柔比星、紫杉醇、维生素 K1、长春瑞滨等品种。目前，聚合物胶束应用最多的药用辅料是 mPEG-PDLLA，但是开发的产品并未体现出足够的临床优势，这也是其临床进展停滞不前的主要原因[②]。虽然聚合物胶束制剂的上市产品并不多，但已有多家企业进行布局，为聚合物胶束制剂的市场带来曙光。

表 2　部分上市或处于临床研究的聚合物胶束药物

商品名	活性成分	聚合物材料	研发公司	研发阶段
Genexol® PM	紫杉醇	mPEG-b-PDLLA	Samyang	韩国、菲律宾、印度、越南获得批准
NK105	紫杉醇	mPEG-b-P(Asp)	NanoCarrier	临床Ⅲ期
Nanoxel® M	多西他赛	mPEG-b-PDLLA	Samyang	韩国批准
CPC634	多西他赛	PEG-b-P(HPMAm-Lac$_n$)	Cristal	临床Ⅱ期
SP1049C	多柔比星	L62、F127	Supratek	临床Ⅱ期
NK911	多柔比星	PEG$_{5000}$-P(Asp)$_{4000}$	Nippon Kayaku	临床Ⅰ期
NC-6004	顺铂	PEG$_{12000}$-b-P(Glu)$_{6000}$	NanoCarrier	临床Ⅲ期
NC-4016	奥沙利铂	PEG$_{12000}$-b-P(Glu)$_{6000}$	NanoCarrier	临床Ⅰ期
NK012	SN-38	PEG-b-P(Glu)	Nippon Kayaku	临床Ⅱ期

① X. Zheng, J. Z. Xie, X. Zhang, W. T. Sun, H. Y. Zhao, Y. T. Li, C. Wang, "An overview of polymeric nanomicelles in clinical trials and on the market", *Chinese Chemical Letters*, 2021, 32 (1): 243-257.

② G. W. Jerkins, G. R. Pattar, S. R. Kannarr, "A Review of Topical Cyclosporine A Formulations-A Disease-Modifying Agent for Keratoconjunctivitis Sicca", *Clin Ophthalmol*, 2020, 14: 481-489.

（五）亚微乳和微囊

亚微乳乳滴大小一般在 0.1~1.0 μm，其稳定性介于纳米乳和普通乳之间，常被用作胃肠外给药的载体。1962 年，Intralipid® 在瑞典被正式批准应用于临床，为亚微乳的发展奠定了基础。自 1975 年 FDA 批准 Intralipid® 以来，全球已经有多个亚微乳被批准上市，如前列地尔、丙泊酚、氟比洛芬酯、氯维地平、阿瑞匹坦等。亚微乳中最常见的类型是静脉注射乳剂，《中国医药报》显示，目前全球静脉注射乳剂的市场规模约为 35 亿美元。我国是全球最大的静脉注射乳剂市场，整体市场规模在 110 亿元左右，如果政策允许载药乳剂市场潜力巨大。

微囊是利用天然的或合成的高分子材料将固体或液体药物包裹在内的微小胶囊，直径通常为 5~250μm。药物微囊化后，可制成散剂、片剂、颗粒剂、胶囊剂和注射剂等不同剂型。微囊技术是近年来发展较快的新型技术，目前市场上已有抗生素、维生素、抗癌药、解热镇痛药等多种药物类型的微囊制剂[①]，如维生素 A 微囊、对乙酰氨基酚微囊、琥珀酸美托洛尔缓释片、盐酸坦索罗辛缓释胶囊等。《2020-2025 年中国微胶囊行业市场深度调研及发展前景预测报告》显示，2019 年全球微胶囊行业市场规模接近 600 亿元，预计 2025 年，全球微胶囊行业市场规模将超过 1000 亿元，市场规模呈高速增长态势，行业发展前景较好。

二　微粒制剂制备方法及产业化难点

为了满足各类微粒制剂产品的要求，每种类型的微粒制剂均具有不同的制备方法，同时也衍生出多种多样的新技术，在提高产品质量的同时，以期实现产业化发展。

---

① T. Li, D. Teng, R. Mao, Y. Hao, X. Wang, J. Wang, "Recent progress in preparation and agricultural application of microcapsules", *J Biomed Mater Res A*, 2019, 107（10）: 2371 - 2385.

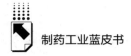

微球的制备方法包括乳化-溶剂挥发法、相分离法、喷雾干燥等，其中乳化-溶剂挥发法最常见，如已上市的醋酸亮丙瑞林微球、利培酮微球、醋酸戈舍瑞林微球等均采用该方法。随着工业化发展，以膜乳化法、微流控技术、气体剪切技术为代表的新技术也逐渐出现。微流控技术能精确控制液滴大小和形状，但和乳化方法一样，均不可避免地使用油性溶剂和乳化剂，因此缺乏良好的生物相容性。而气体剪切技术在制备过程中无须引入油性溶剂、表面活性剂以及光引发剂[①]。微球制剂工业化生产的一大问题是工艺复杂且质量难以重现。质量难以控制体现在药物包封率不高，粒径大小难以统一，聚合物和药物的特殊性导致灭菌成本高、难度大等方面。

脂质体的制备方法多种多样，常用的制备方法包括薄膜水化法、注入法、逆向蒸发法、复乳法等。上市产品 AmBisome®、Visudyne®、Shingrix® 等采用薄膜水化法，DepoCyt®、DepoDur®、Exparel® 等采用复乳法，Arikayce® 采用乙醇注入法。除了这些常用的方法外，制备方法也衍生出许多新技术，如自组装囊泡给药系统、微流体、纳米沉淀等。从工业角度来看，脂质水合、膜挤出等一系列步骤非常耗费时间和精力。而以 LeciPlex® 为代表的纳米沉淀/反溶剂技术，很好地避免了挤出和渗滤步骤，并且完全避免使用有机溶剂。另一种脂质体制备新技术为微流体技术，因为囊泡在微流体室中形成和水合，无须单独的挤出步骤，可以通过控制沉淀制造特定粒径的脂质体，因此也极具工业化前景[②]。尽管脂质体具有许多优势，在学术领域被广泛研究，但脂质体产品的总数仍很少，其面临的产业化壁垒包括成本高、质量控制难，辅料脂质依赖国外，需解决粒度分布、载药率、包封率、无菌度、稳定性等诸多难题。开发灵敏且特异的新型药用材料，建立提高制剂稳定性的新工艺，并深入研究脂质体表面修饰配基等是解决这些问题

① J. Zhang, Y. L. Wang, Q. L. Qu, T. Lu, F. H. Li, J. Wang, A. Q. Yang, Y. Zou, C. B. Huang, "Preparation of Single, Heteromorphic Microspheres, and Their Progress for Medical Applications", *Macromolecular Materials and Engineering*, 2021, 306 (2).

② S. Shah, V. Dhawan, R. Holm, M. S. Nagarsenker, Y. Perrie, "Liposomes: Advancements and innovation in the manufacturing process", *Advanced Drug Delivery Reviews*, 2020, 154: 102-122.

的关键点。

纳米粒制备的关键是控制粒子的大小和获得较窄且均匀的粒度分布，减少或消除粒子团聚现象，保证用药有效、安全和稳定。目前发展的纳米粒制备技术包括机械粉碎法、物理分散法和化学合成法。本文主要讨论 LNP 的制备技术，目前的 mRNA 疫苗、核酸药物多采用 LNP 来实现对 mRNA 等核酸分子的递送。LNP 由脂质、乳化剂、水/溶剂组成，制备方法的选择取决于药物的溶解度和稳定性、脂质类型和给药途径[①]。广泛报道的制备技术包括高压均质、超声均质、溶剂蒸发、溶剂乳化扩散法、超临界流体法等，已上市的产品如 Onpattro®、mRNA-1273 多采用微流控技术，具有简单快速、条件温和、容易放大生产等优势。LNP 通常直径小于 200nm，对生产工艺要求高，此外，重要辅料可电离阳离子脂质供应不足，以及大规模生产所需的商业化设备短缺也阻碍了产业化发展。

聚合物胶束依靠材料自身在水性溶液中的自组装便能形成胶束，所涉及的载药方法包括物理包埋、化学键合和静电作用，Genexol® PM、Nanoxel® M 等采用薄膜水化途径的固体分散体技术制备，伊立替康胶束 NK012、多西他赛胶束 CCP634、多柔比星胶束 NK991 等采用共价结合包载药物。物理载药最为常见，包括薄膜分散法、乳化溶剂挥发法、透析法、固体分散体技术、超临界流体蒸发法等。聚合物胶束制备技术的选择，既要符合处方开发的需要，也要能满足工艺转化。制备理化性质稳定的胶束，能完成预期规模的转化，需要结合处方和工艺的实际情况选择合适的生产工艺。

亚微乳制备的实质就是利用外加能量对油相和水相进行混合乳化，控制粒径的同时确保脂肪乳的稳定性。早期的含药脂肪乳通常是在临用前将药物加入市售的空白脂肪乳中，振摇即得，但所得产品物理稳定性差，所以其应用受到限制。后面发展的制备技术包括两步乳化法、超声波乳匀法、干乳制备技术、SolEmul 技术等。此外，由于亚微乳大多用于静脉给药，因此过滤

---

① Y. Eygeris, M. Gupta, J. Kim, G. Sahay, "Chemistry of Lipid Nanoparticles for RNA Delivery", *Accounts of chemical research*, 2022, 55 (1): 2-12.

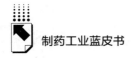
方法、灭菌条件等工艺参数也需要重点关注。

制备微囊的代表性方法有逐层法、表面活性剂介导的乳化法、溶胶-凝胶法、膜乳化法等①，但这些技术存在缺陷，特别是不能连续操作，因而不利于联动生产，造成产业化、规模化推进困难，目前尚未在行业中广泛普及。此外，新兴技术如电雾化技术、流动聚焦技术、微流控技术等也逐渐出现。

三 微粒制剂前景展望

微粒制剂可以改变或改善药物药代动力学和药效学特性，不仅可以增加药物稳定性，且具有缓释、控释、靶向作用，从而增加疗效，降低副作用，在新型给药系统中占据重要地位。微粒给药系统具有多样性特征，主要体现在以下几个方面：一是包含多种类型，如微球、微囊、脂质体、纳米粒、聚合物胶束、亚微乳等；二是在多种恶性和慢性疾病中均有临床应用，如肿瘤、精神疾病、心脑血管疾病、糖尿病等；三是给药途径多样，包括口服给药、注射给药、透皮给药、眼部给药、鼻腔给药等。这使得微粒制剂能通过多种途径用于不同的疾病治疗，因此具有广阔的市场前景。

近年来，微粒给药系统在生物大分子药物如多糖、核酸、蛋白等的递送方面已有大量的研究报道。值得一提的是，目前火热的脂质纳米粒用于RNA 的递送，已有相应的产品上市，如用于 siRNA 递送的 Onpattro®、用于mRNA 递送的新冠疫苗 Comirnaty® 和 mRNA-1273。由于生物大分子药物具有体内稳定性差和潜在免疫毒性，所以微粒给药系统作为新型给药技术，势必会为生物大分子药物的递送带来新思路。微粒制剂既能解决未满足的

---

① H. Cao, H. F. Chen, J. H. Yi, H. Xia, Y. Nie, "Microencapsulation and Its Characteristics and Applications and Manufacturing of Clarithromycin Microcapsules with Mixed Membrane, International Conference on Energy", Environment and Bioengineering (ICEEB), Electr Network, 2020.

市场需求、惠及更多患者，同时也使企业具备差异化竞争优势，取得更多、更持久的获利机会。在关注微粒制剂具有广阔的市场前景的同时，实现产业化是目前亟待解决的问题，需要更多地关注新技术、新工艺、新设备，解决产业化壁垒，实现产业化瓶颈的突破，这对进一步促进我国制药工业高效发展、提高我国医疗水平乃至迈向医药强国具有重要推动作用。

借 鉴 篇

Experience from Others

B.21
2021年国外批准上市的新制剂

黄胜炎[*]

摘 要： 2021年国外批准上市的药物新制剂主要有口服制剂、注射剂、外用制剂、眼用制剂。口服制剂：服用方便的口服液、口崩片和充填药液的硬胶囊，复方片，药物-药物共结晶片，控释制剂，减少给药次数、提高疗效和改善患者服药的顺应性。注射剂：3种药物-抗体偶联物注射剂可提高药物靶向性，达到精准治疗目标，药物白蛋白纳米粒、控释注射混悬液和药物聚乙二醇化制剂具有更优越的药代动力学特性、更广的治疗窗，可提高疗效。外用制剂：溶液，乳膏，将药物包裹在微囊中避免两种药物相互作用来提高制剂的稳定性；鼻腔喷雾剂通过局部给药达到全身性治疗目的，伐尼克兰溶液鼻喷雾剂可治疗眼干燥症。眼用制剂：雷尼珠单抗植入剂每年仅需两次治疗，盐酸毛果芸香碱采用新工艺制成滴眼液治疗老花眼，起效快。

---

* 黄胜炎，上海医药工业研究院信息室原研究员。

关键词: 药物-药物共结晶片 药物-抗体偶联物 注射剂 鼻喷雾剂 眼用制剂

2021 年国外批准上市的药物新制剂有口服液体制剂、口崩片、充填药液的硬胶囊、复方制剂、控释制剂,药物-抗体偶联物、缓释、药物白蛋白纳米粒注射剂,外用制剂、吸入剂、鼻喷雾剂和眼用制剂等。

一 口服制剂

(一)口服液体制剂

1.马拉西巴(maralixibat)口服液

Mirum 制药公司产品(商品名:Livmarli),治疗 ≥1 岁 Alagille 综合征患者的胆汁淤积性瘙痒。剂量规格:马拉西巴 9.5mg/mL,多剂瓶装。

2.托吡酯口服液

Eton 制药公司产品(商品名:Eprontia),治疗 ≥2 岁患者多种类型癫痫,≥12 岁偏头痛患者的预防性治疗。剂量规格:托吡酯(topiramate)25 mg/mL。Eprontia 是美国 FDA 批准的第一个托吡酯口服液制剂。

(二)口崩片

Edenbridge 制药公司的格隆溴铵口崩片(商品名:Dartisla ODT),用于成人消化性溃疡的辅助治疗。剂量规格:格隆溴铵(glycopyrrolate)1.7 mg/片。本品采用 Zydis® 口崩片专利制备技术制成的冻干片剂,在口腔内无水情况下几乎可立即分散。

(三)充填药物溶液的硬胶囊

PLx 制药公司的填充阿司匹林溶液的硬胶囊(商品名:Vazalore),解除疼

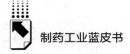

痛、退热和心血管疾病。剂量规格：阿司匹林（aspirin）81 mg/粒和325 mg/粒。

Vazalore 是以创新释药技术平台开发的有史以来第一种填充阿司匹林液体的新型硬胶囊。新制剂与阿司匹林肠溶制剂相比，具有快速、可靠和可预测的血小板抑制作用；在紧急情况下使用与阿司匹林普通速释制剂相比，它还能降低胃糜烂和溃疡的风险。

（四）添加羟丙基倍他环糊减少药物不良反应

TG 治疗公司的翁布利斯片（商品名：Ukoniq），用于至少接受过 1 次基于抗 CD20 方案治疗复发性或难治性边缘区淋巴瘤（MZL）成人患者、至少接受过 3 次全身性治疗复发性或难治性滤泡性淋巴瘤（FL）成人患者。剂量规格：翁布利斯（umbralisib）200 mg/片。本品以羟丙基倍他环糊精包裹药物减少其不良反应。

（五）复方制剂

1. 复方马西填坦/他达拉非口服片

杨森制药公司产品（商品名：Opsynvi®），长期治疗肺动脉高压以降低该病特发性、遗传性或与结缔组织疾病或先天性心脏病相关的 WHO 功能 II 或 III 级患者的发病率。剂量规格：马西填坦（macitentan）10 mg/片或他达拉非（tadalafil）40 mg/片。

2. 复方罗舒伐他汀/依折麦布薄膜包衣片

Althera 制药公司产品（商品名：Roszet），治疗原发性非家族性高脂血症成人患者和纯合家族性高胆固醇血症成人患者低密度脂蛋白胆固醇（LDL-C）升高。剂量规格：罗舒伐他汀（rosuvastatin）或依折麦布（ezetimibe）（以下剂量分别对应两种药，下同），5mg/片或10mg/片，10 mg/片或 10 mg/片，20 mg/片或 10 mg/片和 40 mg/片或 10 mg/片。

Roszet 含有效降低 LDL-C 的他汀类药罗舒伐他汀和胆固醇吸收有效抑制剂依折麦布。这两种成分通过不同但互补的机制发挥作用，使 Roszet 具有显著降低 LDL-C 的能力。

3.复方塞来考昔/盐酸曲马多共结晶薄膜包衣片

Esteve 制药公司产品（商品名：Seglentis），治疗成人急性偏头痛。剂量规格：塞来考昔（celecoxib）或盐酸曲马多（tramadol），56 mg/片或 44 mg/片。它是一种首创（first-in-class）产品，由抗炎药塞来考昔和止痛药曲马多的共结晶形式组成。

4.复方奥氮平/沙米多酚（samidorphan）薄膜包衣双层片

Alkermes 公司产品（商品名：Lybalvi），治疗成人精神分裂症和有助于改善 1 型双相情感障碍。剂量规格：奥氮平（olanzapine）或沙米多酚，5mg/片或 10 mg/片，10 mg/片或 10 mg/片，15 mg/片或 10 mg/片，20 mg/片或 10 mg/片。

本品由新型强效 μ 阿片受体拮抗剂沙米多酚与疗效确立的抗精神病药奥氮平组成，以减轻奥氮平引起的包括增加体重在内的代谢不良反应。

5.复方舍右哌甲酯（serdexmethylphenidate）/右哌甲酯胶囊

KemPharm 公司产品（商品名：Azstarys），一日 1 次，治疗≥6 岁注意力缺陷伴多动症（ADHD）患者。Azstarys 由 KemPharm 公司的右哌甲酯（d-methylphenidate，d-MPH）前体药物舍右哌甲酯与速释右哌甲酯组成，两者固定摩尔比为 70% ∶ 30%。剂量规格：舍右哌甲酯或右哌甲酯，26.1mg/粒或 5.2mg/粒，39.2mg/粒或 7.8，52.3mg/粒或 10.4 mg/粒。

6.复方非那雄胺/他达拉非胶囊

Veru 公司产品（商品名：Entadfi），治疗良性前列腺增生引发的尿路症状。剂量规格：非那雄胺（finasteride）5 mg/粒或他达拉非（tadalafil）5 mg/粒，每日口服 1 次。

Entadfi 胶囊由两种获批药物组成：Ⅱ型 5α 还原酶抑制剂非那雄胺和磷酸二酯酶 5（PDE5）抑制剂他达拉非。非那雄胺目前获批治疗良性前列腺增生（BPH）和雄性激素源性脱发，他达拉非获批治疗 BPH 和男性勃起功能障碍。研究表明，与非那雄胺单种药物治疗相比，Entadfi 在治疗 BPH 引起的尿路症状方面更有效，不良反应较小。

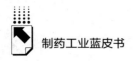

7. 复方瑞鲁高利/雌二醇/醋酸炔诺酮薄膜包衣片

Myovant 科学公司与辉瑞公司联合开发的产品（商品名：Myfembree），每日 1 次治疗子宫肌瘤引起的月经大出血。剂量规格：瑞鲁高利（relugolix） 40 mg/片或雌二醇（estradiol） 1 mg/片或醋酸炔诺酮（norethindrone acetate） 0.5 mg/片。

瑞鲁高利是一种非肽 GnRH 受体拮抗剂，与垂体 GnRH 受体竞争性结合，从而减少促黄体生成素（LH）和促卵泡激素（FSH）的释放，降低血清中卵巢性激素雌二醇和孕酮的浓度，减少子宫肌瘤出血。雌二醇通过与雌激素敏感组织中表达的核受体结合起作用。外源性雌二醇可能会减少骨吸收的增加，并导致骨丢失，这可能是由于单用瑞鲁高利降低循环雌激素浓度所致。炔诺酮通过与孕激素敏感组织中表达的核受体结合起作用，可保护子宫免受未对抗雌激素的潜在不利子宫内膜影响。

（六）控释制剂

盐酸维罗扎辛（viloxazine hydrochloride）控释胶囊，Supernus 制药公司产品（商品名：Qelbree），治疗 6～17 岁儿童注意力不集中伴多动症（ADHD）。剂量规格：维罗扎辛 100 mg/粒， 150 mg/粒和 200 mg/粒。盐酸维罗扎辛治疗 ADHD 的作用被认为是抑制去甲肾上腺素再摄取。本品是被临床证明有效和可耐受安全性范围的非控制药品，因而易使用。

二　注射剂

（一）药物偶联物

1. 地尼白介素-毒素偶联物（denileukin diftitox）注射剂

卫材公司产品（商品名：Remitoro® for Intravenous Drip Infusion 300 μg），治疗复发性或难治性外周 T 细胞淋巴瘤（PTCL）、复发性或难治性皮肤 T 细胞淋巴瘤（CTCL）。

2. 特隆图单抗（loncastuximab tesirine-lpyl）冻干粉针剂

ADC 治疗公司产品（商品名：Zynlonta），一种靶向 CD19 抗体与烷化剂的偶联物，适用于经两种或两种以上药物系统性治疗后复发或难治性大 B 细胞淋巴瘤的成人患者。

特隆图单抗由人源化 IgG1κ 单克隆抗体通过蛋白酶切割缬氨酸-丙氨酸连接体与吡咯苯并氮杂䓬（PBD）二聚体细胞毒性烷基化剂 SG3199 偶联而成。与 CD19 结合后，特隆图单抗内化，然后通过蛋白酶水解释放 SG3199 与 DNA 小凹槽结合并形成细胞毒性高的 DNA 链间交联，诱导细胞死亡。

3. 维替吐单抗（tisotumab vedotin-tftv）冻干粉针

Seagen 公司与 Genmab 公司联合开发的产品（商品名：Tivdak），首个和迄今唯一获准治疗成人化疗后疾病发展的复发性或转移性宫颈癌的抗体-药物偶联物（ADC）。单剂量瓶装，以无菌注射用水 4 mL 复溶成维替吐单抗 10 mg/mL。

维替吐单抗利用蛋白酶可切割连接物以共价键连接微管破坏剂澳瑞他汀 E（auristatin E）—甲酯（MMAE）至抗体。维替吐单抗的抗癌活性是 ADC 与表达组织因子（TF）的癌细胞结合后 ADC-TF 复合物内化，并通过蛋白酶裂解释放 MMAE。MMAE 破坏活跃分裂细胞的微管网络，导致细胞周期停滞和凋亡细胞死亡。

（二）白蛋白纳米粒冻干粉针

Aadi 生命科学公司产品（商品名：Fyarro），首次治疗生存率低的超罕见癌症：局部晚期不可切除或转移性恶性血管周围上皮样细胞瘤（PEComa）。本品含西罗莫司（sirolimus）白蛋白结合颗粒（albumin-bound particles）100 mg，单剂量小瓶装，供复溶后使用。

Fyarro 是一将西罗莫司与白蛋白结合制成的纳米颗粒。与目前的 mTOR 抑制剂相比，它具有药代动力学特性更优越、治疗窗更广、肿瘤组织药物接触量更大、靶细胞抑制作用更强以及安全性更良好等多重优点。

（三）长效注射剂

Viiv 保健公司的卡波格韦（cabotegravir）控释注射混悬液（商品名：Apretude），用于阻截成人和体重至少 35 kg 青少年艾滋病毒流行。剂量规格：卡波格韦 600 mg/单剂瓶或 3 mL/单剂瓶，供肌肉注射。

（四）聚乙二醇化干扰素 α2 注射剂

印度药品监督总局（DCGI）批准 Zydus Cadila 公司限制性紧急使用产品（商品名：Virafin），治疗成人中度新冠肺炎感染。聚乙二醇干扰素 α-2b（Pegylated Interferon alpha-2b，PegIFN）单剂量皮下注射抗病毒药物使治疗更加方便。在新冠肺炎感染早期使用 Virafin 可以帮助患者更快地恢复，避免许多并发症。

三　外用制剂

1. 盐酸布比卡因浸润溶液

Durect 公司产品（商品名：Posimir），用于成人在关节镜下直接观察下经肩峰下间隙给药，以在关节镜肩峰下减压术后产生长达 72 小时的镇痛。本品是一种无菌、无热源、透明、淡黄色至琥珀色溶液。剂量规格：布比卡因（bupivacaine）132 mg/mL。

渗透用布比卡因溶液是一种新颖的专利产品，以创新的 SABER® 平台技术结合了布比卡因碱 660 mg 的浓度，能够在成人体内连续 3 日持续提供非阿片类局部镇痛剂。Posimir 比任何其他批准的单剂量布比卡因缓释制剂含有的药物剂量更大。

2. 0.1% 维 A 酸微囊/3% 过氧化苯甲酰微囊乳膏

Sol-Gel 技术公司专利药品（商品名：Twyneo），治疗成人和 ≥9 岁儿童寻常痤疮。剂量规格：维 A 酸（tretinoin）1 mg（0.1%）和过氧化苯甲酰（benzoyl peroxide）30 mg（3%）。

Twyneo 采用 Sol-Gel 技术公司的溶胶-凝胶（Sol-Gel）的专利技术将维A 酸和过氧化苯甲酰包裹在硅基微囊中让两种药物稳定地结合，使维A酸不被过氧化苯甲酰降解，缓慢释放两种活性药物成分，延长释药时间，减少对皮肤的刺激性，从而提供良好的疗效和安全性。

3. 1.5% 卢索替尼乳膏

Incyte 公司产品（商品名：Opzelura），短期和非持续性长期治疗 12 岁及以上非免疫功能低下患者的轻至中度特异性皮炎，这些患者的疾病不能通过其他局部处方疗法得到充分控制，或者这些疗法不可取。卢索替尼（ruxolitinib）乳膏是美国批准的第一种也是迄今唯一 JAK 抑制剂局部用制剂。

四　呼吸系统药物

（一）粉末吸入剂

美国 FDA 暂时性批准 Liquidia 公司的曲前列素（treprostinil）粉末吸入剂（商品名：Yutrepia），用于治疗肺动脉高压（PAH）以提高纽约心脏协会（NYHA）功能性Ⅱ-Ⅲ级症状成年患者的运动能力。

Yutrepia 是一种经验证、方便、手掌大小装置提供的曲前列素吸入干粉制剂。它是采用 Liquidia 公司 PRINT® 专利技术设计的，该技术能够开发出尺寸、形状和成分精确且均匀的药物颗粒，精细加工的药物颗粒使其达到最佳化安全、有效地将药物释至肺深部。

（二）鼻喷雾剂

1. 一氧化氮鼻喷雾剂

SaNOtize 研发集团在以色列的药店向公众销售一氧化氮鼻喷雾剂（nitric oxide nasal spray，NONS），该喷雾剂可保护使用者免受通过上鼻腔途径进入人体病毒的侵害，并已在新西兰注册开始销售 NONS。

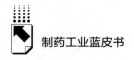
2. 伐尼克兰溶液鼻喷雾剂

Oyster Point 制药公司产品（商品名：Tyrvaya），治疗干眼症的症状和体征。Tyrvaya 鼻喷雾剂是首个和迄今唯一获准上市治疗眼干燥症的鼻喷雾剂。剂量规格：伐尼克兰（varenicline）0.6 mg/mL。

Tyrvaya 鼻喷雾剂是一种高度选择性胆碱能激动剂，一日 2 次以水性鼻喷雾剂喷入每个鼻孔，以激活基础泪液生成。鼻腔喷雾给药提供了一种治疗干眼症的新方法，无须在已受刺激的眼表上给药。此外，鼻腔给药可能允许一些难以独立使用局部滴眼液的患者独立使用此处方药完成眼干燥症治疗。

3. 复方盐酸奥洛他定/糠酸莫米松鼻喷雾剂

Glenmark 制药公司（商品名：Ryaltris® Nasal Spray），用于成人和 ≥ 12 岁儿童季节性和常年性变应性鼻炎的对症治疗。Ryaltris® 缓解过敏性鼻炎的症状，包括鼻塞、流鼻涕、鼻痒、打喷嚏以及眼睛发痒、发红和流泪。鼻喷雾剂含盐酸奥洛他定（olopatadine hydrochloride）等渗水混悬液（相当于 0.6%w/v 奥洛他定碱基）和糠酸莫米松（mometasone furoate）-水合物（相当于 0.025%w/w 糠酸莫米松）。初始启动后（喷 6 次），每个计量喷雾释出混悬液 100 μL，含盐酸奥洛他定 665 μg 和糠酸莫米松 25 μg。

五 眼用制剂

1. 雷尼珠单抗植入剂

罗氏公司产品（商品名：Susvimo），通过眼部植入物进行玻璃体内注射，治疗之前至少接受过两次抗血管内皮生长因子（VEGF）注射患者的新生血管或"湿性"老年性黄斑变性（nAMD）。Susvimo 以前称为含雷尼珠单抗（ranibizumab）的端口释药系统（port delivery system），是美国 FDA 批准的第一种也是迄今唯一每年仅需两次治疗 nAMD 的药品。它是一种永久性可再填充眼植入物，大约一粒大米大小，设计用于随着时间的推移不断向眼睛释放定量的雷尼珠单抗。

2. 盐酸毛果芸香碱滴眼液治疗老花眼

艾伯维（AbbVie）公司旗下艾尔建（Allergan）公司的盐酸毛果芸香碱滴眼液（商品名：Vuity），用于治疗成人老花眼。剂量规格：盐酸毛果芸香碱（pilocarpine hydrochloride）1.25%（12.5 mg/mL）。

Vuity 是首个和迄今唯一获准上市治疗成人老花眼的滴眼液。Vuity 为患者提供处方眼药水治疗，暂时缓解这种症状的标志性视力模糊。

Vuity 采用 Allergan 公司的 pHast 专利技术制剂工艺，毛果芸香碱最快在使用 15 分钟后即生效，缓解视力模糊。在 GEMINI 1 和 GEMINI 2 Ⅲ期临床研究中，发现每日使用 1 次 Vuity 的患者在第 30 日视力改善达 6 小时。

B.22
国外参比制剂选择的现状和启示

游正坤　涂家生*

摘　要： 参比制剂是我国化学仿制药质量和疗效一致性评价工作及新仿制药研发申报的基础和前提。本文介绍了我国仿制药参比制剂遴选工作的历史和现状、美国和 WHO 参比制剂选择情况和管理现状，对比分析国内外参比制剂选择差异，为我国参比制剂选择工作提供参考。

关键词： 参比制剂　仿制药　美国　WHO

近年来，为提高仿制药质量和审批标准，实现仿制药代替原研药的临床使用，我国开展了仿制药质量和疗效一致性评价工作与化学药品注册分类改革。作为法定的仿制药研制使用的对照药品，参比制剂既是一致性评价工作的基础（参比制剂的有无决定着品种一致性评价的方法，参比制剂遴选调整的效率决定着一致性评价的进程），也是新注册分类化学仿制药研发、受理和审评审批的前提。

一　参比制剂是一致性评价工作和新仿制药研发申报的基础

（一）参比制剂起源于一致性评价工作

为提高仿制药质量，《国务院关于改革药品医疗器械审评审批制度的意

---

* 游正坤，中国药科大学药用辅料和仿创药物研发评价中心研究生；涂家生，中国药科大学药用辅料和仿创药物研发评价中心教授。

见》（国发〔2015〕44号）（以下称44号文）① 中提出我国需开展仿制药一致性评价工作，工作方式为：对已经批准上市的仿制药，按与原研药品质量和疗效一致的原则，分期分批进行质量一致性评价。44号文明确指出：药品生产企业应将其产品按照规定的方法与参比制剂进行质量一致性评价；也初步提出参比制剂的总体遴选路径和原则，即参比制剂由食品药品监督管理总局征询专家意见后确定，可以选择原研药品，也可以选择国际公认的同种药品。《国务院办公厅关于开展仿制药质量和疗效一致性评价的意见》（国办发〔2016〕8号）（以下称8号文）② 中进一步明确了参比制剂的遴选原则，即参比制剂原则上首选原研药品，也可以选用国际公认的同种药品。44号文和8号文都指出若无参比制剂的，由药品生产企业进行临床有效性试验。

（二）参比制剂是新仿制药研发申报的基础

为提高药品审批标准，44号文中指出要调整药品的注册分类，明确仿制药审评审批要以原研药品作为参比制剂，确保新批准的仿制药质量和疗效与原研药品一致。自此，我国开始了化学药品注册分类改革。

随着改革推进，新修订的相关法规文件规定新申报的化学仿制药也需要先确定参比制剂，比如《药品注册管理法》（2020）的第三十五条第二款规定：仿制药应当与参比制剂质量和疗效一致；《化学药品注册分类及申报资料要求》（2020）③ 中规定：注册分类3类和4类为仿制原研药品的化学药品，需具有与参比制剂相同的活性成分、剂型、规格、适应证、给药途径和用法用量，并证明质量和疗效与参比制剂一致。根据现行法规文件要求和参比制剂定义，只有在国家药监局发布的《仿制药参比制剂目录》中的品种，

---

① 《国务院关于改革药品医疗器械审评审批制度的意见》（国发〔2015〕44号），https：//www.nmpa.gov.cn/directory/web/nmpa/zhuanti/lshzht/fzhypj/fzhyzhcfg/201508 18101201803.html。

② 《国务院办公厅关于开展仿制药质量和疗效一致性评价的意见》（国办发〔2016〕8号），https：//www.nmpa.gov.cn/zhuanti/ypqxgg/ggzhcfg/20160305170501942.html。

③ 《国家药监局关于发布化学药品注册分类及申报资料要求的通告》 （2020年第44号），https：//www.nmpa.gov.cn/yaopin/ypggtg/ypqtgg/20200630180301525.html。

企业才能进行研发及申报。因此，若无参比制剂的品种，那么企业无法对该品种进行研发和申报。参比制剂与一致性评价和新仿制药研发的关系见表1。

表1　一致性评价工作和新仿制药研发与参比制剂关系

	有参比制剂	无参比制剂	对参比制剂的要求
一致性评价	对比参比	临床有效性试验	原研药品+国际公认的同种药品
新仿制药研发	对比参比	暂无申报路径	原研药品

二　我国仿制药参比制剂遴选现状

（一）我国参比制剂遴选工作的历史

《总局关于发布仿制药质量和疗效一致性评价参比制剂备案与推荐程序的公告》（2016年第99号）（以下简称"99号文"）① 明确了参比制剂遴选原则和路径，标志着参比制剂申请及遴选工作正式启动。为进一步规范仿制药审评和一致性评价工作，优化工作程序，国家药监局于2019年3月发布《关于发布化学仿制药参比制剂遴选与确定程序的公告》（2019年第25号）（以下简称"25号公告"）②，公告对参比制剂遴选原则、路径、确定程序等关键步骤进一步予以规范。

（二）我国现行参比制剂遴选的原则和路径

25号公告明确了参比制剂选择的顺序，遴选原则一：选择原研药品作为参比制剂（顺序为国内上市的原研药品、经审核确定的国外原研企业在中国境内生产或经技术转移生产的药品、未进口原研药品）；遴选原则二：

---

① 《总局关于发布仿制药质量和疗效一致性评价参比制剂备案与推荐程序的公告》（2016年第99号），https://www.nmpa.gov.cn/zhuanti/ypqxgg/ggzhcfg/20160519194501263.html。

② 《关于发布化学仿制药参比制剂遴选与确定程序的公告》（2019年第25号），https://www.nmpa.gov.cn/xxgk/ggtg/qtggtg/20190328162401710.html。

若原研药品不可及或因质量原因不适合作为参比制剂，可选择国际公认的同种药品作为参比制剂；遴选原则三：可选择经国家药品监督管理局评估确定的具有安全性、有效性和质量可控性的药品作为参比制剂。其中，原研药品是指境内外首个获准上市，且具有完整和充分的安全性、有效性数据作为上市依据的药品。国际公认的同种药品是指在美国、日本或欧盟等获准上市并获得参比制剂地位的仿制药。参比制剂选择决策树见图 1。

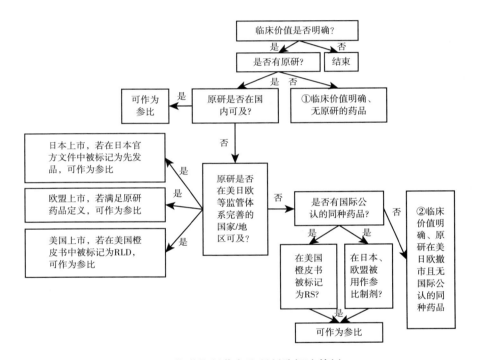

图 1　化学仿制药参比制剂选择决策树

　　25 号公告确定了两条参比制剂的遴选路径，一是基于企业主动提出备案申请路径；二是基于药审中心主动推荐路径。两条路径的参比制剂遴选确定都需要经专家委员会审议、药审中心公示、国家局发布。

（三）我国参比制剂遴选发布现状

　　截至 2022 年 1 月，药审中心已公示《化学仿制药参比制剂目录（第五十五批)》①，国家药监局已发布《仿制药参比制剂目录（第五十批）》（以下第 1 批-50 批计）。

经统计，发布目录中共计收载 4750 个参比制剂（计 1988 个品种），按遴选原则分类，原研药品作为参比制剂的有 4555 个，占比 96%（其中，国内上市的原研药品有 1091 个，占比 23%，经审核确定的国外原研企业在中国境内生产的药品有 184 个，占比 4%，未进口原研药品有 3280 个，占比 69%）；国际公认的同种药品作为参比制剂有 195 个，占比 4%（见图 2）。

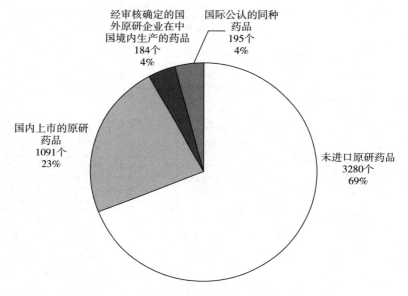

图 2 已发布参比制剂分类情况（以遴选原则计）

按来源分类：国内上市的有 1287 个，占比 27%（其中原研进口有 1091 个，原研地产化有 184 个，国际公认进口有 12 个），未在国内上市的有 3445 个，占比 72%，美国橙皮书有 1570 个，占比 33%，欧盟上市 1187 个，占比 25%，日本上市 688 个，占比 14%（见图 3）。

---

① 《国家药监局关于发布仿制药参比制剂目录（第五十批）的通告》（2022 年第 2 号），https：//www.nmpa.gov.cn/zhuanti/ypqxgg/ggzhcfg/20220111084200136.html。

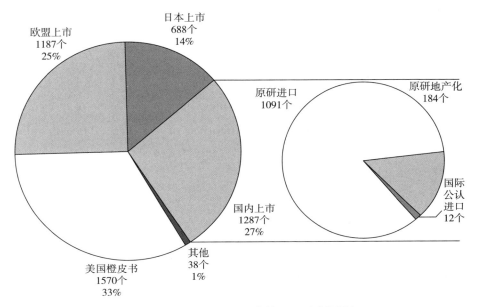

图3 已发布参比制剂分类情况（以来源计）

三 国外参比制剂选择情况和管理现状

（一）WHO 参比制剂选择情况和管理现状

1996 年前，国际药品监管机构委员会（International Conference of Drug Regulatory Authorities，ICDRA）提出制定国际通用的参比制剂选择的标准，并由 WHO 发起，但由于当时国家/地区间使用的参比制剂差异较大，因此对于参比制剂选择的标准最终未能达成一致[①]。

---

① World Health Organization. WHO technical report series，No. 992，annex 8：guidance on the seleetion of comparator pharmaceutical produets for equivalence assessment of interchangeable multisource（generic）produets，http：// www. who. int/medicines /areas / quality-safety/quality dsSurance/ Annex&-TRs992. pdf？ua ＝1.

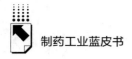

1. 国际参比制剂清单及增补品种

2002 年，WHO 在各国药品监管机构和各大制药企业的支持下，在 WHO 基本药品目录（WHO EML）收录品种的基础上，于第 902 号系列技术报告（WHO Technical Report Series，No. 902）的附件 11《选择参比制剂用于仿制药品的互换性评估的指南》［Guidance on the selection of comparator pharmaceutical products for equivalence assessment of interchangeable multisource（generic）producis］中最早提供了国际参比制剂清单（List of International Comparator Phamarceutical，ICPL）[1]。

2016 年，WHO 官网上公布了以第 18 版 WHO EML 收录的品种为基础的电子版 ICPL，ICPL 会随着 WHO EML 的更新而更新。目前，ICPL 中共收载 571 个药品品种（一个品种可能有多种规格，同品种同规格可能有多个商品名和多个持证商），按销售来源进行统计（见图 4），其中，来源于严格监管国家（地区）（SRA，strictly regulated area）的有 102 个，占比 20%，来源于欧盟和美国的有 66 个，占比 13%，仅来源于美国的有 138 个，占比 27%，仅来源于欧盟的为 124 个，占比 25%，仅来源于英国的为 46 个，占比 9%，来源于其他特定国家（如加拿大、澳大利亚、德国、法国、日本、中国等）的有 31 个，占比 6%[2]。

2017 年以来，"WHO 预认证团队：药品"（WHO Prequalification Team Medicines，PQTm）以系列指南的方式更新了 ICPL，发布乙型和丙型肝炎、被忽视的热带病、生殖健康、肺结核、疟疾、流行性感冒、新生儿和幼儿感染和儿童肺炎、HIV/AIDS、COVID-19 等 9 个领域的最新参比制剂清单[3]。

---

① World Health Organization WHO Technical Report Series，No. 902，Annex 11：Guidance on the selection of comparator pharmaceutical products for equivalence assessment of interchangeable multisource（generic）products，https：//apps. who. int/iris/bitstream/handle/10665/42424/WHO_ TRS_ 902. pdf；sequence＝1.

② 在 ICPL 中，有 92 个品种尚未推荐参比制剂，此类品种在清单的"Markets"列被标记为"N/A"和"no comparator identified"；同时，同一个药品品种的参比制剂可能既来源于美国和英国或欧盟和英国，在统计时按来源分别进行计数。

③ WHO-Prequalification of Medical Products（IVDs，Medicines，Vaccines and Immunization Devices，VectorControl）. https：//extranet. who. int/pqweb/medicines/bioequivalence.

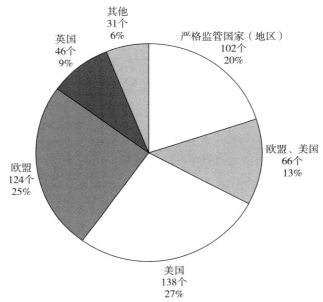

图 4　ICPL 收载 571 个药品品种（以销售来源计）

2. 国际参比制剂的选择原则

2017 年，WHO 第 1003 号系列技术报告（WHO Technical Report Series，No. 1003）的附件 5《国际参比制剂清单背景概况》（General background notes on the list of international comparator pharmaceutical products）中明确根据以下标准来选择国际参比制剂①。①若药品上市许可持有人（Marketing Authorization Holder，MAH）在全球范围内销售其产品，那么就会选择同样的 MAH 在严格监管机构②上市销售的同样产品作为国际参比制剂。②若 MAH 未在全球范围内销售其产品，在美国和/或欧盟市场上可及，那么就会选择 MAH 在美国和/或欧盟上市销售的同样产品作为参比制剂。③若参比

---

① World Health Organization WHO Technical Report Series，No. 1003，Annex 5：General background notes on the list of international comparator pharmaceutical，productshttps：//www. who. int/entity/medicines/areas/quality_ safety/quality_ assurance/Annex5. pdf

② Clarification with Respect to a Stringent Regulatory Organization as Applicable to the Stringent Regulatory Authority（SRA）Guideline https：//extranet. who. int/pqweb/sites/default/files/documents/75%20SRA%20clarification_ Feb2017_ newtempl. pdf

制剂在美国或欧盟的多个成员国不可及，那么就会选择 MAH 在具体市场［如中国、法国、欧盟（法国/希腊）等］销售的产品作为参比制剂。④优先选择 MAHs 在 SAR 上市销售的药品作为参比制剂。⑤若参比制剂在 SAR 市场上不可及，则可以选择 SAR 外的其他国家获批上市的参比制剂。

参比制剂应从 SRA 管辖范围内的市场购买，对于 WHO 药品资格预认证，SRA 被视为正式参加 ICH 的国家的监管机构，并且满足：ICH 成员［美国食品药品监督管理局（FDA）、欧盟委员会（EU）、日本厚生省（MLHW）］、2015 年 10 月前的 ICH 观察成员［欧洲自贸联盟（European Free Trade Association）和加拿大卫生部（Health Canada）等］和与 ICH 成员之间达成具有法律效力互认协议药品监管当局（澳大利亚、冰岛、列支敦士登和挪威）。

企业若无法确定 WHO 推荐的参比制剂，或者如果所选的 WHO 参比制剂无法从 SRA 管辖范围内的市场获得，企业在开始研究之前，应就参比制剂的选择咨询 WHO。

（二）美国参比制剂选择情况和管理现状

1. 美国参比制剂选择的原则

FDA 有明确的参比药品（Reference Listed Drug，RLD）认定原则，即按照 FDCA 法案 505（c），基于完整的安全性和有效性的研究数据获得批准的原研药品。RLD 是《具有治疗等效性的已批准药品》（Approved Drug Products with Therapeutic Equivalence Evaluation）［通常被称为橙皮书（Orange Book）］中 FDA 指定作为对照品的药品，用于 ANDA 申请①。2017年 FDA 发布了"ANDA 中采用已批准参照药品的指南草案"（Referencing Approved Drug Products in ANDA Submissions）②，进一步强化了 RLD 的唯一

---

① CFR 314. 94（a）（3）. https：//www. ecfr. gov/current/title－21/chapter－I/subchapter－D/part－314#314. 94.

② SFDA. Referencing Approved Drug Products in ANDA Submissions，https：//www. fda. gov/regulatory－information/search－fda－guidance－documents/referencing－approved－drug－products－anda－submissions－guidance－industry.

性定位，同时提出了标准制剂（reference standard，RS）的概念。该指南于2020年10月发布了正式稿。自此，橙皮书开始将参比制剂和参照标准品分别以 RLD、RS 进行标识。RS 是指在申报仿制药过程中，对于需要进行体内生物等效性试验所必须采用的参比制剂 FDA 列出的对照药品，RS 从 RLD 中选择，RLD 若有多个规格，通常选择最高规格 RLD 作为 RS，由 FDA 选定。如果最大规格的剂量在健康受试者中存在安全隐患，则 FDA 会指定 RLD 中的其他小规格产品为 RS。

为确保仿制药企业的正常申报和研发，当 RLD/RS 不可及或不能满足仿制需求时，申请人可以主动要求 FDA 或 FDA 会主动地去指定 RS。FDA 将指定一个与该 RLD 治疗等效的已获批仿制药作为 RS，若有多个与该 RLD 治疗等效的已获批仿制药，FDA 通常会选择将市场销售量最高的仿制药指定 RS[1]。

2. 美国 RS 选择的路径与条件[2]

FDA 在下列条件下会主动考虑重新指定 RS：①RLD/RS 药品非因安全性有效性撤市；②重新选择一个 RS 有助于解决特定药品市场短缺问题；③已有的 RS 不能满足市场需求（即使已有的 RS 尚未撤市）；④备选 RS 的剂量规格不能满足所有 RLD 规格的使用。

同时，仿制药申请人在选择和使用 RS 过程中，在下列情况下也可以主动要求 FDA 重新指定 RS：①FDA 未指定 RS；②当 RS 在橙皮书上被标记为已撤市且 FDA 尚未重新选择同品种的 RS；③申请人认为除已指定的 RS 外有更合适的 RS；④已指定的 RS 在市场上可获得性差，影响申请人做 BE 试验。一旦 FDA 指定了新的 RS，即使原来的 RS（如已撤市 RLD）恢复上市，通常仍保持新选定的 RS。

---

① 孙博、陈桂良、宁黎丽：《美国 FDA 橙皮书的介绍及启示》，《中国医药工业杂志》2021 年第 11 期。

② U. S FDA. Referencing Approved Drug Products in ANDA Submissions. https：//www.fda.gov/regulatory-information/search-fda-guidance-documents/referencing-approved-drug-products-anda-submissions-guidance-industry.

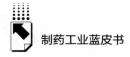

申请人主动要求 FDA 重新指定新的参比制剂需要 2 个月左右的审批时间，可以通过邮件与 FDA 仿制药办公室（Office of Generic Drugs，OGD）进行沟通①。

3. 美国参比制剂的动态管理

美国的 RLD 和 RS 在橙皮书中可查询，橙皮书是 FDA 为促进仿制药高质量发展和临床替代原研药品于 1980 年发布的，现行版本的橙皮书为第 41 版，纸质版橙皮书每年 3 月更新发布，电子版橙皮书在 FDA 官网中时时更新。从药品的全生命周期角度看，随着科技进步、商业运作、对产品认知深入，药品会经历上市后变更、安全有效性再评价等，这些变更或评价可能对橙皮书的 RLD 和 RS 信息产生影响，比如，变更持证商、商业原因撤市、安全有效性撤市，FDA 对参比制剂进行及时动态管理。对于因安全有效性撤市的 RLD，根据 505（j）（7）（C）条款，FDA 会将其从橙皮书中删除；对于因商业撤市的 RLD，FDA 会将其保留在橙皮书中，便于用户查阅标签、获取安全性和有效性的信息。

经过 40 多年的发展，橙皮书动态适时权威发布批准药品信息、指定仿制药的 RLD 和 RS，有力地促进了仿制药高质量发展和仿制药与原研药的替代。

四 启示与展望

（一）借鉴 WHO 参比制剂管理，提升参比制剂可及性

美国只将其国内上市的原研药作为参比制剂，而 WHO 和我国的参比制剂来源总体一致，将部分国家/地区上市的原研药作为参比制剂，差异在于 WHO 的范围不仅包括美国、欧盟、日本，也包括 2015 年 10 月前的 ICH 观察成员和与 ICH 成员之间达成具有法律效力互认协议的药品监管当局，这

---

① 《从辉瑞新冠口服药 Paxlovid 奈玛特韦/利托那韦片谈参比制剂一次性进口的法规和监管》，2022 年 5 月，https：//mp. weixin. qq. com/s/Rj89t2FvrNcOOxmp6r0PSw。

些监管机构被 WHO 认为是严格的监管机构（SRA）。

因此，对于临床价值明确、有仿制需求的但在美国、欧盟、日本撤市的药品品种，可以考虑借鉴 WHO，将遴选范围扩大到 SRA，以解决参比制剂的可及性问题。

（二）建立参比制剂数据库，实现参比制剂的动态管理和更新

FDA 建立的橙皮书数据库，实现了对参比制剂的动态管理。2017 年 12 月，我国发布了中国上市化学药品目录集，并建立了官方数据库。国内上市的参比制剂已收纳入目录集，而未进口的参比制剂不属于目录集的收录范围，故目前我国并没有参比制剂的完整数据库。因大部分参比制剂为未进口，其变更情况、质量情况不受我国监管，故如何跟踪此类参比制剂源数据变化是一大难题。目前，参比制剂信息更新（如持证商变更）主要依赖于企业主动提出，并经完整的 25 号公告确定程序进行遴选确定，因此，建立高效的动态更新机制，提升参比制剂可及性，能够进一步促进参比制剂工作的有效推进，保证我国一致性评价工作的顺利开展，促进我国新仿制药研发申报。

（三）建立对未进口参比制剂全生命周期管理

EMA 于 2018 年发布并批准了有关氟吡汀撤市评估报告，同年，EMA 宣布撤销含有氟吡汀药品的上市许可决定①。目前，针对此类经国外药监机构评估确定而撤市的未进口参比制剂，我国还缺乏相应的跟踪措施和评价程序。2022 年 3 月药审中心对外征求《已发布化学仿制药参比制剂调整程序》的意见②，征求稿中明确提出对经国家药监局审核评估，因药

---

① European Medicines Agency-Flupirtine-containing medicinal products. https：//www. ema. europa. eu/en/medicines/human/referrals/flupirtine-containing-medicinal-products.

② 《国家药品监督管理局药品审评中心关于公开征求〈已发布化学仿制药参比制剂调整程序〉意见的通知》，2022 年 3 月 11 日，https：//www. cde. org. cn/main/news/viewInfoCommon/d5c36 80701af8e40c9772cf267bae856。

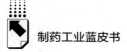

品安全性、有效性即质量可控性存在风险而撤市的参比制剂属于调整情形，因此，相信未来国家将正式发布参比制的调整程序，打通参比制剂的调出通道，保障公众用药安全和权益，真正实现参比制剂的全生命周期管理。

案 例 篇
Case Studies

B . 23

华北制药砥砺奋进　五大产业
集群融合发展

张玉祥*

摘　要： 素有"共和国医药工业长子"和"新中国制药工业的摇篮"美誉的华北制药在 60 多年的发展历程中始终将"人类健康至上　质量永远第一"作为企业宗旨，站在新征程的开局之年，华北制药也迎来系列变革。一是历时近 17 年打赢"美国对华反垄断第一案"；二是加快五大产业集群建设；三是"老兵"张玉祥接棒董事长，计划以市场化、资本化、国际化为导向，奋力开拓产业结构更优、体制机制更活、内生动力更足、承载功能更强的新路子。

关键词： 华北制药　产业集群　融合发展

---

* 张玉祥，华北制药集团董事长、党委书记、总经理。

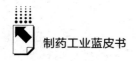

2021 年是国家"十四五"规划开启的元年，也是中国医药产业迈向高质量发展新周期的初始之年。素有"共和国医药工业长子"和"新中国制药工业的摇篮"美誉的华北制药未来的目标是：打造国内领先、国际一流的医药健康产业集团，建设美丽新华药是我们华药人共同的奋斗目标，把华药打造成一个致力于人类健康事业、受人尊敬的百年企业。

一 视信誉为生命，打赢"美国对华反垄断第一案"

不久前，美国对华发起的维生素 C 反垄断诉讼重审一案宣判，华北制药集团胜诉。至此，在历经一审、二审、再审和重审之后，华北制药集团赢得了这场历时近 17 年的国际官司。该案也被视为美国对华第一例反垄断案。

对于长达 17 年的坚持，张玉祥指出："华北制药是负责任的大型制药国企，视信誉为生命，过去是，将来更是。企业没有违反美国的反垄断法。我们始终坚信，法律会给我们一个公道的说法。而且如果败诉要赔偿十多亿，甚至二十几亿人民币，对企业是致命风险和重大损失，也会造成国有资产流失。我们绝不允许这种损失发生。"

作为维 C 反垄断案的亲历者，张玉祥和团队经历了一审败诉后的迷茫，积极调整应诉策略，最终迎来了重审胜诉的好消息。"经过大量分析，权衡利弊，我们果断选择上诉。"张玉祥感慨道，无论在国内还是国外，遵纪守法、合规经营，是企业消除风险的根本。企业要敢于坚持，敢于应对国际诉讼，依法维护企业的合法权益。企业也一定要有自己的法律人才队伍，应对国际诉讼，绝不是花钱聘个律师这么简单，一味出钱和解未必是好的选择。

此次胜诉，不论是对华北制药，还是对国内其他企业在国际市场的开拓均具有重要意义。胜诉不仅会增强国际客商及战略合作者的信心和信任，有利于华北制药走出去，开拓更广阔的国际市场；也为其他企业应对涉外诉讼、依法维权提供有益借鉴。

这场诉讼长达 17 年，对企业来说并非易事，而华北制药经受住了这个考验。在张玉祥看来，华药牢固树立"一张蓝图干到底"的精神。这种精神，不仅体现在一场诉讼中，更贯穿于企业发展的全过程。近些年，华北制药未雨绸缪，新的海外战略布局已经形成。

首先，加大制剂产品出口销售力度，降低了原料药的出口占比。从内部产能设置上，提升下游制剂产能，同步消耗自产上游原料，形成闭环运营，把产品的最终端市场掌控在自己手中，降低对外部环境的依赖度。其次，高端市场作为引领，中低端市场提高销售质量。几年时间里，华北制药的成品药叩开了日本、英国、泰国、南非、联合国采购组织等高端市场的大门。在苏丹、刚果、坦桑尼亚、马达加斯加、塔吉克斯坦、菲律宾、埃及等国家，华北制药的制剂品牌深入千家万户，植根于当地医药市场，保证了稳定的市场销量。

同时，制定了品牌战略。华北制药在制剂海外市场建设初期，就非常重视品牌建设，注册华北制药自有品牌，做自有的全品牌包装产品，减少代工。利用广告促销品，建立当地营销队伍，以中标当地国家标单等形式，树立品牌形象。通过细耕耘、深扎根，华北制药也建立了自己的海外分销机构。目前正在运营的有马达加斯加、刚果、赞比亚、肯尼亚、德国等国家的分销机构，正在谋划建设的也在有序推进。

华药在研发方面将围绕战略重点产业领域，开展技术引进。通过联合海外企业、国际知名高校和权威研发机构，以共建海外产业技术创新平台、创新中心、联合实验室、研发中心等形式，开展国际研发合作，引进具有国际前沿水平的关键技术和重磅产品，以产品为主线，丰富产品储备，实现前瞻产品的引入，实现全球采、全球卖的产品纵深。

二　巩固化学药制剂产业，重点发展生物生化药

作为国家"一五"计划期间苏联援建的 156 项工程中的重点项目，1958 年 6 月，华北制药厂建成投产，彻底结束了我国青、链霉素依赖进口的历史，开创了中国抗生素工业化生产的新纪元，华北制药也被誉为"共和国医药工业长子"和"新中国制药工业的摇篮"。

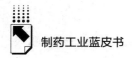

近年来，华北制药在实施高质量国际化发展战略的同时，积极加速转型，旨在实现国内、国际市场双向驱动。随着国家集采、限抗等政策深入实施，抗生素、化药市场正在发生变革，华北制药也提出将巩固发展化学药制剂产业。

近年来，华北制药一直持续推进产业结构优化调整，增加化学药制剂领域的营收占比，2018～2020年连续3年结构比例保持在6∶4以上。2020年，华北制药各业务领域合计完成收入90.1亿元，制剂药与原料药结构比例为7.2∶2.8，较"十三五"目标提前实现制剂药比重大于70%。在优化产业架构中也不断深化推进重点制剂产品（过亿元产品）以及创效大产品培育。截至2020年，华北制药过亿元制剂产品的营收占总营收的48.2%；9个创效大产品中有2个10亿元品种，创效大产品的营收占总营收的39.8%，占化学药制剂营收的80.6%。

同时，华北制药也在加大创新力度，加速布局全产业链。华药的整体布局主要是巩固发展化学药制剂产业，重点发展生物生化药产业，积极构建具有竞争优势的原料药产业链，培育发展绿色农兽药产业和健康消费品产业，加快五大产业集群建设，打造协同发展的产业生态，形成共振融合的产业发展格局。积极推动医药商业和医药化工健康发展，形成协同优势。

在资源配置上，重点放在生物生化药和高端仿制药领域，提高自主创新能力和科技成果转化能力，运用现代生物技术，改造传统产业；加快哌拉西林钠、氨苄西林、头孢唑林钠等品种酶工程技术替代传统化学法合成工艺步伐；补齐关键核心技术短板，统筹构建微球、脂质体、缓控释、靶向等高端制剂技术平台，打造高壁垒仿制药竞争优势。

围绕集团公司战略导向，华药大力实施创新驱动发展战略，紧盯生物生化药发展趋势，以未满足的临床需求为出发点，导入新产品和新技术，引进和开发一批与现有产品和技术平台可协同发展的抗体、疫苗和重组蛋白类药物，形成产品族群，达到引领补充效应，并可嫁接公司现有产业格局和研发创新能力，优化资源配置，推动产业结构升级，提升企业核心竞争力。重点聚焦自身免疫、血液系统、眼科等治疗领域，并以奥木替韦单抗注射液的上市为突破口，加快犬抗组合制剂、基因重组人血白蛋白、破伤风疫苗等生物生化药的研发。

此外，华北制药紧紧把握产业发展前沿，运用信息技术改造传统产业，通过实施数字化转型，推动大数据、云计算、人工智能、区块链等信息技术与制药产业深度融合，积极利用新一代信息技术改造提升传统产业，促进制造、业务、管理和商业模式的重构，提升产品和服务竞争力，推动产业发展模式革新，推动运营效率提升。

三　"红色"精神永不丢，为国担当创佳绩

在华北制药60多年的发展历程中，这家国有企业将红色基因注入血脉。"一切为了人类健康"的企业使命和"人类健康至上　质量永远第一"的企业宗旨起到了强有力的引领与支撑作用，这不仅是华药精神的生动写照，更是几代华药人排除万难、矢志不渝为国担当、为民造福的初心与使命的集中体现。

对于企业精神，已在华北制药工作奋斗了34年的张玉祥深有感受。自1988年从沈阳药学院（现沈阳药科大学）毕业进入华北制药，张玉祥一直坚守在此，从车间、子分公司到公司管理层，一路经风沐雨，其间有很多机会甚至高出几倍的高薪机会都丝毫没有撼动其坚守华北制药的心。其之所以能坚持下来，是华药的红色基因已经植入他的身心、融入他的血液，特别是一代又一代华药人，他们的初心使命始终鼓舞着张玉祥。例如，原国家医药局局长、华药第一任青霉素发酵车间主任齐谋甲，成功地用葡萄糖母液替代了进口乳糖，并创造性地研制成功混合氮源，超出苏联设计的发酵单位指标33%，让苏联专家竖起了大拇指，使得华北制药青霉素产量投产当年就超过设计能力。"菌种皇后"——年轻的女大学生陶静之，在没有专家指导的情况下，敢为人先，凭着自己的智慧和信心为中国选育出了第一株青霉素菌种，彻底结束了中国菌种依赖进口的历史。

华北制药第五任厂长王汝霖，1980年在全国医药行业内率先引入了全

面质量管理，奠定了华北制药现代化管理的基础。1986 年，华北制药在全国医药行业第一个荣获国家质量管理奖。还有新时代技术工人代表、全国劳动模范、全国优秀共产党员、党的十九大代表，享受国务院政府特殊津贴，有"工人院士"美誉的中华技能大奖获得者、华药金坦公司首席工人技师齐名，只是技校毕业的他，三十年勤学不辍，已成为名副其实的电气仪表自动化专家，取得 200 多项科研成果，创造循环经济效益 6000 万元，先后获得 7 项国家专利授权。

可以说，几代华药人共有的精神气质和价值追求，是推动华药不断发展的内在动力，承载着中国抗生素生产从无到有、从弱到强的发展历史和责任担当，传承着顾全大局、责任自觉和甘于奉献，体现着艰苦创业、苦干实干的作风，积极进取、开拓创新的精神，坚持底线、坚守品质的原则，政治坚定、造福社会的追求，这将是华药始终坚持在正确的道路上稳健发展的基石与保障，永不过时，永不褪色，永远都不能丢。

四　肩负重托砥砺奋进，推动华药高质量发展

2021 年 8 月，华北制药第十届董事会第十五次会议全票通过了同意选举张玉祥为华北制药董事长。业界十分关注的是，作为一位老兵，接任董事长后，将如何带领华北制药实现高质量发展、再创辉煌？

自接任华药董事长以来，张玉祥深感责任重大，如履薄冰，不敢有丝毫懈怠，时刻谨记肩负的责任和使命，深恐有负领导的重托，有负员工的信任，有负投资者的期望。"一切为了人类健康"的企业使命，源于初心，源于共识，源于责任。要求华药人坚持开放包容的心态，坚持合作共赢的理念，坚持开拓创新的精神，更好地履行企业的政治责任、社会责任、经济责任和生态责任，在国家医药健康事业发展中不辱使命。

当前华药遇到了前所未有的困难，也面临着前所未有的机遇，作为企业主要负责人必须切实增强国有企业为国担当、为民造福的政治自觉、思想自觉和行动自觉，深刻明晰华药改革转型高质量发展所处的历史方位和蕴含的

巨大潜力，充分发挥利用华药的良好基础和有利条件，积极抢抓国家推进国企改革三年行动的政策机遇、入选"科改示范行动"的改革机遇、融入"一带一路"、京津冀协同发展、雄安新区建设的开放机遇等，进一步增强再创佳绩、再续辉煌的信心和决心，把发展机遇转化为推动高质量发展的现实生产力。

张玉祥和其团队将在扎实推进"十四五"发展规划落实上积极作为，自觉把华药发展放到构建新发展格局当中去思考和谋划，在放大比较优势、突破瓶颈中，以市场化、资本化、国际化为导向，大力实施两大技术改造（即运用生物技术、信息技术改造传统产业和管理模式）；推进三大结构调整（即产品、股权、融资结构调整）；优化三大领域布局（即研发、市场、投资领域布局），坚定不移重构产业、重组要素、重聚动能、重塑环境，奋力开拓产业结构更优、体制机制更活、内生动力更足、承载功能更强的新路子。力争通过3~5年时间的努力，实现凤凰涅槃、再创辉煌。

伟大事业从来都不是敲锣打鼓、轻轻松松就能实现的。张玉祥和其团队将秉承艰苦奋斗、自强不息的"华药精神"，敢于自我革命，勇于参与市场搏杀，以更大的勇气和智慧、更有力的措施和更大的努力，向下一个光辉的60年砥砺奋进。在勤劳智慧的华药人的共同努力下，"共和国医药工业长子"一定会在新的历史时期再现昔日的辉煌，为国家医药健康事业做出新的更大贡献。

B.24
牢记使命　笃行不怠
企业高质量发展迈上新征程

杜德平[*]

摘　要： 制药工业在医药卫生事业和国民经济中有特殊重要的地位。新中
国成立以来，特别是改革开放以后，我国制药工业从基础薄弱发
展至形成了完备的工业体系，从以生产仿制药为主至大力发展创
新药，取得了卓越成就，新华制药就是其中杰出贡献者之一。经
过几代新华人接棒努力，新华制药在产品系列布局、产能全球占
比、企业现代化建设、国际化发展等方面均实现了质的飞跃。本
文从新华制药发展历史和经验两个方面讲述新华人一以贯之的高
质量发展的坚定信念和实际行动。

关键词： 制药工业　新华制药　生命线工程

山东新华制药股份有限公司 1943 年创建于胶东抗日根据地，是中国共
产党创办的第一家化学合成制药企业。经过 79 年的创业历程，新华制药现
在发展为全球重要的解热镇痛类药物生产与出口基地，国内重要的心脑血管
类、抗感染类、中枢神经类等多种药物生产企业。

＊ 杜德平，博士，工程应用研究员，山东新华制药股份有限公司总经理。

一　红色国企基因，血脉本色传承

（一）起于根据地，敢为天下先

新华制药创建之初，就被赋予为战士、为百姓制好药光荣并艰巨的历史使命。光荣的使命让企业具有敢为天下先的精神品质，以后的发展也充分证明了这一点。1943 年 11 月，18 名八路军战士在烟台牟平县后垂柳村成立了一个制药小组，开始进行药品的研制和生产。发展到 1945 年，新华制药能够满足胶东军区 60% 以上的药品需求。发展到 1947 年，新华制药生产的吗啡、水杨酸钠、消毒酒精等医药物资能够满足华野数十万军队需求，陈毅元帅、粟裕将军在给中央军委电报中给予了充分肯定。

1948 年 10 月，新华制药搬迁至淄博。这段时期，工人在厂房里紧张生产药品，战士在厂区外警惕背枪放哨成为一道靓丽的风景。

（二）勇担新使命，造药为人民

1950 年，新华制药成功研制葡萄糖酸锑钠，一举扑灭了肆虐大半个中国、殃及 200 多万人的黑热病。

1953 年，新华制药成功烧制新中国第一台搪玻璃反应罐，这对新中国精细化工发展具有划时代的意义。

1954 年，建设的新中国第一个较大规模的化学合成原料药车间——非那昔汀生产线，开启了新中国化学合成药大规模产业化的历史。

1958 年，中央化工部确定新华制药以解热镇痛类药物为发展方向。经过各种攻坚克难，公司先后投产了巴比妥、苯巴比妥、阿司匹林、氨基比林、安乃近、咖啡因等产品，改变了我国解热镇痛药紧缺的历史。在 20 世纪 60 年代至 70 年代，新华制药援建了华北制药、西北二合成等国家大型骨干制药企业，建设了济宁、沂源等分厂，积极支持国家"大三线""小三线"建设，为社会主义建设时期人民群众健康做出了自己的贡献。

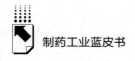

与同时期华北制药、东北制药、太原制药，成为新中国医药行业的四大制药厂。

（三）乘改革开放东风，建现代企业制度

改革开放以后，公司高度重视与跨国企业建立战略合作关系，在与跨国企业合作中，促进了新华制药厂区战略布局和现代企业制度建设。

1987年，一分厂建成投产。

1992年，利用世界银行贷款建成投产了国内第一个符合GMP标准的片剂生产车间。同年，新华制药开展自营进出口业务。

1996年，新华制药H股在香港发行上市；1997年，新华制药A股在深圳发行上市。

（四）走进新时代，开启新发展

党的十八大以来，新华制药又一次站在时代前端，在高质量发展上取得了一些新成绩。自2012年以来，公司营业收入、实现利税等主要经营指标连年创出新高。在这一时期，新华制药建设形成了总部园区、一分厂、二分厂、寿光园区、高密园区的五大产业园区的发展战略布局。

二　引智攻关创新不懈，谱写高质量发展新篇章

（一）坚持引才、育才、引智，不断充实新血液新智力

一是高度重视对人才引进。截至目前，新华制药形成了由6名院士、6名国外专家、4名国家重点人才工程专家、6名泰山产业领军人才，以及22名博士、300多名硕士组成的高端科技人才队伍。建设了国家级企业技术中心、院士工作站、博士后工作站、泰山学者岗位、泰山产业领军人才岗位等高端人才平台。二是高度重视对职工队伍在职学习培养，每年培养高级工程师以及国家执业药师、国家注册安全工程师等人才30余人，公司现有自己

培养的高级工程师达到 215 人。三是高度重视与中国医学科学院、沈阳药科大学、中国药科大学、清华大学、山东大学等科研院所、高等院校开展产学研合作，实现引智攻关、强强联合。

（二）坚持创新发展，不断开拓新领域

创新是企业发展的核心，是推动跨越式发展、新旧动能转换、高质量发展的根本路径。

一是在研发层面。新华制药聚焦疼痛控制、心血管、消化系统等重点领域，每年研发投入占比超过 5%，且在进一步快速增长。通过自研、对外合作、购买等方式快速获取发展所需资源，仿制药一致性评价处于国内第一方阵，首仿药、创新药布局各有特色，并将陆续开花结果。二是在技术进步层面。新华制药大力推动生物合成、酶法合成、绿色制造等新工艺、新技术、新设备在产品中的应用，加快连续化、智能化、数字化改造，主要品种、重点品种的核心竞争力明显提升。三是在模式创新层面。2014 年布局医药电商业务以来，保持了高速发展态势，以 B2C、B2B、B2B2C、O2O、互联网医疗、跨境电商、孵化等多业务共同发展。国内首家与淄博市、京东三方合作开展"淄博健康城市"项目，建设了"互联网+健康"平台，实现了慢性病药电子处方流转，给患者带来了便捷，逐渐构建适合公司发展的生态系统。

（三）坚持放活机制，释放员工干事激情

一是建立绩效管理体系。将绩效管理的职责赋予各级管理层。通过绩效管理、360 度考核、素质测评建立各级评价体系，把考核作为提升绩效的手段。二是优化管理机制。通过实施技术改进、节能降耗贡献激励方式，极大地释放了员工的智慧和力量，成功实施了一大批技术改进项目和节能降耗项目，保障公司主要产品的综合优势和竞争力。三是积极推进股权激励和员工持股。通过新增业务、新增领域等引入战略投资，形成企业发展和骨干员工利益共享的发展机制，增强企业发展的活力和动力。

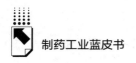

（四）坚持建链、补链、强链，巩固原料药优势地位

一是建设了功能定位非常清晰的五大产业园区，形成了五安系列、咖啡因系列、布洛芬系列、阿司匹林系列、苯巴系列、多巴系列、高分子系列、甾体激素系列、降糖系列等十大原料药产品系列。其中五安系列、布洛芬系列、阿司匹林系列、多巴系列产能居全球第一。二是建立了由精细化工到原料药再到制剂的比较完整的产业链，主要原料药品种都实现了关键医药中间体配套，医药中间体上下游延伸品种系列化。三是坚定不移采用新技术、新设备，通过自动化改造实现连续化、自动化生产升级，提高效率和竞争力，确保市场份额不断扩大、话语权越来越大。

（五）坚持国际化战略，成为全球产业链重要一环

一是积极推动产品国际认证。目前，新华制药有 14 个原料药产品通过美国 FDA 现场检查，9 个产品获得欧盟 COS 证书。片剂通过了英国 MHRA 审计，针剂通过了国际药房协会 IDA 审计，公司现代医药国际合作中心制剂通过美国 FDA 现场审计。二是积极与跨国企业建立合作关系。目前，新华制药与罗氏、拜耳、葛兰素史克等 200 多家世界知名企业建立了长期战略合作关系。三是积极开展"一带一路"业务。通过在共建"一带一路"国家的产品注册，积极推动由以原料药出口为主向以制剂为主的转变，大力提高制剂出口所占比重。目前，新华制药产品出口到全球 50 多个国家和地区，年出口额 3 亿美元以上。四是通过筑牢国际 CMO 业务，推动 CMO/CDMO 业务全面做强。21 世纪初，新华制药就布局了原料药、制剂的国际 CMO 业务，经过近 20 年的发展，已经成为公司业务重要占比，并有力地推动了整体 CMO 业务及 CDMO 业务的体系布局、做大做强。

（六）坚持质量、安全、环保生命线工程，成为高质量发展的有力保障

基础不牢，地动山摇。坚持高标准做好质量、安全、环保生命线工程，

是新华制药长期以来高质量发展的重要保障，也是得到战略合作伙伴信赖支持的重要基础。

一是做好质量生命线。新华制药始终坚持"两个生命的质量观"：产品质量关系企业生命、药品质量关系人的生命。企业建立了从原料进厂、生产环节，到产品出厂全过程质量控制体系。曾获"全国优秀质量管理奖"，有23个产品获省部级以上优质产品奖，其中3个产品获国家金质奖，3个产品获国家银质奖，多个产品获山东省名牌产品，获得了"中国质量诚信企业奖"等多项荣誉。二是构建安全生命线。新华制药不断实践"四全管理"和"四点支撑"安全管理理念，持续改善职工的工作环境、提升公司本质安全管理水平，构建安全生产长效机制，保障公司生产经营的正常进行。三是筑牢环境生命线。新华制药始终坚持"点源治理，科技治污"，落实环保科技创新，主动实施环保项目，控制设施运行，废水、废气达标排放，危废合法处置，落实好企业环境保护的主体责任。

潮平两岸阔，风正一帆悬。79 年的发展历程证明，新华红色精神代代相传，新华人牢记使命、追求高质量发展的目标一以贯之。站在"两个一百年"的历史交汇点，新华制药将抓住新的战略机遇期，开启又一次波澜壮阔的创业征程。

附　　录
Appendices

B.25
医药工业绿色循环发展规划解读

任立人　沈云鹏　曾萍　殷文娟*

摘　要： 为贯彻落实《关于促进医药产业高质量发展的若干意见》《"十四五"医药工业发展规划》，推动医药行业绿色低碳、创新发展，提升医药产业核心竞争力，工信部下发了《"十四五"医药工业发展规划实施方案》。方案坚持创新驱动、优化布局、绿色低碳、国际化能力，提出"十四五"医药产业发展目标及任务。本文重点从创新产业提升、优化产业布局、绿色低碳、提升国际竞争力等方面，对原料药绿色发展方面的内容进行了解读。

关键词： 医药工业　原料药　绿色循环

---

* 任立人，国家环境保护抗生素菌渣无害化处理与资源化利用工程技术中心总工程师、研究员；沈云鹏，国家环境保护抗生素菌渣无害化处理与资源化利用工程技术中心主任，正高级工程师；曾萍，中国环境科学研究院水生态环境研究所研究员；殷文娟，国家环境保护抗生素菌渣无害化处理与资源化利用工程技术中心高级工程师。

医药行业是关系人民身体健康和国计民生的重要产业。原料药是医药产业的重要基础，我国原料药产业处于全球医药产品供应链的顶端，具有举足轻重的位置。经过多年的发展，我国原料药产业链比较完整，产品种类比较齐全，在出口和保障国内药品供应、促进经济发展等方面发挥着重要的作用。特别是 2020 年新冠肺炎疫情发生以来，我国原料药产业链战略地位凸显。同时，我国原料药发展存在产业集中度低、原创性新产品研发能力不足、产品同质化严重、生产过程环保问题较大、国际产业价值链位次较低等问题。

一　创新引领，推动产品和产业升级

完善创新体系，推动产品创新、工艺技术创新、装备创新。发展合成生物学技术、生物催化剂筛选与制备，并构建高效生物催化剂的智能化、快速开发高端平台和云实验室。形成计算生物学从头设计、自动化高通量生物催化剂构建、筛选与测试、智能化大数据分析和机器学习平台，实现高效工业生物催化剂的设计—构建—测试—学习的智能化改造 DBTL 循环优化及快速开发。

发展微通道反应连续合成、连续结晶和晶型控制、手性合成、分子蒸馏、寡核苷酸生产、固相合成、高效分离纯化、药物微量杂质控制、过程分析等先进技术及高端装备、高性能材料。

围绕构建可持续发展的生物医药产业体系，以抗体药物、重组蛋白药物、新型疫苗等新兴药物为重点，推动临床紧缺的重大疾病、多发疾病、罕见病、儿童疾病等用药的新药研发和产业化升级，提升关键原辅料及装备配套能力，支撑医药产业持续创新发展。

二　优化产业结构布局，推进原料药产业集聚

提高新产品、高附加值产品比重，优化产业布局，建立发酵类大宗原料

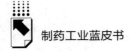
药、化学合成类大宗原料药和特色原料药、定制（专利）原料药等三大类
原料药产业集中生产基地。

①在新疆、内蒙古、山西、东北等地域辽阔、发酵生产气候条件适宜、
玉米资源和能源等各产业要素条件禀赋的地区，发酵类制药产业要素条件优
势地区，布局一批发酵类大宗原料药产业集中生产基地。

②在京津冀、山东、辽宁、成渝、粤港澳大湾区等化工与医药中间体、
侧链产业链、产品链门类品种齐全，交通发达、便利，化学合成类原料药、
产业各要素条件配套的地区，布局一批化学合成类大宗原料药、特色原料药
产业集中生产基地。

③依托长三角地区、长江经济带地区的高层次人才和各类产业人才聚
集，化工产业链健全，新技术产业发达的综合优势，建立一批特色原料药、
定制（专利）原料药产业集中生产基地。发展自主研发专利创新药、仿制
药和合同加工外包（CMO）与医药定制研发生产（CDMO）等高成长性的
创新药、特色药、定制药产业。

三　推动产业低碳绿色发展

加强前瞻性研究布局，开发原料药绿色低碳生产技术。推动对大宗原料
药开展绿色化改造，持续降低单位产品能耗和排放水平。开发高效生物酶作
为催化剂，以水相为介质的生物催化工艺，替代和减少化学催化剂、传统工
艺中的环境不友好化工原材料、有机溶剂的使用。

加强原料药生产过程副产物资源化利用，推动挥发性有机物（VOCs）
治理改造，提升固体废弃物、高盐废水及有机废液等综合处置水平。推动先
进节能装备推广应用，加快制冷、发酵等高能耗工艺模块改造升级，实现能
量梯级利用。

加快抗生素菌渣无害化处理，生产有机肥，进行多路径资源开发利用，
建立完善抗生素菌渣资源利用环境风险评估体系、产品安全性认证体系及标
准与检测方法。依托大宗原料药产业集中生产基地，建立抗生素菌渣有机肥

绿色循环产业链；培育健全化学合成类大宗原料药和特色原料药、定制（专利）药产业集中生产基地的回收溶剂、化学中间体资源梯级利用产业链，提升原料药产业绿色水平。

四　建立完善产业标准体系

建立原料药产业集中生产基地建设标准，完善原料药清洁生产评价指标体系、原料药行业环境健康安全管理体系。研究制定推行原料药绿色工厂、绿色园区、绿色管理标准，打造国际先进的绿色供应链。研究提升原料药生产高能耗装置能效标准，健全完善行业碳排放测算、评价等机制，提升行业绿色发展水平。

五　提升医药产业国际化能力

加强国际技术合作，引进和培养国际化人才，提高研发注册、生产质量、市场销售各环节的国际化经营能力。深化与国外医药企业合作，推动引资、引技、引智有机结合，实现合作共赢。支持企业建立跨境研发合作平台，充分利用国际资源，发掘全球创新成果。

鼓励开展新药国际临床研究，实现创新药走向国际市场和参与国际竞争。推动化学原料药产能国际合作，鼓励企业在境外建设短缺中药材生产基地。优化出口结构，促进出口增长。巩固化学原料药国际竞争地位，提高精深加工产品出口比重，增加符合先进水平 GMP 要求的品种数量。立足原料药产业优势，实施制剂国际化战略，全面提高我国制剂出口规模、比重和产品附加值，重点拓展发达国家市场和新兴医药市场。

B.26
2021年化学原料药大类产量供应出口量分省（区、市）情况

中国化学制药工业协会

表1 2021年1-12月化学原料药大类产量、供应出口量分省（区、市）情况 I

单位：吨

省（区、市）	原料药合计		二十四大类合计		抗感染药物		解热镇痛药物		维生素类及矿物质类药物	
	产量	出口量	产量	出口量	产量	出口量	产量	出口量	产量	出口量
全部合计	1423170	469234	683106	297907	86456	25577	89668	38168	299340	151511
北京市	27	0	27	0	0	0	0	0	0	0
天津市	4886	718	4886	718	1	0	2	0	0	0
河北省	545243	186716	136562	74294	12229	5586	23726	14952	87632	43450
山西省	5845	5127	5845	5127	5748	5126	24	1	32	0
内蒙古自治区	22024	1964	22024	1964	19762	1919	7	0	2234	44
辽宁省	18656	10655	18656	10655	1734	359	90	0	11538	6965
吉林省	4631	1048	4631	1048	260	8	3169	109	0	0
黑龙江省	433	0	433	0	202	0	0	0	0	0
上海市	21405	6842	21405	6842	1195	433	1	0	9716	3835
江苏省	35346	24159	35346	24159	1467	961	86	0	24907	21615
浙江省	118441	33393	118441	33393	10328	3677	7423	2081	80809	17566
安徽省	35517	3374	35517	3374	2327	2	8733	0	6654	0
福建省	786	264	786	264	712	264	0	0	0	0
江西省	21378	7789	21378	7789	2122	211	150	106	12549	6890
山东省	489463	139402	158080	80497	14358	4281	37272	15378	58851	48018
河南省	1978	189	1978	189	1048	126	491	0	0	0
湖北省	64451	45403	64451	45403	4755	2003	8433	5541	4080	2865
湖南省	14240	483	14240	483	1	1	3	0	0	0

296

续表

省 （区、市）	原料药合计		二十四大类合计		抗感染药物		解热镇痛药物		维生素类及 矿物质类药物	
	产量	出口量	产量	出口量	产量	出口量	产量	出口量	产量	出口量
广东省	5791	166	5791	166	3681	122	0	0	0	0
广西壮族 自治区	749	166	749	166	331	31	5	0	0	0
海南省	69	0	69	0	0	0	0	0	0	0
重庆市	286	37	286	37	76	0	0	0	0	0
四川省	7810	1321	7810	1321	1007	468	29	0	337	264
贵州省	0	0	0	0	0	0	0	0	0	0
云南省	226	19	226	19	0	0	0	0	0	0
西藏 自治区	0	0	0	0	0	0	0	0	0	0
陕西省	447	0	447	0	128	0	0	0	0	0
甘肃省	3019	0	3019	0	2984	0	25	0	0	0
青海省	22	0	22	0	0	0	0	0	0	0
宁夏回族 自治区	0	0	0	0	0	0	0	0	0	0
新疆维吾 尔自治区	0	0	0	0	0	0	0	0	0	0

表2　2021年1~12月化学原料药大类产量、供应出口量分省（区、市）情况Ⅱ

单位：吨

省 （区、市）	抗寄生虫病药		计划生育 及激素类药物		抗肿瘤类药物		心血管系统类 药物		呼吸系统类 药物	
	产量	出口量	产量	出口量	产量	出口量	产量	出口量	产量	出口量
全部合计	5582	1735	11643	5068	557	201	7422	3497	1224	338
北京市	0	0	0	0	0	0	4	0	1	0
天津市	0	0	752	123	0	0	41	0	0	0
河北省	0	0	84	15	0	0	24	0	162	30
山西省	0	0	0	0	0	0	15	0	0	0
内蒙古 自治区	0	0	0	0	0	0	6	0	15	0

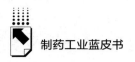

续表

省 （区、市）	抗寄生虫病药		计划生育 及激素类药物		抗肿瘤类药物		心血管系统类 药物		呼吸系统类 药物	
	产量	出口量	产量	出口量	产量	出口量	产量	出口量	产量	出口量
辽宁省	0	0	0	0	1	0	8	0	4	0
吉林省	0	0	0	0	0	0	0	0	215	151
黑龙江省	0	0	0	0	0	0	13	0	109	0
上海市	36	0	9	0	52	52	226	0	0	0
江苏省	17	0	51	0	201	3	321	98	6	0
浙江省	230	49	583	330	42	17	4493	3033	82	0
安徽省	350	52	0	0	5	0	1	0	3	0
福建省	0	0	0	0	0	0	0	0	3	0
江西省	0	0	0	0	0	0	333	24	0	0
山东省	0	0	9764	4494	248	128	231	22	489	154
河南省	0	0	1	0	0	0	78	19	15	0
湖北省	4025	1391	114	93	0	0	1	1	0	0
湖南省	161	72	20	12	0	0	111	0	4	2
广东省	5	0	89	0	0	0	349	38	0	0
广西壮族 自治区	249	134	0	0	0	0	0	0	6	0
海南省	0	0	0	0	0	0	0	0	0	0
重庆市	147	32	1	0	0	0	0	0	0	0
四川省	73	5	147	0	5	0	966	243	97	0
贵州省	0	0	0	0	0	0	0	0	0	0
云南省	0	0	29	0	0	0	197	19	0	0
西藏 自治区	0	0	0	0	0	0	0	0	0	0
陕西省	290	0	0	0	0	0	3	0	10	0
甘肃省	0	0	0	0	0	0	0	0	0	0
青海省	0	0	0	0	0	0	0	0	5	0
宁夏回族 自治区	0	0	0	0	0	0	0	0	0	0
新疆维吾 尔自治区	0	0	0	0	0	0	0	0	0	0

表3　2021年1~12月化学原料药大类产量、供应出口量分省（区、市）情况Ⅲ

单位：吨

省（区、市）	中枢神经系统类药物		消化系统类药物		泌尿系统类药物		血液系统类药物		调节水、电解质及酸碱平衡类药物	
	产量	出口量	产量	出口量	产量	出口量	产量	出口量	产量	出口量
全部合计	25339	19382	64696	39367	15882	308	3117	531	9932	2905
北京市	0	0	9	0	0	0	0	0	0	0
天津市	0	0	0	0	57	49	4	0	12	0
河北省	12545	10235	0	0	59	26	101	0	0	0
山西省	0	0	26	0	0	0	0	0	0	0
内蒙古自治区	0	0	0	0	0	0	0	0	0	0
辽宁省	1399	1193	2740	2136	9	0	1	0	13	0
吉林省	950	777	4	0	4	2	0	0	0	0
黑龙江省	0	0	101	0	0	0	0	0	0	0
上海市	10	0	2605	51	0	0	228	38	0	0
江苏省	558	44	242	0	245	167	54	12	48	32
浙江省	2210	1443	3711	1477	107	65	76	34	4639	2746
安徽省	0	0	796	796	0	0	490	192	305	0
福建省	0	0	0	0	0	0	0	0	0	0
江西省	1130	356	488	150	0	0	9	1	2429	51
山东省	5791	5324	5946	2525	15362	0	288	0	1	0
河南省	174	0	103	44	10	0	26	0	0	0
湖北省	80	9	36425	31843	0	0	1	1	0	0
湖南省	384	0	8496	5	28	0	1705	243	601	76
广东省	0	0	281	0	0	0	40	7	0	0
广西壮族自治区	13	0	137	1	0	0	0	0	0	0
海南省	0	0	69	0	0	0	0	0	0	0
重庆市	10	0	5	0	0	0	33	5	0	0
四川省	76	0	2512	338	0	0	46	0	1885	0
贵州省	0	0	0	0	0	0	0	0	0	0
云南省	0	0	0	0	0	0	0	0	0	0
西藏自治区	0	0	0	0	0	0	0	0	0	0

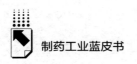
省 （区、市）	中枢神经系统类 药物		消化系统类药物		泌尿系统类药物		血液系统类药物		调节水、电解质及 酸碱平衡类药物	
	产量	出口量	产量	出口量	产量	出口量	产量	出口量	产量	出口量
陕西省	0	0	0	0	0	0	14	0	0	0
甘肃省	9	0	0	0	0	0	0	0	0	0
青海省	0	0	0	0	0	0	0	0	0	0
宁夏回族 自治区	0	0	0	0	0	0	0	0	0	0
新疆维吾 尔自治区	0	0	0	0	0	0	0	0	0	0

表4　2021年1~12月化学原料药大类产量、供应出口量分省（区、市）情况Ⅳ

单位：吨

省 （区、市）	麻醉类及其 辅助类药物		抗组织胺及 解毒类药物		酶及其他 生化类药物		消毒防腐及 创伤外科类药物		五官科类药物	
	产量	出口量	产量	出口量	产量	出口量	产量	出口量	产量	出口量
全部合计	985	236	146	9	17307	5803	2753	0	13	1
北京市	0	0	0	0	0	0	0	0	0	0
天津市	0	0	0	0	2261	546	1752	0	0	0
河北省	0	0	0	0	0	0	0	0	0	0
山西省	0	0	0	0	0	0	0	0	0	0
内蒙古 自治区	0	0	0	0	0	0	0	0	0	0
辽宁省	3	0	3	2	0	0	91	0	0	0
吉林省	30	1	0	0	0	0	0	0	0	0
黑龙江省	0	0	0	0	0	0	0	0	0	0
上海市	6	0	37	0	5381	2432	0	0	0	0
江苏省	641	61	2	0	2851	1166	34	0	5	0
浙江省	5	3	23	3	4	0	0	0	0	0
安徽省	0	0	0	0	85	0	0	0	0	0
福建省	0	0	0	0	0	0	71	0	0	0
江西省	0	0	7	1	0	0	0	0	0	0

续表

省 （区、市）	麻醉类及其 辅助类药物		抗组织胺及 解毒类药物		酶及其他 生化类药物		消毒防腐及 创伤外科类药物		五官科类药物	
	产量	出口量	产量	出口量	产量	出口量	产量	出口量	产量	出口量
山东省	296	172	1	0	42	0	0	0	0	0
河南省	0	0	31	0	0	0	0	0	0	0
湖北省	0	0	0	0	6535	1656	0	0	0	0
湖南省	0	0	34	3	0	0	650	0	7	1
广东省	0	0	0	0	0	0	27	0	0	0
广西壮族 自治区	0	0	0	0	0	0	9	0	0	0
海南省	0	0	0	0	0	0	0	0	0	0
重庆市	5	0	1	0	0	0	0	0	0	0
四川省	0	0	7	0	147	3	118	0	0	0
贵州省	0	0	0	0	0	0	0	0	0	0
云南省	0	0	0	0	0	0	0	0	0	0
西藏 自治区	0	0	0	0	0	0	0	0	0	0
陕西省	0	0	0	0	0	0	1	0	0	0
甘肃省	0	0	0	0	0	0	0	0	0	0
青海省	0	0	0	0	0	0	0	0	0	0
宁夏回族 自治区	0	0	0	0	0	0	0	0	0	0
新疆维吾 尔自治区	0	0	0	0	0	0	0	0	0	0

表5 2021 年 1~12 月化学原料药大类产量、供应出口量分省（区、市）情况 V

单位：吨

省 （区、市）	皮肤科类 药物		诊断类 药物		滋补营养类 药物		制剂用辅料 及附加剂类		其他化学原料 药类		单列品种 合计	
	产量	出口量	产量	出口量	产量	出口量	产量	出口量	产量	出口量	产量	出口量
全部合计	59	6	4667	681	9987	4	26300	2579	29	0	740064	171327
北京市	0	0	0	0	0	0	0	0	12	0	0	0
天津市	0	0	0	0	6	0	0	0	0	0	0	0

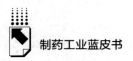
续表

省 (区、市)	皮肤科类 药物		诊断类 药物		滋补营养类 药物		制剂用辅料 及附加剂类		其他化学原料 药类		单列品种 合计	
	产量	出口量	产量	出口量	产量	出口量	产量	出口量	产量	出口量	产量	出口量
河北省	0	0	0	0	0	0	0	0	0	0	408681	112422
山西省	0	0	0	0	0	0	0	0	0	0	0	0
内蒙古 自治区	0	0	0	0	0	0	0	0	0	0	0	0
辽宁省	1	0	0	0	0	0	1023	0	0	0	0	0
吉林省	0	0	0	0	0	0	0	0	0	0	0	0
黑龙江省	7	0	0	0	0	0	0	0	0	0	0	0
上海市	0	0	10	0	0	0	1894	0	0	0	0	0
江苏省	23	0	3297	0	289	0	0	0	1	0	0	0
浙江省	17	6	1360	681	0	0	2297	182	0	0	0	0
安徽省	0	0	0	0	0	0	15771	2332	0	0	0	0
福建省	0	0	0	0	0	0	0	0	0	0	0	0
江西省	0	0	0	0	0	0	2161	0	0	0	0	0
山东省	2	0	0	0	9138	0	0	0	0	0	331383	58905
河南省	0	0	0	0	0	0	0	0	0	0	0	0
湖北省	0	0	0	0	0	0	0	0	0	0	0	0
湖南省	0	0	0	0	199	4	1836	65	0	0	0	0
广东省	0	0	0	0	0	0	1320	0	0	0	0	0
广西壮族 自治区	0	0	0	0	0	0	0	0	0	0	0	0
海南省	0	0	0	0	0	0	0	0	0	0	0	0
重庆市	10	0	0	0	0	0	0	0	0	0	0	0
四川省	0	0	0	0	356	0	0	0	0	0	0	0
贵州省	0	0	0	0	0	0	0	0	0	0	0	0
云南省	0	0	0	0	0	0	0	0	0	0	0	0
西藏 自治区	0	0	0	0	0	0	0	0	0	0	0	0
陕西省	0	0	0	0	0	0	0	0	0	0	0	0
甘肃省	0	0	0	0	0	0	0	0	0	0	0	0
青海省	0	0	0	0	0	0	0	0	16	0	0	0
宁夏回族 自治区	0	0	0	0	0	0	0	0	0	0	0	0
新疆维吾 尔自治区	0	0	0	0	0	0	0	0	0	0	0	0

B.27
2021年化学药制剂重点剂型产量分省（区、市）情况分析

中国化学制药工业协会

表　2021年1~12月化学制剂重点剂型产量分省（区、市）生产情况

省（区、市）	粉针（包括冻干粉针）剂（万支）	注射液（万支）	片剂（万片）	其中：缓释、控释片（万片）	输液（万瓶）	胶囊剂（万粒）	滴剂（万粒）	颗粒剂（万袋）
全部合计	1190092	1812044	40047331	2511206	1206655	10841218	832737	1486121
北京	58500	42424	4168726	470915	9716	630147	154	143920
天津	3087	159777	1244276	102485	7696	116375	4137	1234
河北	123417	154886	2339716	212466	185972	1126990	1387	372817
山西	13420	42110	2063709	124751	449	253854	0	30599
内蒙古	12	498	76026	0	3116	2579	0	211
辽宁	30001	19701	1416048	14979	20391	340195	77	34154
吉林	10424	10083	815020	87	4456	506245	0	21542
黑龙江	53964	10908	782231	2474	22569	391464	146	63311
上海	23002	52161	1690601	161832	16455	381009	275	11091
江苏	76766	102721	4984054	228142	27879	508151	6560	32091
浙江	30721	42455	3337271	117875	53945	615203	18174	49337
安徽	21012	17063	163404	61532	115911	47110	816	2809
福建	2977	13592	472028	0	11101	212338	317358	3474
江西	3062	63509	1561027	0	24015	228330	1036	162074
山东	250420	318622	3237766	606761	222397	1232122	475508	43114
河南	74215	274600	2139572	69659	30401	504453	379	34960
湖北	30574	241176	2208683	21787	42241	60999	3215	30970
湖南	57526	15345	698865	75651	70722	464986	0	95641
广东	127735	47312	1327230	131942	25706	617509	0	63844
广西	10233	2696	314962	0	20283	63983	0	2965

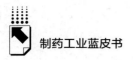

续表

省 (区、市)	粉针（包括 冻干粉针）剂 （万支）	注射液 （万支）	片剂 （万片）	其中:缓释、 控释片 （万片）	输液 （万瓶）	胶囊剂 （万粒）	滴剂 （万粒）	颗粒剂 （万袋）
海南	110027	11792	356504	0	0	220706	0	65697
重庆	35964	30878	978186	39508	12034	652716	185	16121
四川	38335	63742	2189991	35372	186127	1432980	2658	166769
贵州	0	1887	321807	2467	29055	27033	0	7716
云南	1384	62377	302535	8133	27240	90016	551	22295
陕西	3018	5650	551667	20123	24149	84087	0	6431
甘肃	34	3807	132973	0	11072	19019	0	934
青海	0	252	64077	0	0	0	0	0
宁夏	261	19	3626	2265	53	10617	123	0
新疆	0	0	104750	0	1506	0	0	0

Abstract

2021 is the first year to implement the national "14th Five-Year Plan", and a key year to further the "Healthy China" strategy. In this year, regulatory science promoted the innovation and development of chemical drugs, and new drugs got covered by national medical insurance through negotiation, accelerating the pace of reform in the pharmaceutical industry. Innovation promoted the internationalization of the pharmaceutical industry, the internationalization pace of the API industry accelerated, more new antiviral drugs were developed under the COVID-19 epidemic, the green cycle development of the pharmaceutical industry accelerated, and the digital transformation contributed to the transformation and upgrading of the pharmaceutical industry.

2022 is an important year for the implementation of the "14th Five-Year Plan". The Ministry of Industry and Information Technology and other 8 ministries issued the "14th Five-Year Development Plan of the Pharmaceutical Industry". The pharmaceutical industry will enter a new stage of high-quality development that accelerates innovation-driven development, promotes the modernization of the industrial chain, and integrates itself with the global industrial system at a higher level. This report believes that in the face of new situations and new requirements, the pharmaceutical industry should accelerate its technological reform and cross-border integration, carry out basic research and transformation around new mechanism and new targeted drugs, deeply integrates biotechnology with the up-to-date information technology, and accelerates the structural reform of the supply side to better meet the needs of people for a better life. The economy has entered a stage of high-quality development, requiring the pharmaceutical industry to accelerate the reforms of quality, efficiency and driving forces,

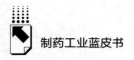

providing support for the construction of a new development pattern in which the domestic cycle is the main body and the domestic and international dual cycles promote each other.

Keywords: Pharmaceutical Industry; Chemical Drugs; Scientific Innovation; Green Pharmaceuticals; Digital Economy

Contents

Ⅰ General Report

Abstract: This report interprets the "14th Five－Year Development Plan of the Pharmaceutical Industry" issued by the Ministry of Industry and Information Technology and 8 other ministries. The "14th Five－Year" is the first five-year for China to embark on a new journey of building a socialist modern country and march toward the second centenary goal, and it is also a key five-year for the pharmaceutical industry to achieve innovation-driven transformation and high-quality development. The "14th Five － Year Development Plan of the Pharmaceutical Industry" points out that during the "14th Five － Year Plan" period, the development environment and conditions of the pharmaceutical industry are facing profound changes, and the pharmaceutical industry will enter a new stage of high-quality development that accelerates innovation-driven development, promotes modernization of the industrial chain, and integrates itself with the global industrial system at a higher level.

Keywords: "14th Five－Year Plan"; Pharmaceutical Industry; Innovation－Driven; High－Quality Development

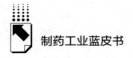

II Policies and Regulations

B . 2 Regulatory Science Promotes Innovation and Development

of Chemical Drugs *Mao Zhenbin*, *Liao Conghui* / 008

Abstract: Regulatory science is an emerging cutting-edge interdisciplinary discipline and innovative practice with interdisciplinary and multidisciplinary attributes, integrating pharmacy with medicine, management, law, etc. , and involving politics, economics, society and other multidisciplinary knowledge systems and theoretical systems. Developed countries and regions such as the United States, Europe, and Japan attach great importance to the development of regulatory science, and emphasize the importance of regulatory science in different ways. Regulatory science can promote the research and development and quality improvement of chemical drugs, and support regulatory decision-making and policy formulation. By analyzing the research status and development trend of drug regulatory science at home and abroad, this paper discusses the construction ideas and interrelationships of the five ecospheres of the core leadership, scientific and technological support, cross-ministry collaboration, social co-governance and open sharing of drug regulatory scientific research in China, and proposes to establish a new system for regulatory scientific research, a new mechanism for innovative development, and related disciplines to promote new projects in ten major fields of regulatory science together.

Keywords: Regulatory Science; Chemical Drugs; Drug Regulation

B . 3 Thoughts on the Use of Drugs Covered by National Medical

Insurance through Negotiations in Healthcare Organizations

Lai Shiqing / 022

Abstract: After the establishment of the National Healthcare Security Administration, there are two ways for drugs to be covered by national medical insurance, one is the access through regular selection, and the other is the access through negotiations. It has become an institutional arrangement for exclusive drugs to be covered by national medical insurance through negotiations. There are more and more drugs being covered by national medical insurance through negotiations. Therefore, it has become a social issue that whether those drugs can be purchased and used by healthcare organizations. This paper analyzes the main factors affecting the use of drugs covered by national medical insurance through negotiations in healthcare organizations, and puts forward several thoughts on solving the problems of those drugs entering healthcare organizations.

Keywords: Medical Insurance Negotiation; Drugs Covered by National Medical Insurance through Negotiations; Catalog of Medicines Covered by National Medical Insurance System

B . 4 Theoretical Analysis and Construction Path of Intelligent

Regulation of Drugs *Liu Yang* / 030

Abstract: At present, the information technology continuously integrates with drug regulation, and the need for innovative regulations, such as the whole life cycle regulation, digital regulation, mobile regulation, online and offline regulation, full-time dynamic regulation and so on, are becoming more and more prominent. From the perspective of the informatization construction of intelligent regulation of drugs, this paper reviews the development process of drug intelligent regulation, clarifies the construction concept of drug intelligent regulation, analyzes

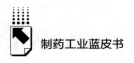

the development situation of drug intelligent regulation under the new development stage, puts forward the core driving force of drug intelligent regulation, and expounds on ideas and construction paths of the informatization construction of drug intelligent regulation.

Keywords: Intelligent Regulation of Drugs; Informatization; Regulatory Digital Base

III The Industry and Enterprises

B.5 Innovation Promotes Internationalization of the Pharmaceutical Industry during the "14th Five-Year Plan" Period

Shi Jianhui / 039

Abstract: The "14th Five-Year Development Plan of the Pharmaceutical Industry" jointly issued by the Ministry of Industry and Information Technology, the Ministry of Science and Technology, the National Medical Products Administration and other 6 ministries focuses on industrial innovation, high quality, international development, and shows the direction for the pharmaceutical industry to develop during the "14th Five-Year Plan" period. This paper briefly introduces achievements of innovation and internationalization of China's pharmaceutical industry during the "13th Five-Year Plan" period. From the perspective of sustainable development of the pharmaceutical industry, it analyzes the "14th Five-Year" development plans of the pharmaceutical industry issued at both national and local levels, and expounds on the importance and urgency of accelerating the innovation-driven transformation and comprehensively improving the level of internationalization to promote the high-quality development of the pharmaceutical industry.

Keywords: Pharmaceutical Industry; Innovation of the Pharmaceutical Industry; Internationalization

Abstract: A series of medical insurance expense-control policies have led to the layoff of traditional pharmaceutical companies and the increase of the number of employees in innovation-driven CXO and Biotech (biotechnology companies based on research and development) companies. The transformation of traditional pharmaceutical companies to innovation and the urgent need for commercialization of Biotech companies are pushing these two kinds of companies towards the same direction of integration of innovative drug research, manufacturing and marketing. When these pharmaceutical companies reach that goal of integration, China's pharmaceutical industry will rank among the world's top list.

Keywords: Centralized Bulk -Buying of Drugs; Pharmaceutical Industry; Innovative Drugs

Abstract: 2021 is the first year of the "14th Five-Year" development plan, and the pharmaceutical manufacturing industry is faced with various challenges and more attention. This paper analyzes the operation of pharmaceutical manufacturing industry, chemical pharmaceutical industry and other sub-industries in 2021, introduces the import and export of chemical pharmaceutical industry and its utilization of production capacity, compares the research and development innovation of chemical drugs, elaborates on the digital transformation and green development of China's chemical pharmaceutical industry, and predicts the development of the pharmaceutical industry and the trend of the "14th Five-Year Plan".

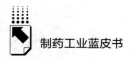
Keywords: Pharmaceutical Industry; Chemical Pharmaceuticals; Digital Transformation; Green Development

B.8   Suggestions on Promoting the Development of the OTC
　　　　Industry during the "14th Five-Year Plan" Period

Bai Huiliang, Zhang Wenhu and Wang Ao / 077

Abstract: Since the inception of China's drug classification management system, the over-the-counter drug (OTC) industry has made important developments. OTC drugs play an increasingly important role in improving public health literacy, enriching public health products and reducing national medical insurance costs. China's OTC industry has become a relatively independent sub industry. To further promote the reform and development of the OTC industry, China Nonprescription Medicines Association invited major OTC enterprises and policy consulting experts from relevant industries and the pharmaceutical industry to summarize achievements of the OTC industry during the "13th Five-Year Plan" period, study and analyze the problems in the development of the OTC industry, and put forward suggestions on promoting the development of China's OCT industry during the "14th Five-Year Plan" period.

Keywords: Over-the-Counter Drugs; OTC Industry; Drug Classification

B.9   Cross-Border Development of Hyaluronic Acid from
　　　　Medicines to Make-ups   *Huang Siling, Xu Xiaoman* / 088

Abstract: China is the world's largest producer of hyaluronic acid (HA) and the world's leader in HA technology. As a sunrise industry, the HA industry encounters three technical breakthroughs which have driven hyaluronic acid to continuously achieve high-quality development in new fields. Because of its unique lubricity, viscoelasticity and moisture retention, HA was first used in traditional medicine fields such as orthopedics and ophthalmology, and then was gradually applied to various health consumer goods, especially medical cosmetology and functional skin care products, with breakthroughs in manufacturing technology, cost reduction and quality improvement. HA extends from the field of medicine to the field of beauty and has developed into a characteristic product with the same origin of "medicine-cosmeceuticals-food". With the continuous emergence of cutting-edge technologies such as synthetic biology and bioinformatics, more functions of HA will be discovered, and its application field will be further expanded. The domestic market scale will gradually reach 100 billion, which is of great significance and value to the development of China's biotechnology.

Keywords: Hyaluronic Acid; Medicines; Medical Cosmetology; Make-ups

B.10　Research on the Development and Trend of Digital

Transformation of China's Pharmaceutical Industry

Ma Dongyan, Fu Yuhan and Ba Xucheng / 098

Abstract: At present, a new round of scientific and technological revolution and industrial transformation is accelerating, the international situation is complex and changeable, and the industrial economy is facing triple pressures of demand contraction, supply shock, and weakening expectation. In this context, China takes promoting digital transformation as an important strategic task of building a manufacturing power, a network power and digital China during the "14th Five-Year Plan" period, and promotes high-quality economic and social development with digital transformation. Currently, the level of digitalization of China's pharmaceutical industry has been steadily improved, the integration of informationization and industrialization has been deepened, and the transformation to digitalization, cyberization and intelligentization has been accelerated in key links, basic applications and model innovation. This paper analyzes the

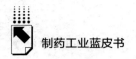
development and trend of digital transformation of China's manufacturing industry and pharmaceutical industry, summarizes the direction and focus of the future digital transformation of China's pharmaceutical industry, and provides reference for China to grasp the opportunities in the new round of scientific and technological revolution and industrial transformation and promote the digital transformation of the pharmaceutical industry.

Keywords: Pharmaceutical Industry; Digital Transformation; New Generation of Information Technology; High−Quality Development

B.11　Digitalization of Pharmaceutical Equipment Contributes to the Transformation and Upgrading of Pharmaceutical Manufacturers

Zheng Jinwang, *Wang Lei* / 116

Abstract: The pharmaceutical industry is an important industry related to the national economy and people's livelihood, and it is also a key field in the "14th Five−Year" development plan. Advanced intelligent pharmaceutical equipment is an important guarantee for improving the production efficiency and quality of pharmaceutical products, and it is also the key and foundation for pharmaceutical enterprises to manufacture products intelligently. This paper analyzes the current situation of China's pharmaceutical equipment industry and pharmaceutical production management, discusses digital research and development, digital processing and manufacturing, digital logistics, and digital services of pharmaceutical equipment, and sums up that the digitalization of pharmaceutical equipment contributes to the transformation and upgrading of pharmaceutical manufacturing.

Keywords: Equipment Digitalization; Intelligent Pharmaceutical Equipment; Intelligent Detection; Intelligent Transfer; Intelligent Collaboration

Ⅳ   Products and Drugs

B.12   Development and Trend of Class 2 New Drugs in China

Wen Xiaoguang, Cai Huaihan, Tang Yunrong and Zhang Chenliang / 125

Abstract: In 2010, the number of new drugs approved by FDA through the 505 (b) (2) pathway exceeded the number of new drugs approved through the 505 (b) (1) pathway for the first time, and since then, the 505 (b) (2) pathway new drugs have become the major direction of new drug research and development, and the number of approved new drugs has been in the lead. In 2016, China began to attach importance to 505 (b) (2) new drugs, and the National Food and Drug Administration issued a classification reform plan of chemical drug registration, giving birth to Class 2 new drugs (improved new drugs that have not been marketed at home and abroad). This paper analyzes the NDA applications and approvals of Class 2 new drugs of domestic enterprises, and IND applications and approvals from 2016 to 2021. A total of 44 products of 26 varieties from 21 enterprises were approved NDA during these 5 years, and 361 products of 188 varieties from 151 enterprises were approved IND. Those enterprises were mainly from Jiangsu Province, Guangdong Province and Beijing, including Hengrui Pharmaceuticals, Chia Tai Tianqing and other pharmaceutical enterprises above state designated scale, as well as innovative pharmaceutical enterprises such as Overseas Pharmaceutical and LP Pharmaceutical. The number of approved Class 2 new drugs shows an increasing trend year by year, with the largest number in 2021 that 32 were approved for marketing and 177 were approved for clinical trials. The development of Class 2 new drugs is mainly concentrated in Class 2.2 (modified dosage form) and Class 2.4 (modified indications), accounting for more than 80%, and the dosage form is mainly tablets.

Keywords: Class 2 New Drugs; New Formulations; 505 (b) (2); IND; NDA

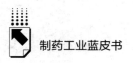
B.13 Progress of China's International Trade of APIs in 2021

Wu Huifang / 147

Abstract: In 2021, the global COVID-19 epidemic is still raging, which has a great impact on economies. The situation of China's import and export of pharmaceutical commodities is still good. Imports of pharmaceutical goods totaled US $ 48.478 billion, with an increase of nearly 19.65% compared with 2020; exports of pharmaceutical goods totaled US $ 69.729 billion, with an increase of 82.97% year-on-year, setting a new record for exports. China's pharmaceutical enterprises significantly expand in the international market, and the number of pharmaceutical administration documents approved by EMA and submitted to FDA has been increasing. China has become the second largest API producer after India, and has more than 280 enterprises with international regulatory qualifications and more than 400 kinds of products. In the future, China's APIs will continue to develop into more varieties, reasonable prices and high-end markets.

Keywords: APIs; Import and Export; Antibiotics; Vitamins; Steroidal Hormones

B.14 Development and Prospect of Antibody Protein Drug Technology

Feng Xiao / 171

Abstract: With the progress of antibody engineering technology and the development of antibody drug's mechanism, antibody drugs are becoming more and more mature, and are an important part of the drug market. Because of the characteristics of high specificity and fewer adverse reactions, antibody drugs occupy an important position in the fields of anti-tumor and autoimmune diseases, and play an increasingly important role in the prevention and treatment of ophthalmological diseases, central nervous system diseases, cerebrovascular diseases, endocrine diseases, rare diseases and virus and bacterial infections. Antibody drugs have now become a hotspot for new drug development. This paper briefly reviews the development history of monoclonal antibodies, introduces various platform technologies for the creation of antibody molecules, and summarizes various mechanisms of action of antibody drugs to intervene, block and delay the pathological progress of diseases. Finally, it predicts the future research and development trend of antibody drugs from the perspective of target expansion and clinical requirements of the design of antibody molecules.

Keywords: Antibody Drugs; Antibody Proteins; Monoclonal Antibodies

B.15 Status Quo and Development Trend of China's Innovative
Drugs Going Abroad   *Zhang Ziran* / 192

Abstract: Innovative drugs in China have encountered challenges such as homogenous R&D, medical insurance bargaining and so on, while developing rapidly. The overseas market dominated by the United States has not only a large scale of the innovative drug market, but also high drug prices, which contributes to the development of innovative drugs. In recent years, the number of innovative drugs approved in China and China's pharmaceutical companies carrying out international multi-center clinical trials continues to increase, providing China's innovative drugs with resources to go abroad. The license-out number of China's innovative drugs and the transaction amount are both increasing. China's innovative drugs are gradually recognized by developed countries' markets. Innovative drugs going abroad are promising. China's pharmaceutical innovation is with great prospects.

Keywords: Innovative Drugs; Clinical Trials; License—Out

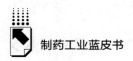

B . 16　Accelerating R&D of New Antiviral Drugs under the

COVID－19 Epidemic　　　　　　　　　　*Xu Zhengkui* / 202

Abstract：Viral diseases have always plagued humans and posed a major challenge to human health. Over the past few decades, significant progress has been made in the development of new antiviral drugs, especially drugs against AIDS. In the past two years, the development of new drugs (including vaccines) after the outbreak of COVID－19 has made some achievements. With more and more new anti－COVID－19 drugs on the market, the global COVID－19 epidemic is expected to be brought under control in the near future.

Keywords：Viral Diseases；Antiviral Drugs；COVID－19

B . 17　Research and Market Development of Targeted Small

Molecule Antitumor Drugs　　　　　　*Cai Deshan* / 210

Abstract：In recent years, more and more targeted small molecule anti-tumor drugs are marketed at home and abroad. The review figures of the Center for Drug Evaluation (CDE) of National Medical Products Administration continue to break the record, promoting the growth of the hospital market of antitumor prescription drugs. In 2021, the market scale of targeted antitumor drugs in public hospitals in major provinces and cities in China reached 30 billion RMB Yuan, including monoclonal antibody drugs and small molecule targeted drugs, and the market scale of targeted small molecule antitumor drugs reached 16. 85 billion RMB Yuan, accounting for 55. 30% of targeted antitumor immune drugs. With the continuous update of research on clinical drugs, drugs in the market are constantly updated and iterated. Under a new round of restructuring of China's pharmaceutical economy, innovative drugs have become an important driving force for the growth of the pharmaceutical market.

Keywords：Antitumor；Small Molecule Targeted Drugs；Innovative Drugs

Contents ↖↘

Abstract: This paper applies design of experiments (DoE) to the study of influencing factors of the gel paste taqman adhesion test. The maximum value of the stress-strain curve is determined by examining effects of peeling speed, residence time, contact force, paste thickness, proppant dosage and API content's effect on adhesion performance using a 46−time response surface design. The results show that except residence time, the other five factors studied all have a significant impact on the response, and find out the interaction between two factors among proppant dosage, contact force, paste thickness and API content through DoE. Adhesion is inversely correlated with proppant dosage.

Keywords: Indometacin Gel Paste; Adhesion; Taqman

Abstract: Vitamin B6 is an important water-soluble Vitamin B and an indispensable nutritional supplement for both humans and animals. China's manufacturing of Vitamin B6 has a history of several decades. Since the reform and opening up, China's Vitamin B6 manufacturing and marketing have shown a rapid growing trend, and now China has become the world's largest production and export base. At present, China's enterprises have large production scales, mature process technology, independent intellectual property rights, complete upstream and downstream industrial chains, and strong competitiveness in prices, and occupy a pivotal position in the international market. In the future, the domestic

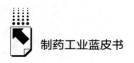

and overseas markets of Vitamin B6 will be optimistic for a long time, and China's manufacturing and marketing will further increase.

Keywords: Vitamin B6; APIs; Pharmaceutical Market

B. 20   Status Quo and Prospect of the Industrialization of Microparticle

Preparations   *Zhou Jianping, Ding Yang and Liu Shengyu* / 244

Abstract: Microparticle preparation is a kind of preparation composed of microns or nanoscale particles. Because of its advantages of improving drug stability, reducing adverse reactions, delaying drug release, improving targeting, etc., it has become a research hotspot in the field of medicine at home and abroad in recent years. As a representative of new drug delivery systems, it is widely used in preparations. This paper reviews the industrialization status of microspheres, liposomes, nanoparticles, polymer micelles, microcapsules and sub-microemulsions in microparticle preparations, and predicts the market prospect, aiming to provide new ideas for the research and development and industrialization of microparticle preparations in China.

Keywords: Microparticle Preparations; Industrialization; Drug Delivery Systems

V   Experience from Others

B. 21   New Preparations Approved for Marketing Abroad in 2021

Huang Shengyan / 256

Abstract: In 2021, new preparations approved for marketing abroad mainly include oral preparations, injections, external preparations and ophthalmic preparations. Oral preparations include oral liquids, orally disintegrating tablets and hard capsules filled with liquids, which are convenient for taking, compound tablets, drug-drug co-crystallization tablets, controlled-release preparations, which could reduce the number of administrations and improve efficacy and the compliance of patients with medication. Injections include 3 kinds of drug-antibody conjugate injection that can improve drug targeting to achieve the goal of accurate treatment, drug albumin nanoparticles, controlled release suspension injection and polyethylene glycolation preparation that have superior pharmacokinetic properties and a wider treatment window and could improve the efficacy. External preparations include lotions and creams that envelop drugs in microcapsules to avoid the interaction of two drugs to improve the stability of the preparation, and nasal sprays that can treat patients holistically via topical administration, among which varenicline solution nasal spray can treat dry eyes. Ophthalmic preparations include renizumab implanted preparation that could achieve treating effect via only two administrations a year, and pilocarpine hydrochloride that is made into eye drops by a new process to treat presbyopia with quick effect.

Keywords: Drug − Drug Co − Crystallization Tablets; Drug − Antibody Conjugates; Injections; Nasal Spray; Ophthalmic Preparations

B.22 Status Quo and Experience of Reference Preparation Selection in Other Countries　　　　　　*You Zhengkun, Tu Jiasheng* / 266

Abstract: Reference preparations are the basis and premise for the consistency evaluation of quality and efficacy of chemical generic drugs and the application of new generic drug research and development in China. This paper introduces the history and current situation of the selection of reference generic preparations in China, the selection and management of reference preparations in the United States and WHO, and compares the differences in the selection of reference preparations at home and abroad, which could provide a reference for the selection of reference preparations in China.

Keywords: Reference Preparations; Generic Drugs; United States; WHO

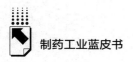
Ⅵ　Case Studies

B.23　North China Pharmaceutical Forging Ahead, Five Major

　　Industrial Clusters Being Integrated　*Zhang Yuxiang* / 279

　　Abstract：Known as the "eldest son of the pharmaceutical industry of the Republic" and the cradle of new China's pharmaceutical industry, North China Pharmaceutical has always regarded "human health first, quality always first" as the corporate mission in the course of more than 60 years of development. At the beginning of the new journey, North China Pharmaceutical has also encountered a series of changes. Firstly, it took nearly 17 years to win the first "US Anti - Monopoly Case against China"; secondly, it accelerates the construction of five major industrial clusters; thirdly, "veteran" Zhang Yuxiang takes over the position of chairman, plans to take marketization, capitalization and internationalization as the guide, and strives to open up a new pathway with a better industrial structure, a more flexible system and mechanism, a more sufficient endogenous driving force, and a stronger bearing capacity.

　　Keywords：North China Pharmaceutical; Industrial Clusters; Integrated Development

B.24　Keeping in Mind the Mission, through Determined Endeavor,

　　Enterprises Embark on a New Journey of High-Quality

　　Development　*Du Deping* / 286

　　Abstract：The pharmaceutical industry has a special and important position in the health care and national economy. Since the founding of New China, especially after the reform and opening up, China's pharmaceutical industry has developed from one with a weak foundation to one with a complete industrial system, from mostly manufacturing generic drugs to the vigorous development of innovative drugs, and has made outstanding achievements. Xinhua Pharmaceutical is one of the excellent contributors. Through efforts of several generations of Xinhua people, Xinhua Pharmaceutical has achieved a significant leap in product line layout, global proportion of production capacity, enterprise modernization construction and international development. This paper expounds on the firm belief and practical actions of Xinhua Pharmaceutical in high-quality development from the perspectives of its development history and experience.

Keywords: Pharmaceutical Industry; Xinhua Pharmaceutical; Lifeline Project

Ⅶ Appendices

B.25 Interpretation of the Green Cycle Development Plan of the Pharmaceutical Industry

Ren Liren, Shen Yunpeng, Zeng Ping and Yin Wenjuan / 292

Abstract: In order to implement the "Opinions on Promoting High-quality Development of the Pharmaceutical Industry" and the "14th Five − Year Development Plan of the Pharmaceutical Industry", promote the green, low-carbon and innovative development of the pharmaceutical industry, and enhance the core competitiveness of the pharmaceutical industry, the Ministry of Industry and Information Technology issued the "Implementation Plan of the 14th Five − Year Development Plan of the Pharmaceutical Industry". This plan adheres to ideas of innovation-driven, optimizing layout, green and low-carbon, and international capabilities, and puts forward the development goals and tasks of the pharmaceutical industry during the "14th Five −Year Plan" period. This paper focuses on the promotion of innovative industries, optimization of industrial layout, green and low-carbon, and enhancement of international competitiveness, and interprets the content about the green development of APIs.

Keywords: Pharmaceutical Industry; APIs; Green Cycle

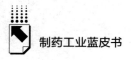

皮 书

智库成果出版与传播平台

❖ 皮书定义 ❖

皮书是对中国与世界发展状况和热点问题进行年度监测，以专业的角度、专家的视野和实证研究方法，针对某一领域或区域现状与发展态势展开分析和预测，具备前沿性、原创性、实证性、连续性、时效性等特点的公开出版物，由一系列权威研究报告组成。

❖ 皮书作者 ❖

皮书系列报告作者以国内外一流研究机构、知名高校等重点智库的研究人员为主，多为相关领域一流专家学者，他们的观点代表了当下学界对中国与世界的现实和未来最高水平的解读与分析。截至 2021 年底，皮书研创机构逾千家，报告作者累计超过 10 万人。

❖ 皮书荣誉 ❖

皮书作为中国社会科学院基础理论研究与应用对策研究融合发展的代表性成果，不仅是哲学社会科学工作者服务中国特色社会主义现代化建设的重要成果，更是助力中国特色新型智库建设、构建中国特色哲学社会科学"三大体系"的重要平台。皮书系列先后被列入"十二五""十三五""十四五"时期国家重点出版物出版专项规划项目；2013~2022 年，重点皮书列入中国社会科学院国家哲学社会科学创新工程项目。

皮书网

（网址：www.pishu.cn）

发布皮书研创资讯，传播皮书精彩内容
引领皮书出版潮流，打造皮书服务平台

栏目设置

◆ **关于皮书**
何谓皮书、皮书分类、皮书大事记、
皮书荣誉、皮书出版第一人、皮书编辑部

◆ **最新资讯**
通知公告、新闻动态、媒体聚焦、
网站专题、视频直播、下载专区

◆ **皮书研创**
皮书规范、皮书选题、皮书出版、
皮书研究、研创团队

◆ **皮书评奖评价**
指标体系、皮书评价、皮书评奖

◆ **皮书研究院理事会**
理事会章程、理事单位、个人理事、高级
研究员、理事会秘书处、入会指南

所获荣誉

◆ 2008 年、2011 年、2014 年，皮书网均
在全国新闻出版业网站荣誉评选中获得
"最具商业价值网站"称号；
◆ 2012 年，获得"出版业网站百强"称号。

网库合一

2014年，皮书网与皮书数据库端口合
一，实现资源共享，搭建智库成果融合创
新平台。

皮书网

"皮书说"
微信公众号

皮书微博

权威报告·连续出版·独家资源

皮书数据库
ANNUAL REPORT(YEARBOOK)
DATABASE

分析解读当下中国发展变迁的高端智库平台

所获荣誉

- 2020年，入选全国新闻出版深度融合发展创新案例
- 2019年，入选国家新闻出版署数字出版精品遴选推荐计划
- 2016年，入选"十三五"国家重点电子出版物出版规划骨干工程
- 2013年，荣获"中国出版政府奖·网络出版物奖"提名奖
- 连续多年荣获中国数字出版博览会"数字出版·优秀品牌"奖

皮书数据库

"社科数托邦"
微信公众号

成为会员

登录网址www.pishu.com.cn访问皮书数据库网站或下载皮书数据库APP，通过手机号码验证或邮箱验证即可成为皮书数据库会员。

会员福利

- 已注册用户购书后可免费获赠100元皮书数据库充值卡。刮开充值卡涂层获取充值密码，登录并进入"会员中心"—"在线充值"—"充值卡充值"，充值成功即可购买和查看数据库内容。
- 会员福利最终解释权归社会科学文献出版社所有。

数据库服务热线：400-008-6695
数据库服务QQ：2475522410
数据库服务邮箱：database@ssap.cn
图书销售热线：010-59367070/7028
图书服务QQ：1265056568
图书服务邮箱：duzhe@ssap.cn

社会科学文献出版社 皮书系列
SOCIAL SCIENCES ACADEMIC PRESS (CHINA)
卡号：227111298371
密码：

S 基本子库
SUB DATABASE

中国社会发展数据库（下设 12 个专题子库）

紧扣人口、政治、外交、法律、教育、医疗卫生、资源环境等 12 个社会发展领域的前沿和热点，全面整合专业著作、智库报告、学术资讯、调研数据等类型资源，帮助用户追踪中国社会发展动态、研究社会发展战略与政策、了解社会热点问题、分析社会发展趋势。

中国经济发展数据库（下设 12 专题子库）

内容涵盖宏观经济、产业经济、工业经济、农业经济、财政金融、房地产经济、城市经济、商业贸易等 12 个重点经济领域，为把握经济运行态势、洞察经济发展规律、研判经济发展趋势、进行经济调控决策提供参考和依据。

中国行业发展数据库（下设 17 个专题子库）

以中国国民经济行业分类为依据，覆盖金融业、旅游业、交通运输业、能源矿产业、制造业等 100 多个行业，跟踪分析国民经济相关行业市场运行状况和政策导向，汇集行业发展前沿资讯，为投资、从业及各种经济决策提供理论支撑和实践指导。

中国区域发展数据库（下设 4 个专题子库）

对中国特定区域内的经济、社会、文化等领域现状与发展情况进行深度分析和预测，涉及省级行政区、城市群、城市、农村等不同维度，研究层级至县及县以下行政区，为学者研究地方经济社会宏观态势、经验模式、发展案例提供支撑，为地方政府决策提供参考。

中国文化传媒数据库（下设 18 个专题子库）

内容覆盖文化产业、新闻传播、电影娱乐、文学艺术、群众文化、图书情报等 18 个重点研究领域，聚焦文化传媒领域发展前沿、热点话题、行业实践，服务用户的教学科研、文化投资、企业规划等需要。

世界经济与国际关系数据库（下设 6 个专题子库）

整合世界经济、国际政治、世界文化与科技、全球性问题、国际组织与国际法、区域研究 6 大领域研究成果，对世界经济形势、国际形势进行连续性深度分析，对年度热点问题进行专题解读，为研判全球发展趋势提供事实和数据支持。

法律声明